굿티처-배드티처

고영희 · 김명철 · 김정아 · 류재수 · 박숙영
배은자 · 손충기 · 이영희 · 홍옥표 · 황성진

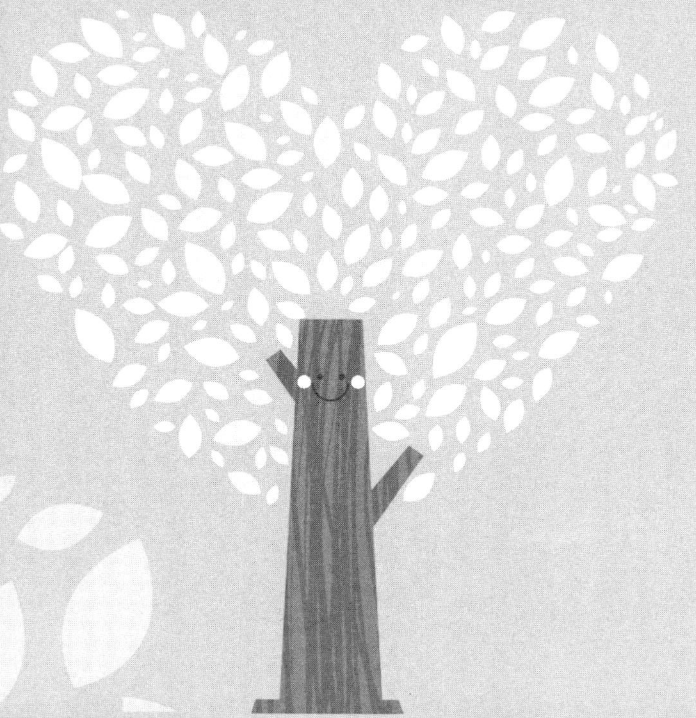

태영출판사

『굿티처-배드티처』를 펴내며

세상의 모든 교사는 굿티처이며, 굿티처여야 한다. 교사가 되고자 한 사람, 교사가 된 사람이 배드티처로 분류된다면 그는 겉으로는 교사이되, 이미 교사가 아니다.

세상의 모든 교사는 굿티처로 인정받고자 하는 욕구를 지니고 있다. 또 세상 모든 사람은 모든 교사가 굿티처이기를 바라고 믿는다. 그럼에도 어떤 교사는 굿티처로서 인정받고 우리의 믿음에 부응하는가 하면, 어떤 교사는 배드티처로 비난의 대상이 되기도 한다.

교사는 엄격한 선발과정을 거쳐 교원양성 교육기관에 합격하고, 정해진 교육과정에 따라서 교육을 받고 일정한 요건을 충족함으로써 교원자격증을 획득하였으며, 임용시험 혹은 규정된 선발절차를 거쳐 임용된 그야말로 우리 사회의 엘리트 집단이다. 이들은 비록 경제적으로는 풍족한 생활을 누릴 정도로 급여가 많은 것은 아니지만, 정신적으로 풍요로우며 사회적으로 어느 정도 여유와 여가를 즐길 수 있는 선망의 직업인이다. 글로벌 교육기관 바르키 GEMS 재단이 2013년 10월 5일 발표한 '교사 위상 지수(Teacher Status Index 2013)' 보고서에 따르면 23개국 중 한국은 62점으로 중국(100점), 그리스(73.7점), 터키(68점)에 이어 4위를 차지할 정도로 대한민국의 교사는 높은 사회적 지위를 차지하고 있다. '자녀가 교사가 되도록 권유하겠다'는 응답은 한국은 48%로 중국(50%)에 이어 두 번째로 높다. 7위의 미국(33%)이나 19위의 일본(15%)에 비하여 월등하게 높은 비율이다. 그리고 이들의 직업인 교직은 청소년들이 장차 되고자 하는 직업군의 1위 혹은 2위 자리에 해당하며, 교사는 직장인들이 결혼하고자 하는 1순위 혹은 2순위에 해당하는 사람이다.

이러한 교직을 수행하는 교사들 중에는 어느 성직자 못지않게 아동 학생을 위한 헌신과 봉사에 생을 다 바치고 있는 선생님이 계신다. 교사 중에는 자신의 사재를 털어 어려운 학생을 먹이고 재우고 입히고 병을 치료해 주는 분들이 있다. 어떤 교사는 지금 당장은 좀 뒤처져 있는 학생이지만 언젠가는 다른 학생을 뛰어넘는 사회적 인재가 될 수 있을 것이라는 확신을 가지고 지켜보면서 성장을 지원하는 방법을 찾는 분들이 있다. 어떤 교사는 밤낮없이 좀 더 잘 가르쳐 보고자 수업자료를 직접 만들거나 구입하기도 하며 어떤 자료는 타인의 도움을 받아 활용하고자 애를 쓰기도 한다. 어떤 교사는 학생의 생활지도에 애정을 쏟아 붇는 나머지 자신의 자녀 돌보기를 소홀히 하기도 한다. 어떤 교사는 힘들고 더럽고 위험하고 당장 이익이 되지 않는 일, 그래서 다른 교사들이 피하고 외면하는 일을 솔선하여 수행하기도 한다.

그리고 어떤 교사는 학생이나 다른 교사를 도와주는 일이 결국은 자기 자신을 돕는 결과가 초래된다는 사실을 신념하면서 생활하기도 한다.

그런가 하면 어떤 교사는 성폭력을 행사하여 죗값을 치루기도 하고, 어떤 교사는 학생을 감정적으로 체벌하여 학부모로부터 봉변을 당하기도 한다. 어떤 교사는 학생을 가르치는 일보다는 자신의 사업에 더 많은 시간과 정열을 쏟는가 하면, 어떤 교사는 가르치기보다는 자습시키거나 심지어 세뇌를 시키는 일에 시간을 보내는 비율이 높기도 한다. 어떤 교사는 돈 모으는 데에 온 신경을 쓰는가 하면, 어떤 교사는 학생을 편애하기도 한다. 어떤 교사는 개인적인 사정만을 앞세워 학교 일에 비협조적이며, 어떤 교사는 비판을 위한 비판만을 일삼아 학교운영을 어렵게 만들기도 한다.

인간은 어떤 동물보다도 오랜 긴 기간의 교육을 필요로 한다. 조물주는 인간을 만물의 영장으로 만들기 위하여 오랜 기간 교육을 받아야 하는 존재로 만들어 놓았는지 모른다. 그래서 인간으로 태어났다고 해서 이 세상 모든 사람이 만물의 영장이 되는 것은 아니다. 개나 고양이보다 못한 인간이 수두룩한 것을 우리는 너무나 자주 너무나 충격적으로 목격하고 있다. 이것이 모두 교육의 문제요 교사의 문제다. 교육받지 않으면 인간은 개나 고양이보다 나을 것이 없는 존재다. 이처럼 무기력한 모습으로 태어난 인간을 만물의 영장으로 성장시키고 발달시키는 일을 교사가 수행한다. 교사의 위대함이 바로 여기에 있다. 교사가 굿티처가 되어야 하는 이유가 바로 이것이다.

원광대학교 대학원 교육학과에서 박사학위를 취득한 교육학 동학(同學) 몇 사람이 어느 날 "어떤 교사를 과연 훌륭한 교사라고 할 수 있는

가?"라는 주제로 대화를 나누던 중 각자 자신이 생각하는 good teacher와 bad teacher에 대하여 글로 써서 책을 한 권 만들어 보자는 데 뜻이 모아졌다. 특별한 형식의 글이라기보다는 자신이 학생으로서, 혹은 교사로서, 혹은 학교에 다니는 자녀를 둔 학부모로서의 직 · 간접적인 경험을 바탕으로 써 보자고 하였다.

그래서 교사는 자기 자신에 대한 성찰의 자료로, 학부모는 학부모대로 자식을 가르치고 지도해 주시는 교사에 대한 관점을 정립하는데, 그리고 장차 교사가 되고자 하는 청소년이나 예비교사들에게는 삶의 방향을 안내받는 데 도움이 되지 않을까 하는 생각으로 글을 쓰게 되었다. 이 책을 읽는 독자들이 교사와 교직에 대하여 애정과 믿음을 지니는 계기가 되기를 간절히 바란다.

2014년 5월

글쓴이들

굿티처와 배드티처를 가르는 하나의 기준 : 교사의 학생관

손 충 기(원광대학교 교육학과 교수)

인간은 두 개의 눈으로 세상을 본다. 하나는 육체의 눈이요, 다른 하나는 마음의 눈이다. 육체의 눈은 당장 보이는 것만을 본다면, 마음의 눈은 육체의 눈으로 볼 수 없는 먼 옛날 어린 시절의 모습들, 먼 미래에 펼쳐질 세상의 모습, 그리고 공간적으로 여기 이곳으로부터 멀리 떨어져 있는 곳의 모습도 볼 수 있다. 머릿속에서 상상하는 것은 곧 마음의 눈으로 그것을 본다는 의미이다.

교육은 다양한 방식으로 의미를 규정할 수 있지만, 인간의 마음의 눈을 밝게 만드는 일이라고 할 수도 있다. 교육이 인간의 마음의 눈을 밝게 만든다는 것은 어떤 대상이나 사물, 사건, 현상을 보는 일관된, 혹은 체계적인 관점과 태도를 지니도록 한다는 의미다. 이러한 관점과 태도를 '관(觀)'이라고 한다. 인간이라는 존재를 보는 시각과 관점을 '인간관'이라고 하고, 사회가 돌아가는 모습을 보는 관점을 '사회관'이라고 하며, 직업으로서 교직을 보는 시각이나 입장을 '교직관'이라고 한다.

그러면 인간에게 이러한 시각과 관점과 태도가 왜 중요한가? 그것은 관점과 태도에 행동의 동기나 이유, 정서나 감정, 의지 등이 포함되어 있어서 표면적인 행동을 결정하는 중요한 요인으로 작용한다는 데 있다. 인간의 대부분의 행동은 무의식이 결정한다는 이론이 있기는 하지만, 현실적으로 인간은 어떤 대상이나 사상을 보는 관점과 태도에 따라서 겉으로 드러나는 행동이 달라진다. 물질에 보다 높은 가치를 두는 사람, 즉 물질적 가치관을 지닌 사람은 돈 버는 행동을 주로 나타내 보이며, 정신적 가치관을 지닌 사람은 돈 버는 일보다는 정신적 풍요로움을 추구하는 일에서 기쁨과 보람을 찾기 마련이다.

교사가 아동 학생을 보는 관점과 태도를 '학습자관'이라고 해 두자. 아동이나 학생은 격려와 칭찬에서 용기와 힘이 솟아나는 존재라는 학습자관에서는 학생에게 따뜻한 시선과 칭찬 행동이, 반대로 학생은 매로 때려야만 말을 듣는 존재라는 학습자관에서는 체벌하는 행동이 나타난다. 내가 가르치고 있는 영철이가 지금 성적이 매우 저조한 것은 영철이만의 책임이 아니며 그의 환경, 그의 학습사, 그리고 그를 가르치고 있는 나의 역량 부족이 한데 어우러져 빚어낸 결과라는 학습자관을 지닌 교사와, 학생의 낮은 성적은 그의 능력과 노력 부족 때문이라는 학습자관을 지닌 교사 간에 학생을 대하는 행동이 같을 수가 없다. 시험 성적 1등인 영숙이나 꼴지인 영철이는 똑같은 인격체라는 학습자관과, 시험 성적에 따라서 인격의 수준도 달라진다고 생각하는 학습자관은 교사와 학생이 상호작용하는 행동이 서로 다른 모습을 보인다.

교사가 학생을 귀찮은 존재로 생각하거나 문제만을 일으키는 존재로 보는 학습자관을 지니고 있는 경우가 있다. 인간은 귀찮은 것을 피하고 싶어하는 심리가 있다. 그러므로 이와 같은 학습자관을 지닌 교사는 학생과 만나는 행동 그 자체가 스트레스라고 보기 때문에 될 수 있으면 학생을 피하려고 한다. 이에 반해 교사의 존재 이유는 학생이 있기 때문이라는 시각이나 관점을 지닌 교사는 학생과 함께 생활하는 그 자체가 감사한 일이요 축복이어서 행복하고 즐거운 삶을 살 수 있다.

학생의 활동에 대한 교사의 시각이나 생각도 학생을 대하는 행동에 커다란 영향을 미친다. 학생이란 외부로부터 주어지는 자극이나 요소에 따라서 피동적이고 반사적으로 반응하는 존재라는 학습자관을 지닌 교사가 있을 수 있다. 이러한 학습자관에서는 교사와 학생의 관계는 필연적으로 기계와 같은 모습으로 그려지기 마련이다. 기름이나 전기와 같은 에너지를 공급해야 기계가 작동하고, 자동차 시동을 걸면 엔진이 돌아가며, 가속도를 밟아야 속도가 올라가는 격이다. 교사가 시키고 명령해야 학생이 움직인다는 수동적 학습자관에서는 학생의 자율성이니 인간미와 같은 성질은 무시되기 마련이다. 이에 비해 학생이란 자기의 의식, 동기, 감정, 정서, 목적 등을 스스로 나타내기도 하고 조절하기도 한다는 적극적 학습자관을 지닌 교사가 있다. 이러한 학습자관의 교사는 기다릴 줄 알며, 인내할 줄 안다.

학생의 능력을 보는 관점도 교사에 따라서 다르다. 어떤 교사는 학생의 능력이란 대부분 타고난 것이거나 일찍이 결정되어 있어서 지금 가르치고 있는 학생들은 우수한 학습자나 열등한 학습자 중 어느 하나에 해당한다는 생각을 지니고 있다. 이러한 학습자관을 지닌 교사는 학습능력이란 학생 개개인이 지니고 있는 비교적 안정되고 변하지 않는 성질로 파악한다. 이러한 학습자관을 지닌 교사는 학생들의 발달 가능성보다는 현실적 조건의 힘을 더 믿는다. 이러한 교사에게는 현재의 그 학생 모습, 현재의 그 학생의 능력, 현재의 그 학생의 학력수준보다 현재의 조건을 극복하고 개발 가능한 미래의 그의 모습, 미래의 그의 능력, 미래의 그의 인간됨의 가능성을 볼 줄 아는 눈이 없다. 교사가 이 같이 학생의 발달가능성을 부인하고 현실성에 갇힐 때 거기에는 학습자를 심판하고 판단하고 분류하는 인간규정의 교육행위만이 일어나게 된다.

이에 비해 학생의 능력은 시시때때로 변하는 것이어서 지금 좀 우수하다고 해서 항상 우수할 수 있는 것이 아니며, 지금 좀 뒤처져 있다고 해서 다음에도 역시 뒤처지는 것이 아니라고 생각하는 학습자관을 지닌 교사가 있다. 이러한 학습자관을 지닌 교사는 학생들의 현재 상태에 주목하면서 누구든지 노력하기만 하면 우수한 위치로 올라갈 수 있음을 신념한다. 이러한 교사에게는 현재의 그 학생의 모습, 현재의 그 학생의 능력, 현재의 그 학생의 학력수준보다 현재의 조건을 극복하고 개발 가능한 미래의 그의 모습, 미래의 그의 능력, 미래의 그의 인간됨의 가능성을 볼 줄 아는 눈이 있다. 교사가 이 같이 학생의 발달가능성을 믿고 현재보다는 미래에 성장·발달한 모습을 보려고 할 때 거기에는 학습자의 능력을 믿고 기다릴 줄 알며 용기를 북돋고 사기를 진작시키는 교사의 행위가 나타나게 된다.

교사가 학생을 올바로 보는 눈을 가지면 '좋은 교사'가 되고, 비뚤어지게 보는 눈을 가지면 '나쁜 교사'가 된다는 것, 이것은 진리이다.

■ 차 례

■ 머리말 「굿티처-배드티처」를 펴내며 | 3
■ 굿티처와 배드티처를 가르는 하나의 기준 : 교사의 학생관 - 손충기 | 7

01 두 분의 스승을 회고하며 ······ 13
02 당신은 학생에게 어떤 교사인가? ······ 21
03 훌륭한 학생은 훌륭한 교사의 작품이고 훌륭한 교사는 훌륭한 학생의 생산품이다. ······ 71
04 나는 이런 선생님이 좋다 ······ 129
05 교단 별곡 ······ 225
06 좋은 선생님은 잊힌 뒤에 마음 속에 남아 있는 모습 ······ 241
07 배움 ······ 255
08 '있는 그대로 존중해 주기'는 너무 어려워!! ······ 269
09 나의 좋은 선생님 ······ 275
10 사랑 · 긍정의 힘 ······ 283
11 좋은 교사가 만드는 행복한 학교 ······ 291

두 분의 스승을 회고하며

01

내가 기억하는 많은 선생님들 중 두 분을 자주 회상하곤 한다. 두 분은 나의 고등학교 3학년 시절 수학선생님이시다.

김필연 선생님은 3학년 1학기에 우리에게 수학을 가르치신 분인데, 1, 2학년 시절에 선생님의 명성과 실력을 익히 알고 있던 터라 곧 대학입학시험을 앞두고 있는 우리 학생들로서는 보통 행운이 아니라고 생각했던 것이다. 더군다나 국어나 영어 과목보다는 수학 과목에 대한 흥미도 없고 선생님에 대한 존경심도 없어서 실력이 별 볼일 없던 나로서는 김필연 선생님을 만난 것이야말로 촌놈이 대학에 들어갈 수 있는 행운을 잡은 것이라고 생각했다. 이 분의 실력은 대충 다음과 같은 방식으로 펼쳐졌다.

매수업 시간 출석부와 분필 한 개를 들고 나타나셔서 출석부의 학생이름을 일사천리로 불러 가면서 출석을 부른 후, 곧장

"오늘은 교과서 75페이지 7번 문제부터 푼다."

그러고서는 왼쪽과 오른쪽 두 조각으로 벽면에 붙여진 칠판에다가 왼쪽 윗부분부터 일사천리로 문제를 적은 후 풀어가는(써 내려가는) 것이다. 일체 설명이며 해설이 없이 적막감이 흐르는 교실에 선생님께서 칠판에 글을 써 가는 소리 외에는 다른 말이나 소리가 들리지 않는다. 왼쪽 칠판에 가득 문제풀이 글쓰기가 끝나면 오른쪽 칠판으로 옮겨 왼쪽 칠판에서와 같은 방식의 글쓰기가 이어진다. 그리고 다시 왼쪽 칠판의 글을 지운 후 두 번째 왼쪽과 오른쪽 칠판 글쓰기가 끝나면 1시간의 수업은 끝이 나는 것이다. 그러고서는 선생님께서 "오늘 수업 끝" 하시고

교실을 나가시는 것이다.

우리 학생들이 선생님을 귀신같은 분이라고 경탄해 마지않은 것은 교과서의 문제를 보지도 않은 채 문제를 정확하게 칠판에다 적는다는 것, 그 문제를 전혀 막힘이 없이 답을 적어 나가신다는 것, 그리고 학생들을 오로지 칠판에만 주목시킨다는 것 등이다.

선생님께서 수업을 이렇게 진행해 나간다면, 학생들은 무엇을 어떻게 할 수 있을 것인가? 변변한 참고서나 교과서 문제 해설서가 없는 형편인지라 문제 해결과정에 대하여 질문할 겨를도 없으려니와 질문을 한다는 것은 수업의 흐름을 방해한다고 친구들한테 핀잔을 들을 것이 뻔해 오로지 공책에 열심히 칠판 글씨를 옮겨 적는 것 외에 달리 할 수 있는 일이 없었다. 더군다나 선생님께서는 왼쪽 칠판의 문제풀이 글은 지우고 다시 칠판 가득 문제풀이를 하므로 칠판 글이 지워지기 전에 공책에 옮겨 적지 않으면 그 시간 공부는 영 엉망이 되는지라 아무런 생각 없이 명상하는 수련자처럼 노트필기를 할 수밖에 없었다.

이런 방식으로 수학 수업이 진행되어 가는 3학년 1학기 6월 어느 날 우리 학생들은 청천벽력 같은 소식을 접하게 되었다. 그 기막히게 실력이 좋은 훌륭한(?) 선생님, 김필연 선생님께서 다른 학교로 전근을 가신다는 소식이었다. 당시 내가 다니던 고등학교보다 사회적 평판이 더 나은 광주의 어느 고등학교로 옮겨 가신다는 이야기는 친구 중 누군가가 해 줘서 듣기는 들었는데 그 소식으로서 그만이었다. 그분은 우리 학생들에게 다른 학교로 옮겨 가게 되었다는 말씀도 없이 어느 날 훌쩍 떠나셨기 때문에 선생과 학생들 간 인사도 나누지 못한 채 헤어졌던 것이다.

귀신같은 선생님께 더 이상 배울 수 없게 된 신세를 한탄하고 있던 우리 학생들은 며칠 뒤 김필연 선생님의 자리를 메우기 위해서 부임하신 박만복 선생님과 교실 수업에서 마주하게 되었다. 박만복 선생님은 출석부를 비롯하여 교과서, 몇 권의 참고서, 분필, 회초리, 그리고 몇 가지 색깔로 구분되는 별 그림 자료 등을 한 아름 들고 교실문을 열고 들어오셨다. 선생님의 모습이 떠나신 김필연 선생님과 너무나 대조적이어서 키킥거리며 웃는 친구들도 있었고, 아예 선생님을 무시하는 식으로 고개를 창밖으로 돌려 버리는 녀석들도 있었다. 처음 수업을 통하여 마주하는 선생님과 학생들의 긴장되고 기대에 가득 찬 그런 모습이 아닌 것이다. 실력 좋은 귀신같은 김필연 선생님의 모습 옆에 실력 없고 한심스럽게 보이기까지 한 박만복 선생님의 모습이 찍힌 사진을 두고 두 분 선생님을 비교하고 있던 것이다.

선생님께서는 출석을 부르시는데, 학생들에 따라서 얼굴을 마주하면서 기분 좋은 일이 있는지, 어디 아픈 곳이 있는지, 집은 어디인지 등을 묻기도 하고 선생님이 가지고 있는 노트에 뭔가를 적기도 하시는 것이었다. 출석을 부른 후,

"누가 '수학'이란 어떤 과목인지 말해 볼까?"

"여러분이 '수학'을 공부하는 이유가 무엇인지 누가 말해 볼까?"

"여러분이 수학 공부가 어렵다고 하는데, 그 이유가 무엇인지 누가 말해 볼까?"

등과 같은 질문을 하시는 것이었다. 이 무슨 운 나쁜 상황이란 말인가? 우리 학생들은 얼마 후 대학입학 시험을 치러야 하는 절박한 운명과 마주하고 있는데, 빨리 문제를 풀고 노트에 적고 외우고 해야 할 시간에 한가로이 이러한 질문이나 던지고 우리들더러 생각을 말해 보라고 하니 기가 막힐 노릇이었다. 그런데도 어쩌랴! 선생님께서 질문을 하시는지라 몇 학생들이 나름대로 답변을 하고, 몇 번 선생님의 질문과 학생 답변이 이어지면서 수업분위기는 약간 부드러워지게 되었다. 선생님께서는 학생들의 답변이 별로 마음에 들지 않으시는지 앞의 두 가지 질문에 대하여 좀 더 생각해 본 후 다음 시간에 같이 생각해 보자고 제안하신 후,

"오늘 어디부터 공부할 차례냐?"

라고 매우 엉뚱한(?) 질문을 하시는 것이 아닌가. 이 질문은 부임해 오신 후 첫 수업 시간뿐만 아니라 매시간 반복되는 것이었다. 이 대목에서 우리 학생들은 떠나신 김필연 선생님께서 수업의 문을 열고 수업으로 들어가시는 모습을 떠올리면서 박 선생님의 실력을 의심할 수밖에 없었다. 그러면서 우리 학생들은 스스로를 정말 재수 없는 녀석들이라고 생각했다. 선생님께서 공부할 부분을 알고 있을 것이므로 말씀하시고 칠판에 문제를 적어 가면서 문제풀이를 해 나가시면 될 것을 공부할 교과서 쪽수며, 문제 번호 등을 묻고 있으니 얼마나 답답한 노릇인가 말이다. 이럴 때마다 60여 명의 학급으로 이루어진 반인지라 어떤 학생은 "116 페이지 13번 문제부터 공부할 차례입니다."라고 답변을 하게 되었다. 이 학생의 반응은 명랑하기보다는 시큰둥한 목소리인 것은 불문가

지다.

선생님의 수업 운영은 문제를 칠판에 적으시는 데 교과서에 있는 모든 문제를 모조리 다 풀어 보는 게 아니라 1번, 4번, 9번, 15번, 26번 등과 같이 문제를 선택적으로 공부하도록 하시는 것이었다. 문제를 칠판에 적으시고(당시는 교과서와 칠판과 백묵과 교사의 목소리와 제스처가 수업자료 및 매체의 전부였다.) 해설을 하시면서 문제를 풀어 가시는 데 어느 대목에서는 틀리게 푸는 것이었다. 그럴 때마다 '선생님이 문제를 제대로 풀지 못할 정도로 실력이 없나' 하는 의심을 하는 학생들이 있었으나, 어떤 학생은

"선생님, 그 부분은 틀린 것 같은데요."
라고 지적하는 것이었다. 60여 명의 학생 중에서 수학실력이 좋은 학생이 더러 있었기 때문이다. 그러면 선생님께서,

"어디 틀렸나? 어디 부분인가? 네가 한번 풀어 볼래?" 하시면서 학생을 불러 내어 문제를 풀어 보도록 한 후 칭찬을 해 주시는 것이다. 이렇게 문제 하나를 가지고 상당한 시간을 보내면서 문제풀이 글씨를 공책에 적거나 암기하도록 하시는 것이 아니라 대부분의 학생들이 이해하도록 하시는 것이었다. 선생님께서는 수학 교과서의 한 장에 수록되어 있는 문제 전부를 풀어 주시는 것이 아니라 몇 개 문제를 학생들 스스로 풀어 보도록 안내하시려고 하였다. 3학년 2학기의 수학 교과서 내용은 거의 '증명하기'로 구성되어 있었으며, 이런 방식으로 3학년 과정의 수학 수업은 진행되었다. 학생들로 하여금 생각하게 만들고, 생각들을 서

로 조직하게 만들고, 생각을 다른 각도에서 생각하게 만들려고 하셨다.

이렇게 3학년 과정을 마치면서 대학 입학시험을 치르게 되었는데, 당시 필자가 응시한 대학의 경우 국어, 영어, 수학, 과학, 사회 등 5개 과목의 시험을 치렀다. 2교시 시험 과목이 '수학'이었는데, 나로서는 수학 과목이 대학 당락을 결정지을 것으로 생각했던지라 무척 긴장되고 떨리는 순간이었다. 그런데 시험지를 받아 보니 이 얼마나 운 좋은 일인가. 출제된 10문제 중 증명하기가 7문제가 출제된 것이 아닌가. 내가 가장 자신 있어 하는 수학 내용에서 문제가 출제된 것이었다. 수학 시험을 치른 후 스스로 합격했다고 자신했다. 다른 수험생들이 어려워하는 모습을 곁눈으로 볼 수 있었기 때문이다. 이렇게 해서 나는 사범대학 교육학과에 합격하게 되어 교육학을 공부하게 되는 행운을 얻었다. 그리고 교육학을 공부한 한참 후에 누가 굿티처고, 누가 배드티처인지 분간할 수 있게 되었다. 학생을 가르치고 지도하시는 모든 선생님은 훌륭한 분들이다. 그러나 굳이 가르침의 공간에서 나타내 보이는 모습을 두고 본다면 굿티처와 배드티처가 구분되기 마련이다.

아무튼 나는 오래 전에 가르침을 받은 두 분의 수학선생님으로부터 많은 것을 배웠다. 선생으로서 해서는 안 될 수업방법을 배우기도, 수업을 어떻게 운영하는 것이 좋은 수업이고 훌륭한 수업방법인지를 배우기도 하였으니 두 분 모두 나의 스승님임에 틀림없다.

학생들이 공부를 한다는 것은 상급학교 진학에 출제되는 문제를 수단과 방법을 가리지 않고 기억했다가 시험점수 잘 맞자고 하는 것은 아니다. 반야심경이나 누가복음을 그 의미가 무엇인지도 모른 채 암기하게 하는 것이 아니라 그 의미를 이해하여 자신의 말로 표현할 수 있도록 만들려고 하는 것이다. 인간은 표현을 통하여 타인과 소통하면서 살아가야 하는 존재이기 때문이다. 학생들을 생각하게 만드는 교사는 굿티처요, 생각하기를 방해하는 수업을 진행하는 교사는 배드티처다. 수업시간에 교사는 '교과서 내용'만을 가르치는 것이 아니라 그것을 공부해야 하는 이유, 공부하는 방법, 자신감, 친구들과 함께 살아가는 방법, 부모님을 대하는 자식의 태도, 나와 사회와의 관계 등 사람이 사회생활해 나가는 데 도움되는 무수한 내용들을 학생들이 동시에 학습한다는 사실을 인식해야 하며, 나아가 학생들은 수업을 통하여 교사라는 인간을 배운다는 사실을 잊어서는 안 된다. 교과서 내용만을 기억하도록 만드는 일은 많은 시간과 노력을 기울여 교원자격증을 취득한 교사가 아닌 사람이 더 잘 수행할 수 있는 일인지도 모른다.

당신은 학생에게 어떤 교사인가?

02

11월 18일 월요일 아침. 5학년교사 협의실. 날씨 비

화창한 날에도 공기가 쌀쌀하여 옷깃을 여미게 하는 11월 중순의 아침인데, 교사협의실의 열려 있는 창문으로는 칙칙하고 냉랭한 빗방울까지 밀려들고 있었다. 훤칠한 키에 찰랑대는 긴 머리가 잘 어울리는 20대 후반의 Y 여교사가 협의실 문을 열었다가, 방안 가득 흐르는 푸릇한 담배연기와 퀴퀴한 냄새에 이맛살을 찌푸리면서 문을 닫아버린 뒤, 30대 후반인 학년부장 K 여교사가 들어와 코앞에 손사래를 치면서, 후줄근한 점퍼차림으로 담배를 피우고 있던 50대 후반의 남자에게

"오늘은 나오셨네요? 몸은 좀 괜찮으세요? 아이고 몸도 편찮으시다면서 담배는 여전히 맛있으신가 봐요?"

하면서, 이 핑계 저 핑계로 빈번하게 결근을 일삼는 남자에게 의례적인 인사를 건넸다.

남자는 말없이 가래를 돋우어 저 아래 화단으로 뱉으면서 약간은 비굴하고 겸연쩍은 표정으로 희미한 눈인사를 보냈다.

그때

"에이 더러워. C 선생님이다."

하는 여학생의 날카로운 비명소리가 5층까지 올라왔다.

월요일은 1교시 수업시작 전에 보직교사들을 포함한 간부회의가 있고, 1교시 수업 후 쉬는 시간에는 회의내용을 전달하고 주간업무협의를 위하여, 교사 협의실에서 동(同)학년 교사모임을 갖는 것은 초등학교 교사들의 일상적인 일과 중 하나이다.

7학급으로 조직된 5학년은 교사협의실을 중심으로 서쪽 맨 끝 교실

부터 교직 5년차인 막내 Y 여교사를 1반 담임으로, 그 다음으로 H 여교사와 B 여교사, 그리고 교사협의실 옆 4반의 C 교사, 교사협의실 건너 동쪽으로 학년부장인 K 여교사, 그리고 D 여교사와 R 여교사의 순으로 교실이 위치해 있다.

5학년 담임교사 중에 유일한 남자인 C 교사는 이웃학교에 전입하여 와 근무한 지 1년 만에 또 다시 이 학교로 자리를 옮겨 2년째 되었다.

인사규정으로는 한 학교에서 5년까지 근무할 수 있고 대부분의 교원들은 4~5년 정도 근무하는 것이 일반적인 일이지만, 웬일인지 그는 어느 학교에서도 2년 이상을 근무해 본 적이 없다고 했다. 그는 지난해에 4학년 미술교과를 전담하였는데, 금년에는 학급담임을 원하여 5학년 4반 담임교사로 배정되었다.

"좋은 아침입니다."

"우리 예쁜 Y 선생님. 즐거운 데이트?"

"웬걸요. 방콕했어요."

"아까워라. 눈이 정수리에 붙어서 그래."

"학년부장 애쓴다. 여러 가지로……."

"선생님. 새 옷턱 하삼."

"5년 된 거야."

"잘 어울리고 좋으면 옷턱입니당."

"창문 닫을까요?"

"아니 그냥 두세요."

따뜻한 찻잔을 두 손으로 감싸며 자리에 앉은 교사들이 가벼운 인사를 건네자 회의전달과 함께 학년협의가 시작되었다.

"12월 첫 주에 학년말 평가가 있어서 평가도구 제작에 대하여 의논드리려 합니다. 도덕, 국어, 수학, 사회, 과학, 음악, 미술, 체육, 실과, 영어 10과목 중에서 영어와 음악은 교과전담 선생님께서 출제하기로 하셨고 체육은 수행평가로 대체하기로 하였으니, 우리 5학년은 선생님들께서 한 과목씩만 맡아 주시면 되겠어요. 1학기 중간평가와 기말평가에서 부담이 큰 과목을 담당하셨던 선생님들을 배려해 주시구요. 부탁합니다."

학년부장이 간단하고 명료하게 요약했다.

그 짧은 시간에도 C 교사의 옆 자리에 앉은 D 여교사는 자꾸만 손바닥으로 코와 입을 감싸며 괴로워하고 있었다.

나이가 젊은 선생님들이 먼저 국어, 수학, 사회, 과학을 선택하고 도덕, 미술, 실과가 남았다.

"부담이 적은 과목만 남았네요. 선생님께서 먼저 고르세요, 나머지 과목은 제가……."

학년부장은 진심으로 선생님들의 협조에 감사하며 C 교사에게 기회를 양보했다.

"나도 해야 돼?"

퉁명하고 볼멘소리와 함께 자리를 박차고 일어선 그는, 학생들의 웃음소리 가득한 협의실 옆에 있는 자기 교실로 들어가 버렸고, 곧이어 학생들을 향한 고함 소리가 문틈을 비집고 협의실로 흘러들었다. 교사들은 어이가 없었다. 3월부터 지금까지 평가, 체육대회, 현장학습, 체력검사 등 다양한 학년행사와 학교행사들이 있었지만 어떤 일에도 그의 협조는 없었다.

협의가 끝날 때까지 그는 돌아오지 않았고 학생들의 웃음소리 또한 들리지 않았다.

교사들은 공동업무를 분담하여 각자의 교실로 향했다.

인구 30만 정도의 작은 도시에 있는 어느 초등학교 5학년 교사들이, 9개월째 겪고 있는 월요일 교사협의실의 일상적인 모습이었다.

 # 11월 18일 월요일 2교시 5학년 4반 교실

교실 안에는 남학생 14명과 12명의 여학생들이 책상 위에 양손을 올려놓고 눈을 감은 채 의자에 앉아 있었고, 여학생 하나는 칠판 앞에서 학생들을 감시하고 있었다. 2교시 수학시간에 학생들이 소위 얼차려를 받고 있는 중이었다.

평가지 제작에 협조하여 달라는 학년부장의 요구를 거절하고 교실로 돌아와 버린 C 교사는, 학생들의 웃음소리를 떠든다고 트집잡아 그들을 심문하고 있었다. 오늘 아침에도 아내는 "담배를 끊어라." "술 좀 줄여라." "아무 곳에나 침 좀 뱉지 마라."하며 어김없이 잔소리를 하였다. 나이가 삼십이 넘은 자식 놈은 하루 같이 빈둥거리고 다 큰 딸내미도 밤이나 낮이나 얼굴 보기 어렵다. 가끔은 훈계도 해 보고 달래도 보지만 자식들은 우이독경이고, 어미라는 사람은 "당신 닮아서 그런 것을 누굴 탓하느냐."고 오히려 엇지르고 나온다.

학교에서라도 젊은 교사들이 나이 먹은 사람을 좀 챙겨주면 좋으련만 요즘 젊은이들은 도무지 선배 대접할 줄을 모른다. 교장은 심심찮게 불러서 학부모들의 항의전화가 교장실에 빗발친다면서 기를 꺾는다. 집에서고 학교에서고 마음 붙이고 설 곳이 없다.

애당초 소란했던 이유를 알아보려는 것이 질문의 목적이 아니었다. 그는 학생들이 교실에서 소란을 피우지 않기로 약속하고도 규칙을 어겼다는 사실만이 괘씸했고, 동료교사들에게 자신의 학생지도능력이 의심받게 된 것에 자존심이 상해 있었다.

그는 규칙은 지키자고 만든 것이고 규칙을 위반을 했을 때에는 거기에 합당한 벌(학생들과 사전에 합의된 벌 ; 사실은 학생들과의 민주적인 협의에 의해서 정해진 약속이 아닌 그가 강요한 학생들로서는 거부할 수 없었던 강압적 벌칙 ; 애초에 그는 학생들과의 협의나 교류라는 것은 유치한 것으로 치부하니까)을 받는 것이 당연한 일이라고 믿는 사람이다.

"왜 이렇게 시끄러워?"

그는 교실로 들어오자마자 우선 고함을 질러 학생들의 기선을 제압하고는, 웃음소리가 멈추자 습관처럼 왼쪽어깨를 삐딱하게 올려 으쓱하였다. 그것은 뭔가 자신감이 생기고 만족감을 느꼈을 때 보이는 그만의 독특한 버릇이었다. 그는 학생들을 위압적으로 노려보면서 자기의 절대적인 권력에 도취되고 있었다. 자기의 힘이 통하는 유일한 상대는 학생들 뿐이었고 그들 앞에서 만큼은 언제나 최고 권력자로서의 제왕임을 스스로 의심하지 않았다. 학생들은 긴장했고 옆에 있는 친구의 숨소리조차도 들리지 않았다.

잠시 긴장 속의 침묵이 흐른 뒤, 그는 낮고 느린 목소리로 말 한 마디 한 마디에 힘을 주어가며 다시 물었다.

"어떤 놈들이 떠들었니? 으응?"

학생들은 말이 없었다.

"김영철. 오늘도 너지? 네가 주동자지? 엉?"

왼쪽 창문으로 들어오는 햇빛을 받은 얼굴이 유난히 해맑고 똘똘해 보이는 남학생에게 그가 갑자기 목소리를 높였다.

그는 영철이만 보면 미운감정이 앞섰고 하는 짓마다 눈에 거슬렸다. 학교 구석구석 아이들을 몰고 다니며 말썽을 부리는 것도 싫었지만 특히 눈도 깜빡이지 않고 자신을 똑바로 쳐다보면서 꼬박꼬박 말대꾸하는 당돌한 모습은 불쾌하고 괘씸하였다. 영철이라고 불린 학생의 몸이 움찔했다.

"떠들지는 않고, 재미있어서 웃었는데요. 아주 작게."

그러자 여기저기서 터져 나오려는 웃음을 참는 소리로 쿡쿡거렸다. 아마 조금 전에 학생들을 배꼽 잡게 했던 성찬이의 코믹연기가 또다시 생각난 듯 했다.

"이런 버르장머리 없는 놈, 너, 지금 선생님한테 말대꾸하고 반항하는 거냐?"

그의 목소리가 격하게 높아졌다. 그리고 양미간에 힘이 모아졌다.

"아니요. 정말로 재미있어서 작게 웃었다고요."

영철이는 퉁명스럽게 말했다. 그러면서 억울하고 원망스런 눈길로 선생님을 흘겨봤다.

"뭐야? 이런 건방진 놈. 말투가 그게 뭐냐? 그게 반항이 아니면 뭐냐? 어엉?"

흥분한 그는 사건과 감정을 혼동하고 있었다. 그의 말투에는 감정이 실려 있었고 절제력을 잃어가고 있었다.

영철이는 눈을 감았다. 그리고 입을 다물었다.

"선생님. 제가 말씀드려도 될까요?"

맨 앞자리에 앉아 있던 성찬이가 자리에서 일어섰다.

재치 있고 영특해 보이는 학생으로 그의 두 눈엔 웃음끼가 가득했다.

"왜 니가 나서어? 너한테 물었어? 니가 쟤 대리인이냐?"

정제되지 않고 격한 C 교사의 화난 목소리가 고유의 사투리로 교실 안에 울렸다.

"저 때문에 애들이 웃었거든요."

니가라고 불린 성찬이는 혼잣말을 하며 자리에 앉았다.

"다들 입 다물고 눈감아. 교실에서 소란스럽게 하면 벌받는다고 분명히 약속했지? 약속을 밥 먹듯이 어기는 놈들이 변명만 늘어놓고 말이야. 뭘 잘못했는지 반성들 해. 움직이지 마라. 누가 움직여? 혜빈이는 앞에 나와서 눈 뜨는 사람 있는지 이름 적어. 그리고 이달 도우미 누구냐? 너야? 너는 2교시 끝나거든 아이들 데리고 컴퓨터실에 가서 컴퓨터 수업하고 와. 알았어? 컴퓨터 선생님 말 잘 듣고."

자기도취에 빠져 근엄한 듯 일장 연설을 마친 그는 문을 세차게 여닫고 교사협의실로 나와 담배를 피워 물었다.

이제 겨우 아침부터 뒤틀리고 찝찝했던 기분이 좀 가라앉는 것 같았다.

"요새 애들은 때리지를 안하니까 도대체 말을 안 들어. 무서운 것이 있어야 말을 듣지. 아무것도 모르고 날뛰는 천방지축 애들에게 무슨 놈의 인권타령이야. 인권타령이. 학생인권 타령하는 놈들 보고 현장에 와서 한번 가르쳐 보라고 해. 현장이 뭔지도 모르는 놈들이 입만 살아가지고 떠들어. 애들이 그래, 어른 같으냐고, 애들은 그냥 애들이라고 애들. 배가 산으로 간다. 산으로 가. 에이."

그는 혼자 흥분하여 불만을 토로하고 있었다.

음악시간인지 1반 교실쯤에서 선생님과 학생들의 합창소리가 울려 퍼지고 있었다.

혜빈이는 고향선배의 손녀딸이었다. 그가 담배 한 개비를 다 태우기도 전에 2교시 끝나는 종소리가 울렸다.

학교 교문에는

『 학교는 전 지역이 금연구역으로 지정되어 있으며 이를 위반할 시에는 경범죄 위반으로 처벌을 받게 됩니다. 』

라는 안내판이 선명하게 걸려 있었다.

4월 21일 수요일 5교시 운동장. 날씨 맑음

C 교사는 체육부장 영식이를 심하게 질책하고 있었다.

"체육부장이 그것도 못하냐? 어려운 일이냐? 아이들 세워서 몸 풀고, 운동장 2바퀴 뛰고, 준비운동하는 일이 그렇게 어려워? 그게 어렵냐고? 응?"

그는 교사의 관여 없이도 준비운동까지 마칠 수 있는 수준으로 학생들을 훈련시킨 자기의 지도력을, 같은 시간 같은 공간에서 체육수업을 하는 다른 동료교사들에게 보여주고 싶었다. 그러나 학생들이 일사불란하게 잘 해내지 못하는 것은 자기 책임이 아니라 학생들이 자기 지시를 잘 따르지 않았기 때문이라는 것 또한 다른 동료교사들에게 분명하게 각인시킬 필요가 있어 그의 목소리는 흥분되어 있었다.

그는 이미 습관이 되어버린 비뚤어지고 비아냥거리는 태도와 화난 표정으로, 영식이가 생각할 여유도 숨쉴 시간도 없이 다그치고 있었다. 그가 학생들을 비아냥거리는 태도와 자주 화를 내는 버릇 때문에 학생들이 그의 별명을 "으르렁 삐줄이"라고 지어 부르는 것은 그만 모르는 학생들 사이의 공공연한 비밀이었다.

영식이는 빨라졌다 느려지고 또 커졌다가 작아지는 그의 목소리를 머리 위로 들으며, 어떤 대답도 찾지 못하고 그저 당황하여 허둥거리고 있었다.

이미 사춘기에 들어서서 목소리가 굵어지고 몸도 급성장하기 시작하는 몇몇 친구들에 비해, 왜소하고 가냘픈 체격의 영식이가 체육부장으로 선출된 것은, 그의 축구실력을 인정하는 4학년 때 같은 반이었던 친구들이 적극 추천하였기 때문이다.

남학생들은 그날 점심시간에 3반 아이들과 축구경기를 하여 지쳐 있었고, 뒷정리를 하느라 선생님이 나오실 때까지 준비운동은커녕 줄도 제대로 서지 못했다.

"5학년 4반."

그가 화난 목소리로 학생들을 불렀다.

"예 ~ 에."

몇몇 학생들이 주눅들어 움츠러드는 목소리로 대답했고 대부분의 학생들은 입을 다물고 대답을 하지 않았다.

"체육부장이 맘에 안 들어?"

학생들은 말이 없었다. 선생님의 질문 의도를 얼른 파악하기가 어려웠다.

"체육부장 바꿔? 다른 사람으로 다시 뽑아?"

그의 목소리에는 진실성보다는 비꼬고 놀리는 말투가 묻어 있었고 그의 오른쪽 다리는 건들건들 흔들거리고 오른쪽 어깨는 올라가 있었다.

"아니요."

몇몇 학생들이 어물어물 대답했다.

"그런데 왜 체육부장 말을 안 들어? 응? 체육부장이 마음에 안 들어서 그런 거 아냐?"

학생들은 할 말을 잊었다. 학생들 생각에도 선생님은 억지를 부리고 있었다. 그저 땅바닥만 바라보며 빨리 이 질책이 끝나기만 기다렸다.

"지들이 뽑아 놓고 말이야."

그는 질긴 사투리를 섞어 혼잣말로 웅얼거리면서 이 상황을 어떻게 마무리지어야 할지 궁리하고 있었다. 이미 시간이 많이 지났는데 더 오래 끌어 봤자 오고가며 보는 눈들이 많아 득 될게 없었다.

그는 평상시의 그답지 않게 진지하고도 나긋나긋 부드럽게 말했다.

"날씨가 너무 더워서 그런 것도, 점심시간에 남학생들이 축구를 해서 피곤했다는 것도 선생님은 안다. 그렇다고 수업에 지장이 있으면 안 되겠지? 오늘 한번은 용서하겠다. 대신 교실로 들어가서 오늘 일에 대한 반성문을 쓰겠다. 알겠나?"

그는 이미 절도 있고 관대한 지휘관이 되어 있었다.

꾸부정한 허리와 팔(八)자 걸음으로 앞장서서 교실로 들어가는 그의 발걸음은 빠르게 움직이고 있었고, 멀리서 그의 뒤를 따라 불만 가득한 걸음으로 걷고 있는 학생들의 등 뒤에서는 운동경기에서 승리한 다른 반 학생들의 함성소리가 운동장 가득 퍼지고 있었다.

 # 4월 21일 수요일 5교시 후 5학년 4반 교실. 날씨 맑음

미진이의 반성문을 읽고 있던 C 교사의 미간이 찌푸려지고 있었다. 그는 입술에 힘이 들어가며 가운데 줄 중간쯤에 앉아서 가방을 정리하는 미진에게 눈총을 쏘았다. 반성문은 개인별로 제출하고 하교하기로 하였는데 아직 마무리하지 못하고 있던 5-6명과 함께 회장인 미진이의 반성문 제출도 늦은 편이었다.

'괘씸한…….'

C 교사는 불쾌하고 괘씸했다.

"너."

투박하고 어눌한 목소리에 학생들이 눈을 들었고 C 교사는 손가락으로 미진이를 가리키며 흥분하여 더듬는 목소리로

"너는 나 좀 보고 가."

라고 했다. 그는 왜 그런지 웬만해서는 학생들의 이름을 부르지 않았다.

그냥 "야, 너, 쟤, 그 애"라고 부르거나 손가락으로 지적하는 것이 전부였다.

미진이는 들었던 가방을 내려놓고 도로 자리에 앉았다. 미진이는 차분하고 침착한 학생이었다. 보통의 5학년 학생들답지 않게 생각이 깊어 쉽게 흥분하거나 당황하지도 않았고, 친구들이나 선생님에게 잘 보이려고 일부러 마음에 없는 행동을 하지도 않았다. 그래도 많은 선생님들은 "미진이" "미진이"하면서 인정하고 예뻐하셨고, 자기보다 머리 하나만큼 큰 친구들도 미진이를 함부로 대하지 못하고 내심 부럽고도 두려운 존재로 여겼다.

그렇다고 친구들에게 뽐내거나 군림하는 것은 더더욱 아니었다. 오히려 귀티 나는 하얀 얼굴에 조용한 미소로 다가와 급우들을 챙겨 주고 도와 주었다.

더구나 전교 어린이회 5학년 부회장 활동을 하게 되면서부터는 6학년 남학생들의 관심을 한 몸에 받고 있었다.

그러나 담임인 C 교사만은 달랐다. 아이가 아이답지 않게 당돌하고 영악스럽다는 것이었다.

그에게 있어 미진이는 껄끄러운 존재였다. 함부로 대할 수 있는 학생도 아니고 책잡히지도 않는 학생이라서 조심스럽고 불편한 것이었다.

"너 이게 반성문이냐?"

학생들이 모두 다 나가자 그는 건조한 목소리로 싸늘하게 물었다.

미진이는 입을 다물고 창문 너머 먼 하늘만 바라다보고 있었다. 긴장으로 촉촉해진 하얀 이마 위에 머리카락 몇 올이 흩어져 실바람에 흔들리는 모양이 귀엽고도 안쓰러워 보였다. 앞 교사(校舍) 밤색 지붕 위엔 흰 구름 조각들이 걸려 있었다. 가슴이 답답하고 숨이 가빠왔다. 누군가 같이 있었으면 좋았을 것 같다고 생각하며 갑자기 엄마가 보고 싶어졌다.

그는 다시 목소리를 높였다.

"야, 한미진. 이게 반성문이냐고 인마?"

그의 탁하고도 묘하게 까칠한 느낌을 주는 목소리가 따지듯이 채근했다. 미진이는 입이 바짝바짝 마르고 갑자기 화장실이 가고 싶어졌다. 미진이는 새끼손가락 손톱을 물어뜯으면서 긴 한숨을 토해 냈다.

"앉아도 돼요?"

미진이의 목소리는 지쳐 있었다.

그는 이 싸움은 이겼다고 생각하며 속으로 쾌재를 부르고 있었다. 그에게 있어 학생들은 장악의 대상이며 대립과 대결구도에서의 승부의 대상이었다. 대결에서 밀리는 것은 학생들을 일사분란하게 지휘하고 복종시킬 수 있는 교사의 권력, 즉 교권이 실추하는 것이라고 생각하고 있었다.

그런데 날이 갈수록 교육현장에 대한 교육수요자들과 교육관계자들의 지나친 요구는, 그 교권을 지킬 수 있는 정당한 수단들, 즉 조금은 위압적으로 느껴질지 모르지만 카리스마 넘치는 교사의 언어, 적절하고 온당한 교육적 체벌, 경우에 따라서는 교육의 과정에서 피할 수 없는 사랑의 매까지도 제한 또는 금지시키고 있어 교사를 무력하게 만들며

이는 곧 학교붕궤와 더불어 필연적으로 교육의 실패를 가져올 것이라며 내심 개탄하고 있었다.

"곧게 자라지 않는 나뭇가지는 과감히 잘라 내는 아픈 과정을 감수하여야 올바른 나무 한 그루를 길러 낼 수 있는 것이며, 이것이 바로 교육이고 이 일을 위해서는 교사의 정당한 교육적 행위를 제도적으로 보장하는 교권이 보장되어야 하는 것이오."

3월 교사 자율연수회의 주제인 『학생에 대한 교사의 언어폭력과 체벌에 대한 논의』 과정에서 그가 내뱉은 말이었다.

그의 교권에 대한 인식은 심하게 왜곡되어 있었다.

"앉아."

그의 목소리는 짧고 묵직하고 여유로웠다.

미진이는 앞자리에 있는 학생의자 하나를 들어다 놓고 앉았다.

"저는 잘못한 것이 없어서."

미진이가 작지만 그러나 분명하게 말했다.

"뭐?"

C 교사는 예상하지 못했던 미진이의 대답에 당황하고 있었다.

'이 자식은 항상 이런 식으로 뒤통수를 친단 말이야.'

그는 그렇게 생각하며 잠시 긴장을 풀었던 적의에 다시 불을 붙이고 있었다.

"반성문은 잘못한 일이 있을 때 쓰는 거잖아요. 그런데 저는 오늘 체육시간에 잘못한 일이 없었어요. 체육시간 시작종이 울리기 1분 전부터 제자리에 서서 수업이 시작되기를 기다렸고, 정확히 9분 뒤부터는 친구들과 다함께 꾸중을 듣고, 교실에 들어와서 5분쯤 있다가 5교시 끝나는 종이 울렸거든요. 그래서 저는 반성할 일이 없다고 생각했어요. 그래서 저는 제가 바라는 걸 썼어요."

미진이는 교사용 책상의 유리판에 비친 선생님 얼굴을 엇비슷하게 내려다 보며 천천히 또박또박 정확하고도 분명하게 말을 마쳤다.

그리고는 자세도 흩트리지 않고 작은 한숨을 토해 냈다.

그는 어이가 없고 숨이 막히면서 등줄기에 땀이 배어나왔다. 이 녀석의 말은 항상 이렇게 컴퓨터처럼 정확하고 군더더기가 없었다. 그래서 이 아이가 부담스러웠었고 짐이 됐었다.

"그래~ 너, 참,~ 똑똑하다아아."

한참 만에 그가 한 말이었다. 억지를 부리고 있었다.

"저, 가도 될까요?"

미진이는 대화 중에 선생님이라는 호칭은 한 번도 쓰지 않았다.

"가 봐."

미진이가 나가자, 그는 떨리는 손으로 담배에 불을 붙여 물었다. 급하게.

그리고는 미진이의 글을 신경질적으로 찢어서 휴지통에 던져 버렸다.

미진이의 바램은 이랬다.

『우리 반도 이랬으면 좋겠다.』

[24번 미진이의 24가지 바람]

1. 우리 반도 아침 시간에 선생님께서 교실에 계셨으면 좋겠다.
2. 우리 반도 친구들이 교실에서는 떠들지 않았으면 좋겠다.
3. 우리 반도 친구들이 교실에서 뛰어다니지 않았으면 좋겠다.

4. 우리 반 친구들이 심하게 서로 욕하고 싸우지 않았으면 좋겠다.
5. 우리 반도 회의시간에 선생님께서 교실에 계셨으면 좋겠다.
6. 우리 반도 선생님께서 회의방법을 알려주셨으면 좋겠다.
7. 우리 반도 점심식사 후에 선생님께서 교실에 계셨으면 좋겠다.
8. 우리 반도 청소시간에 선생님께서 청소하는 것을 보아 주셨으면 좋겠다.
9. 우리 반도 선생님께서 친구들의 이름을 불러주셨으면 좋겠다.
10. 우리 반도 선생님께서 친구들을 향해 웃어 주었으면 좋겠다.
11. 우리 반도 선생님께서 친구들의 이야기를 끝까지 들어 주셨으면 좋겠다.
12. 우리 반 선생님께서도 눈을 마주치며 친구들을 쳐다보면 좋겠다.
13. 선생님께서 우리들에게 너무 자주 화를 내지 않으셨으면 좋겠다.
14. 선생님께서 우리들을 무시하지 않았으면 좋겠다.
15. 선생님께서 우리들을 비아냥(비꼬지)거리지 않았으면 좋겠다.
16. 선생님께서 혼잣말로 중얼중얼 욕하지 않았으면 좋겠다.
17. 우리 반도 선생님께서 친구들을 벌주거나 때리지 말고 좋은 말로 타일러 주었으면 좋겠다.
18. 선생님께서 ##이만 예뻐하지 않았으면 좋겠다.
19. 선생님께서 @@이만 미워하지 않았으면 좋겠다.
20. 우리 반도 제 시간에 수업을 시작했으면 좋겠다.
21. 우리 반도 다른 반처럼 체육시간에 준비운동을 친구들이 돌아가며 하고 선생님께서 일찍 나오셨으면 좋겠다.
22. 우리 반도 체육시간에 공놀이만 하지 말고 다른 것도 배웠으면 좋겠다.
23. 우리 반 선생님에게서 담배 냄새가 나지 않았으면 좋겠다.
24. 우리 반 친구들이 전학을 가지 않았으면 좋겠다.

그날로 미진이의 『우리 반도 이랬으면 좋겠다.』 [24번 미진이의 24가지 바람]은 반 친구들의 폰으로 전송되었고 채 3일도 가기 전에 종알종알 아이들의 입에서 엄마들의 귀로 전달되었다. 사실 그 내용은 미진이의 생각이 아니라 5학년 4반 24명 학생들의 생각을 모아서 회장이 대변한 것이었다.

 # 6월 26일 수요일 5 교시 운동장. 날씨 맑음

"얘들아. 빨리 모여라아아~."

조회대 위에서서 손나팔 사이로 목소리를 높이는 체육부장 영식이의 이마와 콧등에는 송골송골 땀이 배어나고 있었다.

5교시 시작종이 울리고도 5분이나 지났지만 학생들은 아직 절반도 나오지 않았고, 시간에 맞추어 운동장에 나온 몇몇 학생들도 조회대 아래 그늘 속으로 햇빛을 피하기에 바빴다. 선생님이 항상 10분쯤 늦게 나오시는 것을 알고 있는 학생들은 이제는 자기들이 그 시간에 맞추어 나오는 것이었고, 간혹 제 시간에 맞추어 나와 있는 학생들은 학기 도중에 다른 학교에서 전학해 온 친구들이었다.

3월 초에 4반 학생들은 남학생 15명 여학생 14명 총 29명으로 출발하였다. 그런데 그 동안에 남학생 3명과 여학생 4명이 이웃학교로 전학을 갔고, 새롭게 전학하여 온 남학생 3명과 여학생 2명이 더해져서 현재는 남학생 15명과 여학생 12명으로 27명이 되었다. 5학년이 일곱 개 학급이나 되어도 다른 학급들은 전학을 간 학생도 전학을 온 학생도 없어서 3월 초 학생들과 숫자도 사람도 똑 같다. 그런데 유독 4반 학생들은 전학을 많이 갔고, 그러니 다른 학교에서 전학을 오는 학생들은 학생 수가 제일 적은 4반으로 몰리게 되어 친구들이 서로 낯설다.

동쪽 나무그늘 아래에서는 6학년 3반 학생들이 선생님을 따라 "도움닫기 멀리뛰기"를 하기 위한 기본동작을 익히고 있었고, 서쪽 나무그늘 아래에서는 3학년 5반 동생들이 선생님과 함께 "투호놀이"를 시작하고 있었다.

"빨리 모여! 늦으면 또 선생님께 꾸중 듣는다~."

더위에 지친 학생들은 느리게 걸어 나오고 있었고 몇 걸음 앞서 나온 학생들은 햇빛 쏟아지는 조회대 앞에 몸을 부렸다. 하지를 지나는 여름 오후의 날씨는 교실에서도 매우 더웠다.

잠시 뒤, 운동장으로 통하는 현관 앞에 언제나처럼 양손에 공 하나씩을 든 C 교사가 나타났다. 그는 실눈을 가늘게 뜨고 햇빛을 올려다본 뒤 귀찮은 듯 느릿한 걸음을 옮기고 있었다.

조회대 위쪽에 운동장을 향해 걸려 있는 대형시계는 오후 1시 31분을 가리키고 있어 수업이 시작되고 이미 11분이나 지났음을 알리고 있었다.

"체육부장, 몸 풀었나?"

언제부터인가 운동장 2바퀴와 준비운동에 대해서는 묻지 않았고, 그러니 자연스레 하지도 않게 되었다.

영식이는 고개를 가로 저었다.

"아이들이 안서요."

"왜 안 서어?"

그건 상대가 없는 그저 혼잣말일 뿐이었다.

"날씨가 너무 더워요."

"체육하지 마요."

"날씨가 너무 짱 나요."

"체육 재미없어요."

학생들은 제각각 떠들고 짜증을 내고 소란을 피웠다.

"왜 재미없어. 니드을…… 교실에선 매일 체육, 체육 하잖아!"

"그래도 재미없어요. 매일 공만……."

학생들은 반항하고 뭔가 불만을 토로하고 있는 것이었다.

C 교사는 뭔가를 낚아채야 했다.

더 이상 시간이 가면 무슨 소리가 나올지 몰랐다.

"그래. 너무 덥지이?"

은근하게, 무슨 말인가를 기대하며 물었다.

"예, 너무 더워서 미치겠어요."

학생들은 낚이고 있었다.

수업시간은 벌써 절반을 넘기고 있었지만 교문 밖에 지나가는 행인이나 교실에서 혹시 운동장이 보였을 교사들의 입장에서 봤을 때에는 순조롭고도 허용적인 수업의 논의과정으로 보였을 것이다.

"에에. 그럼 날씨가 더워지니 앞으로 체육수업은 교실에서 하는 걸로 하자."

그는 마지막 바둑돌 하나까지 확실하게 두어 축으로 몰고 있었다.

그는 학생들을 알고 있었다.

지금은 이렇지만 한두 시간만 지나면 남학생들은 끈질기게 찾아와서 체육을 운동장에서 하게 해달라고 사정을 할 것이고, 적당히 거절하는 척 하다가 인심 쓰듯 아니 못이기는 듯 허락을 해 주면 학생들은 감격하는 것이다. 몇몇 학생은 아니겠지만 대부분의 학생들은 그저 교실을 벗어나는 것만으로도 해방감을 느끼고 만족해하지 않던가?

그는 속으로 회심의 미소를 지으며

"그럼 오늘은 너무 더우니, 자유 시간 줄까아아?"

마지막 한 수를 두었다.

"예에에에 ~!"

학생들은 함성을 질렀다.

"교실에 들어가도 되나요?"

한 학생이 물었다.

"그건 안 돼."

"문방구 나갔다 오면 안 돼요?"

"물론 안 되지이~."

학생들은 뿔뿔이 흩어졌다. 나무그늘로, 놀이터로, 건물과 건물 사이 그늘을 찾아서.

그러나 회장 미진이는 어디에도 보이지 않았다.

『우리 반도 이랬으면 좋겠다.』의 내용을 알게 된 어머니는 5월이 가기 전에 학구위반을 하면서까지 이웃학교로 미진이를 전학시켰고, 미진이가 이웃학교로 전학했다는 것을 C 교사가 알게 된 것은 행정실로부터 전학서류를 챙겨 보내라는 전화를 받고서였다.

"선생님. 다시 할 거예요."

"안 돼. 너만 하냐? 네가 제일 여러 번 했어."

"넌 그 정도면 잘 한 거야."

"승명이는 잘난 척하느라고 또 한다는 거야."

"아. 그거 아닌데……."

"얄미워 정말. 욕심쟁이."

"어쨌든 지금까지는 네가 최고 기록이잖아."

모래판의 6학년 학생들이 도움닫기 멀리뛰기를 더 하겠다고 서로 욕심내는 소리가 소란하면서도 경쾌하게 운동장에 퍼지는 사이로 가끔씩은 3학년 학생들의 함성도 끼어들었다.

C 교사는 나무그늘 아래 앉아 느긋하게 시계를 들여다 보고 있었다.

7월 16일 금요일 3교시 미술시간. **초등학교 5학년 6반 교실. 날씨 맑음

여름방학을 1주일 앞둔 학기 말 점심시간의 교실 안은 들떠있었다. 학기말 시험도 끝나고 마음이 가벼워진 때문인지, 점심식사를 마친 학생들이 삼삼오오 모여 앉아 종알거리고 재잘거리는 말소리도 한껏 들떠있었다. 그들 속에 6월 초까지 이웃학교 C 교사의 학급에 속해 있었던 연진이와 현우도 섞여 있었다. 연진이와 현우는 10년째 같은 아파트 같은 통로 같은 층에 이웃하여 살고 있다.

그래서 학교도 같은 초등학교에 다녔는데 6월 중순에 이 학교로 전학을 했다. 전학을 한 학교는 통학거리가 더 멀고 큰 길도 건너야 하는 불편한 점이 있었지만 엄마들은 결단을 내렸다.

교실 뒷면 벽 중앙의 작품판에 게시된 울긋불긋 그림들 속에는, 연진이와 현우의 그림들도 예쁘게 붙어 있고, 그림마다 아래에 붙여진 A4 용지의 「칭찬 합니다」란에는 친구들이 붙여준 삐뚤빼뚤 글씨들이 빼곡하게 차 있었다.

- 연진이는 그림공주.
- 해수욕장에 간다고? 와 부럽다.
- 튜브가 환상적이다. 수영복은???.
- 색깔 배합이 예쁘게 잘 되었어.
- 지평선을 나타낸 원근감이 정말 좋았어. 아자.
- 연진이의 예쁜 마음을 솔직하게 잘 표현하였어요.
- 연진이의 꿈은 화가?
- 아냐. 이 정도면 이미 화가 아닌가?
- 잘 났어 정말. 팔방미인.

연진이의 그림에 친구들이 써준 유쾌하고 즐겁고 톡톡 튀는 작품평들이다.

친구들과 수다를 떨면서도 힐끗힐끗 그림에 대한 평을 훔쳐보는 연진이의 얼굴은 상기되어 있었다.

'내가 공주라고? 저건 현우 글씨야. 내가 네 글씨를 모를 줄 알구우~.'

'내가 이미 화가라고? 그래 좀 그리지이. ㅋㅋㅋ 아마 저건 승준이?'

'내 마음이 예쁘다구? 그래 저건 아마 선생님이 쓰셨을 거야. ㅎㅎ.'

연진이의 그림은 4주 동안에 벌써 3번이나 바꾸어 끼웠다. 학생들은 작품게시판의 자기 패널에 끼워진 그림을 언제나 손보아 바꿀 수도 있었고 다시 그려 갈아 끼울 수도 있었다. 작품이 바뀌거나 달라지면 친구들과 선생님은 작품에 대한 평이나 칭찬을 써 주고 있었다.

오늘 2교시에 그린 그림이 마음에 든 연진이는 3교시가 끝나고 쉬는 시간에 그림을 새로 바꾸어 끼웠는데, 그 동안에 벌써 아홉 명이나 칭찬하는 글을 써 주었다.

사실 연진이는 스케치는 잘하는데 항상 채색에서 그림을 망쳤다.

열심히 색을 칠해 놓고 보면 색감도 명암도 엉망이었다.

어제 선생님께서는 오늘 미술수업시간에 그려야 하는 그리기 주제에 대해 미리 알려 주셨다.

"자. 멋있고 예쁜 우리 신사 숙녀, 아니지 숙녀 신사 여러분. 내일 그리기 주제는 『즐거운 여름방학』입니다. 여름방학 계획들 중에서 여행이나 체험할 내용을 그림으로 표현해 보았으면 좋겠습니다. 미리 좋은 작품을 구상하여 오세요."

연진이는 엄마처럼 사려 깊으신 선생님이 좋았다.

선생님의 따뜻한 목소리가 좋았고 눈이 마주쳤을 때 보내 주시는 눈웃음이 좋았다.

머리를 뒤로 빗어 고무줄로 묶은 선생님의 긴 머리는 선생님이 걸을 때마다 까딱까딱 귀엽게 춤을 추었다.

전학을 온 다음 날 아침부터 연진이의 새로운 날은 시작되었다. 아침 등교시간은 아침 8시 40분까지였고 학생들은 35분쯤부터 교실에 도착하기 시작하였는데 선생님은 항상 먼저 와 계셨다.

"송화 안녕. 예쁜 옷을 누가 코디하셨나~요 ~오?"

"도현이 헤어스타일이 바뀌었네. 와~멋있다."

"정완아, 너무 덥지? 어서 가방 내려놔."

"연진아, 교실 잘 찾았어? 나는 연진이가 늦어서 걱정했네."

"현우, 좋은 아침. 아주 의젓하구나."

"민희야, 오늘은 동생 민웅이가 누나 속썩이지 않고 잘 따라 왔어? 누나 노릇하느라고 우리 공주님이 매일 애쓰시네."

"축구황제 원중씨, 운동장에서 공차고 왔어? 어이구 이 땀 좀 봐라."

선생님께서는 학생들 한 사람 한 사람의 취미, 특기, 가족사항까지 잘 알고 계셨고 아침마다 교실문 앞에서 우리들을 기다리다가 맞으셨다.

남학생들은 밝게 웃는 얼굴로 손을 잡아 주시고 여학생들은 살포시 안아 주셨다.

연진이는 좀 어색하고 당황스러웠다. 어제까지는 교실에 들어가도 선생님은 계시지 않았고 뛰어다니는 남학생들과 짜증 섞인 여학생의 외마디소리, 가끔은 남학생들의 심한 욕설과 싸우는 모습들로 언제나 불안, 불안하고 긴장됐었는데 갑자기 바뀐 환경이 낯설기만 하였다.

처음에는 참고작품을 제시해 주지 않으시는 선생님 때문에 멍하니 앉아 있던 연진이도 이제는 미술시간이 익숙하다. 오늘 미술시간에도 스케치는 일찍 끝냈다.

어제 저녁에 엄마 아빠와 여름휴가 계획을 세웠고 휴가는 물이 얕고 맑은 선유도 해수욕장으로 가기로 결정하였다. 항상 그랬던 것처럼 올해에도 아마 현우네 가족들과 같이 갈 테지만 연진이는 모르는 척 했다.

스케치 속 저 멀리 구석에서 바다를 향해 서 있는 현우는 일부러 아주 조그맣게 그렸다.

그런데 채색이 문제였다.

그래서 전학 오기 전의 학급에서는 그림을 작품게시판에 걸어 본 일이 없었다.

C 선생님과의 미술시간은 지금과 달랐다.

C 선생님께서는 미술시간에 학생들을 좀 더 편하게는 해 주셨다.

지금은 자기가 그릴 그림을 직접 구상해야 하기 때문에 머리가 아프지만, 그때는 선생님께서 보여주시는 참고작품을 그대로 그리면 되니까 좀 더 편했다.

"이번 시간은 미술인가?"

언제나처럼 수업시간이 시작되고도 5분쯤 늦게 교사협의실 쪽으로 난 문을 밀고 들어오신 선생님이 시간표를 흘깃 보면서 물었다.

"예~에에."

학생들이 느릿하게 대답했다.

"오늘은 뭘 그릴래?"

학생들은 말들이 없다. 수업시간에 할 일을 미리 계획하여 준비하는 것이 아니라 시간이 되면 그때그때 정하기 때문이다.

"그럼 오늘은 정물화를 그리자, 과일들을."

"선생님, 요즈음은 과일이 별로 없는데요?"

그리기 대회마다 항상 좋은 성적을 거두는 희범이가 뽐내듯 말했다.

선생님은 희범이를 노려보며 못마땅한 듯 혀를 찼다.

"쳇~."

희범이는 멋쩍기도 하고 염치가 없어 입을 다물고 고개를 숙였다.

다른 학생들은 말없이 교실 뒤편의 사물함으로 가서 4B연필과 스케치북을 꺼내 오고 있었다.

"말이 많아~아."

학생들이 들릴까 말까하게 혼잣말로 웅얼거리면서 선생님은 탁자 아래에 쌓여 있던 그림들 속에서, 쟁반위에 사과, 배, 감 등이 담겨 그려져 있는 그림을 꺼내 스카치테이프로 칠판에 붙였다.

"이거 그려."

탁자 아래 쌓여 있는 그림들은 지난해 4학년 미술과 전담선생님을 할 때 모아 두었던 것이었다는데 어떤 것은 얼룩이지고 또 어떤 것은 심하게 구겨져 있었다.

"선생님, 사과, 배, 감은 요즈음에 없는데, 어제 마트에서 본 석류를 그리면 안 되나요?"

성질 급한 명구는 자기 성질을 참지 못한다.

"샤~럽."

눈치 빠른 상우가 일그러지는 선생님의 미간을 훔쳐 보곤 일갈했다.

일이 더 커지기 전에 선생님의 노여움을 잠재우자는 친구들의 약속이었다.

선생님은 학생들의 의견제시를 좋아하지 않으셨다. 그저 다소곳하게 시키는 대로 하기를 원하셨고, 만약 의견을 내거나 이유를 달면 언짢은 표정을 지으시며 화를 내셔서 학생들이 더 이상 입을 열지 못하게 하셨다.

아니나 다를까 명구에게 선생님의 불호령이 떨어졌다.

"넌 왜 그렇게 말이 많아, 인마. 다른 애들은 아무 소리 없는데 항상 쓸데없이 말이 많아. 석류를 상상으로 그릴래? 그림공부는 다른 거 없어. 잘 그려진 작품을 보고 그대로 그리다보면 잘 그리게 되는 거야. 모방은 창조의 어머니. 알아? 시키면 시키는 대로 해. 알았어?"

고개를 숙이고 있는 명구의 입이 움직이고 있었다. 입 모양으로 보아 명구는 아마 선생님에게 욕을 하고 있는 듯 했다.

"선생님. 시간은요?"

항상 선생님이 예뻐하는 것 같아 보이는 혜빈이가 진화에 나섰다.

"시간은 두 시간 준다, 두 시간에 완성해서 다 된 그림은 뒤 작품게시판에 붙여라. 미완성된 그림은 안 돼."

선생님은 한결 누그러진 목소리로 근엄하게 지시를 끝내고 비스듬한 자세로 컴퓨터 앞에 앉았다. 그리고는 이내 얼굴이 일그러졌다. 주식가격은 어제보다도 더 떨어져 있었다.

채색이 서투른 연진이는 두 시간 동안에도 그림을 완성하지 못하여 한 번도 자기 그림을 작품게시판에 게시해 보지 못했었던 것이다.

그림 속에서 가장 많은 비중을 차지하는 바다를 조심스럽고도 자신 없는 모습으로 색칠하고 있는 연진이에게 선생님께서 조용히 다가오셨다.

"처음에는 색을 옅게 칠한다고 했지? 바다도 얼굴도 파라솔도 아주 옅은 색으로. 다른 색들과 구분하는 정도로만. 다 되거든 손을 들어 선생님께 알려줘."

오른쪽 귓가에 조용조용 사근사근 다정한 선생님의 목소리가 박혔다. 옅게 풍기는 선생님의 향수냄새가 좋았다.

"예."

연진이는 조그맣게 대답했다.

선생님께서는 연진이의 조그만 손을 꼬옥 잡아 주시고는 다른 아이 쪽으로 가셨다.

'그래, 아주 옅은 색으로.'

연진이는 속으로 "랄랄랄랄" 노래를 부르는 기분으로 색을 칠해 나갔다.

연진이는 손을 들고 선생님을 찾았다. 선생님께서는 앞쪽에서 유경이의 그림을 내려다 보고 계시다가 연진이와 눈이 마주치자 왼쪽 눈을 찡긋하시고는 다가오셨다.

"잘 했어, 연진인 스케치를 잘 하니까 채색만 조금 익숙해지면 즐겁고 자신 있게 그림을 그릴 수 있을 거야."

그러면서 연진이의 어깨를 살짝 감싸 안아 주었다. 그리고는 귓속말로 속삭였다.

"바다는 육지에서 멀수록 깊고 깊은 바다는 짙은 색으로 표현해야 할 것 같지? 이렇게."

라고 설명을 하시며 선생님은 또 색칠을 도와 주셨다.

"알았지? 이렇게, 어때 괜찮지?" 이제는 또 연진이가"

이런 일이 몇 번 반복된 후에 그림은 완성되었다.

그림이 색으로 덮여 갈 때마다 연진이는 가슴 저 아래에서부터 자신감과 함께 기쁨이 가득 차오르는 것을 느끼고 있었다.

'그래. 이거였어. 혼자서도 연습하면 잘 할 수 있겠어. 다음부터는 나 혼자 해 볼래.'

선생님은 연진이의 그림을 들고 말씀하셨다.

"연진이의 작품. 아니 걸작. 여러분 어때요?"

"와아~아."

아이들의 함성이 작은 교실에 울려 퍼졌다.

"연진이 작품, 내가 바꾸어 끼워 줄까?"

"선생님, 제가 끼울게요."

"그래? 그게 좋겠네, 여러분 박수."

친구들의 박수소리에 연진이의 얼굴이 곱게 물들었다.

7월 3일 늦은 밤. 학교운동장 조회대 위. 날씨 맑음

현우는 170㎝가 넘는 큰 키에 살집도 있는 편이지만, 체격과는 다르게 희고 앳된 얼굴에 항상 구김살 없이 웃는 모습이어서 그를 보는 사람들로 하여금 '곱게 자랐구나.' 하는 느낌을 가지게 하는 아이였다.

성격이 소극적이기는 하지만 착하고 원만하며 말수가 적기 때문에, 지금껏 어떤 친구와도 말다툼 한번 해본 일이 없는 현우다. 소위 내성적 성격을 가진 아이로 얌전하고 존재감이 적어 나서지는 않지만, 자기 일은 빠짐없이 해내는 소극적인 모범생의 부류에 속한다 할 것이다.

다만 한 가지 꼬집어 흠을 잡는다면 몸이 좀 느리고 둔한 편이어서 움직이기를 싫어하며, 운동 좀 하라는 부모님의 성화에도 들은 척 만 척, 체육시간은 피하고 싶을 만큼 부담을 갖는 아이라는 것이었다.

5학년이 되도록 달리기에서 상 한번 받아보지 못했고 축구놀이(반 대항 경기가 아닌 자기반 아이들끼리의 축구놀이)에서 중앙선 한번 넘어가본 일없이 항상 골문 옆이 자기 자리다.

그래서 체육시간만 되면 괜히 주눅이 들고 3학년 때부터 학교대표선수로 달리기대회에 출전하여 항상 1등상을 받아오는 규대의 빠른 몸놀림이 부럽기만 할 따름이다.

그런 현우가 무더운 여름 밤 10시가 넘은 늦은 시간에 학교조회대 위에서 땀을 뻘뻘 흘리며 체조를 하고 있는 것이다.

"하나, 둘, 셋, 넷. 둘, 둘, 셋, 넷."

스스로 구령을 붙여 가며.

여름이라지만 밤 10시가 넘은 학교운동장은 적막하다.

그래서 현우는 엄마와 아빠를 저만치 한 옆에 계시도록 하고는 두려움을 참아가며 체조를 하고 있는 것이다.

'왜 이렇게 발이 안 맞아.'

현우는 짜증이 났다.

벌써 열흘이 넘도록 학교를 마치고 집에 도착하자마자, 그리고 저녁 밥 먹은 후에도 텔레비전 속의 「체조 동영상」을 보면서 연습 또 연습을 했지만 아직도 마음대로 되지 않는다.

친구들과 함께 할 때는 왼발부터 시작되지만 조회대에서 친구들을 보고할 때는 오른발부터 시작해야 하니 헷갈리고 자꾸만 틀린다.

'이제 순서는 다 익혔으니 발하고 목소리만 크게 하면 되는데.'

"하나, 둘, 셋, 넷. 둘, 둘, 셋, 넷."

지난 6월에 이 학교로 전학을 오고부터 현우의 이런 고생은 시작되었다.

그래서 가끔은 C 선생님이 보고 싶기도 그 때가 그립기도 하다.

C 선생님은 학생들을 귀찮게 하거나 힘들게 하지 않으셨다. 체육시간에 하는 준비운동은 언제나 체육부장이 앞에서 시범을 보였다.

친구들은 틀리거나 말거나 체육부장을 따라하였고 그마저도 하기 싫은 날은 그냥 앉아 있기도 하였다.

그리고, 항상 친구들이 준비운동을 다 마친 뒤에 나오신 선생님은 남학생에게는 축구공, 여학생에게는 피구공을 주셨다.

가끔 어떤 친구들이

"선생님, 매일 공놀이만 하지 말고 다른 것도 해요."

라고 하기라도 하면

"여러 가지를 다해 보려고 욕심을 갖게 되면 한 가지도 제대로 못 배우게 돼. 한 가지라도 꾸준하게 해서 확실하게 알아야지. 축구만 해도 배울게 얼마나 많아. 골키퍼, 드리볼, 슛, 숏패스, 롱패스, 아웃사이드 킥, 인사이드 킥 수도 없이 많잖아. 그런데 너희들은 몇 가지나 할 수 있어. 응? 그리고 여학생은 다른 것은 위험하잖아. 학교에서 체육하다 다치기라도 하면 어떻게 하려고 그래. 잘못하면 평생 장애인이 될 수도 있어. 피구는 공이 말랑말랑해서 다칠 일이 없는 안전한 운동이야. 그리고 체육대회 때는 달리기, 줄다리기, 줄넘기들도 하잖아?"

이렇게 논리 정연한 선생님의 말씀에 친구들은 더 이상 입을 열지 못했다.

그런데 지금 선생님은 달랐다.

체육복에 운동화, 햇빛가림 모자를 눌러 쓰시고, 학생들보다 먼저(적어도 수업 시작 5분 전에) 운동장에 나오셔서 우리들을 기다리셨다.

엊그제 체육시간의 리더인 연진이가 준비운동을 할 때에도 선생님은 연진이의 자리에서 학생들과 함께 운동을 하셨고, 연진이가 두 번이나 틀렸는데도 밝게 웃으시면서 박수를 쳐주셨다.

"그 정도면 잘한 거야, 연진이 베리 굿, 다음에는 훨씬 더 잘할 걸."

그 다음 운동장 한 바퀴를 뛰는 순서에서는 반 바퀴는 줄을 맞춰 잘 뛰셨으나, 남은 반 바퀴는 줄에서 벗어나 여학생들의 손을 잡고 뒤처져서 천천히 뛰셨는데, 어떤 여학생들은 선생님 손을 잡고 오려고 일부러 뒤처지기도 하였다.

그날 수업시간에는 제자리 멀리뛰기를 하였는데 남학생들이 뛰는 동안에 여학생들은 착지자세를 연습하여 익혔다. 그리고 여학생들이 뛰는 동안 남학생들은 역할을 바꾸어 연습하였다. 이렇게 반복하다보니 도무지 쉴 시간이 없었다. 마지막에는 선생님께서도 뛰신 후에(멀리 뛰시지는 못하셨어도) 수업을 마쳤다.

전학 온 다음 날, 하교하는 현우와 연진이를 부르신 선생님께서는

"현우야, 연진아, 그쪽 학교에서는 준비운동을 할 때 누가 조회대 위에 올라갔어?"

하고 물으셨다.

"체육부장이 올라갔어요."

뭔가 불안한 예감이 든 현우가 얼른 대답했다.

"다른 반들은 학생들이 번갈아가며 올라가기도 했어요."

연진이가 덧붙였다.

'눈치 없긴.'

현우는 연진이를 팔꿈치로 살짝 밀었다.

"그랬구나, 그런데 우리 반은 출석번호 순서대로 리더(Leader)가 되어 준비운동을 하거든. 출석번호를 보니까 연진이는 8일 후, 현우는 12일 후 체육시간에 리더가 되는 날이야. 그 동안에 연습해서 해 보자구우~."

선생님께서 두 사람을 번갈아 보며 말씀하셨다.

"잘 못하는데요, 잘 안 배웠어요."

현우가 느리지만 다급한 목소리로 잘 못 배웠다는 말을 잘 안 배웠다고 엇지르고 나왔다.

선생님은 장난스런 미소를 띤 모습으로 고개를 천천히 끄덕이시며 현우를 바라보셨다.

그 때마다 선생님의 뒤통수에 고무줄로 묶여서 매달린 머리 뒤 꼬랑지도 따라서 까딱거렸다.

연진이는 선생님의 까딱거리는 머리 뒤 꼬랑지 모습이 꼭 방아깨비 같다고 생각되었다.

"현우야, 확실하게 잘 하지 못하는 거지, 아주 모르는 건 아니지? 벌써 몇 년을 배운 건데."

"순서도 잘 모르고……."

현우의 목소리는 잦아들고 있었다.

"걱정하지 않아도 돼. 준비운동 동영상을 현우 이메일(e-mail) 연진이 이메일로 보내 주면 되지 뭐. 됐지? 네 박자씩이니까 쉽게 익힐 수 있을 거야."

선생님께서는 캐득캐득 재미있는 목소리로 말씀하셨다. 꼭 장난기 많은 친구들처럼.

선생님께서는 학생들과 친해지려고 일부러 그런 표정 그런 모습으로 말씀하시는 것 일거라고 연진이는 생각하였다.

현우는 아무 말도 하지 않고 걱정 가득한 눈빛으로 멀거니 선생님을 바라보고 있었다.

내일이 운명의 날이다.

현우는 실제로 조회대 위에서 연습을 해 보는 것이 좋겠다는 엄마의 권유에 따라 밤을 도와 학교로 나온 것이다.

'연진이는 두 번 밖에 틀리지 않았는데, 내가 더 많이 틀리면 쪽 팔리잖아.'

"현우야, 잘 한다. 하나, 둘, 셋, 넷."

아빠 목소리였다.

"잘했어, 그 정도면 성공이야. 우리 아들."

현우네 가족이 집에 돌아 온 건 11시가 넘어서였고, 현우가 샤워를 하기 위해 겉옷을 벗고 욕실로 들어간 뒤에

"현우 살 빠진 것 같죠?"

아빠에게 속삭이는 엄마의 말소리는 들떠 있었다.

7월 21일 목요일 오후 2시 30분 5학년 5반 부장교사 교실. 날씨 맑음

교실 앞쪽에 놓인 유선형 탁자 위에는 찻잔 일곱 개가 가지런히 준비되어 있고, 협의시간에 맞추어 교사들이 하나 둘씩 교실로 모여들고 있었다.

"어서들 오세요."

30대 후반인데도 동안을 유지하고 있는 교실 주인인 K 교사가 반갑게 맞는다.

"우리 멋쟁이 수고 많아요, 항상."

2반 담임인 H 교사가 언니답게 따뜻하고 다정스럽게 인사를 건네고, 40대 중반 나이답지 않게 아직도 소녀티를 벗지 못해서 만년소녀라는 별명을 가진 3반 B 교사가 배시시 웃으며 H 교사의 옆을 따랐다.

뒤를 이어 탁자를 옮겨놓고 손을 씻으러 갔던 옆 반의 D 교사와 R 교사가 나란히 들어오며 D 교사가 너스레를 떨었다.

“아이고 언니들. 아침에 보고는 처음이네요. 많이 보고 싶었어요.”

D 교사는 학년의 분위기 메이커이다. 성격이 활달한데다가 인정도 많아 수업자료나 학급운영에 필요한 자료와 노하우(know how)를 항상 공개하여 선생님들께 도움을 준다.

“선생님, 머리 어디서 하세요?”

5학년 교사 중에 제일 패션 감각이 뛰어난 R 교사가 H 교사의 헤어스타일에 관심을 보이며 자리에 앉았다.

“아이고, 예쁜 막내. 수고 많았어. 이제 그만 이리와.”

커피포트를 들고 오는 Y 교사에게 학년부장인 K 교사가 고마운 마음을 담았다.

“자아~. 차는 각자 식성에 맞도록 드세요. 4반 C 선생님은 가사(家事)로 조퇴랍니다.”

학년부장이 행정실 직원에게서 전해들은 C 교사의 불참이유를 선생님들께 알렸다.

C 교사의 집에 무슨 일이냐고 관심을 보이는 교사는 없었다.

오늘은 넷째 주 목요일로 한 달에 한 번씩 실시하는 「교사자율 연수일」이다.

“자, 천천히 차드시구요, 오늘은 선생님들께서 1주일 전에 이미 연수주제로 결정하셨던 「Good teacher와 bad teacher의 행동특성」에 대하여 논의코자 합니다. 어찌 보면 새롭고 낯선 주제는 아닐 것입니다. 왜냐하면 우리는 한시도 ‘어떻게 하면 좋은 교사가 될 수 있을까?’ 하는 생각을 잊어 본 적이 없었으니까요. 다만 좋은 교사의 행동특성은 이것이다 하고 확신을 할 수 없어서 각자 고민했을 뿐이죠. 그러므로 이 시간에는 이론적 접근을 지양하고 교단교사로서 경험했던 사례를 중심으로 좋은 교사의 행동특성을 어떻게 규정할 수 있을지 중지를 모아 보자는 것입니다."

오늘의 연수주제는 1주일 전에 주어졌고 K 교사는 자연스럽게 업무에 접근하고 있었다.

"TV드라마 제목에도 굿 닥터가 있던데."

B 교사가 논의의 시작을 알리고 있었다. 역시 B 교사는 김 안 나고 뜨거운 주전자다.

"Good teacher나 bad teacher나 용어가 너무 추상적이고 애매해서……."

R 교사가 말끝을 흐렸다.

"그래요. 사실은 훌륭한 교사와 바람직하지 못한 교사만 있는 것이 아니라 보통교사가 제일 많을 것 같은데, 저 같은 햇병아리는 그 개념이 모호해서 구분하기도 힘이 들고요, 수업과 생활지도 중에서 어디에 중점을 두고 판단하여야 할지도 고민스러웠어요."

Y 교사가 신세대답게 분명하고 또렷하게 자기 의견을 피력하고 나왔다.

"아이고 예쁘고 똑똑한 우리 귀요미. 어쩌면 이렇게 똑 부러지게 잘 났는지 몰라."

D 교사가 분위기를 부드럽게 완화시키고 있었고 Y 교사는 쑥스러운 듯 얼굴을 붉혔다.

"맞아요, 간단하게 생각할 문제가 아니군요. 그럼 논의의 폭을 좀 좁혀 보면 어떻겠어요?"

"그래요. 너무 방대하면 바다 한가운데에서 낚시질 하는 것 같아."

K 교사의 제안에 H 교사가 동조하고 나왔다.

"그러면 학생들의 지적 성장과 관련되는 수업지도에 대한 논의는 미루어 두고, 정의적 영역에 더 깊이 관련되는 잠재적 교육과정 측면에서의 바람직한 교사(Good teacher)의 역할에 국한하여 의견을 모아 보면 어떨까요?

즉 학생들이 단순히 공부 잘하는 학생이 아닌 지덕체를 겸비한 온전한 인격체로 성장하는데 영향을 미칠 수 있는, 교사의 언행에 무게중심을 두어 생각하면 될까요? 당연히 우리들이 지향하여야 할 이상적으로 생각하는 바람직한 교사의 역할과 정면으로 대치(對峙)하는 사례나 개념은, 잠정적으로 바람직하지 못한 교사(bad teacher)의 역할로 정의하기로 하구요."

K 교사가 논의의 대상과 개념을 정의하고 있었다.

"바람직한 교사(Good teacher)가 아니면 금기시되는 행동을 보이는 교사(bad teacher), 즉 회피대상의 교사가 되는 것인가 하고 고민스러웠는데 정면으로 대치되지만 않으면 보통은 될 수도 있다고 생각하니 그래도 마음이 가볍네."

"요즈음 부쩍 학생들이 말을 잘 듣지 않아 걱정이에요. 우리 반만 그런가? 좋은 지도 방법이 있으면 좀 알려 주세요."

"그래요. 사실 공부 잘 하는 학생도 중요하지만 교사와 부모님의 말씀을 잘 듣는 학생으로 교육하는 것 또한 포괄적 교육목적에 부합하지 않을까 하는 생각을 하면서도 실제 지도는 쉽지 않아요."

"부모님과 교사의 교육에 대한 신념이 서로 차이가 나는 경우도 있으니까요."

"그럼요. 교육에 대한 관심과 교육관은 정말로 다양할 수밖에 없지요."

"정말 날이 갈수록 더 힘이 들어요."

"말을 잘 듣는다는 것은 학생들을 강압적인 수단으로 말을 듣게 하는 것이 아니라, 교사와 부모님의 정당한 교육적 요구에 동의하고 공감할 수 있는 성숙한 아이로 자랄 수 있도록 지도하는 것이라는 의미겠죠?"

"그래요. 어렵기는 하지만 방법이 아주 없지는 않겠다는 생각도 조심스럽게 드는데요. 나이어린 학생들이니 만큼 말보다는 교사의 솔선수범을 통하여 그들의 변화를 기대하는 것이 효과적이지 않을까요?"

"교육의 현장에서 솔선수범이란 교육의 효과성을 담보하는 만고불변의 가장 강력한 교육기재죠. 그런데 나이를 먹으면서 나태해진단 말이야."

"맞아요. 보여주는 것이 최상일 것 같아요. 나이가 어리다는 것은 어쩌면 교육의 효과성 면에서 강점이 될 수도 있겠어요. 특히 초등학교의 특성으로 볼 때 학부모님들은 학생들의 교육을 전적으로 담임교사에게 의존하고 있잖아요. 그러니 우리들의 책무도 무겁지만 상대적으로 외부환경의 간섭을 배제하고 일관성 있는 지도를 통하여 더 많은 교육효과를 기대할 수도 있을 것 같아요."

"교사의 말을 잘 듣는다는 것은 서로 다를 수 있는 가치를 인정하면서 긍정적이고 바람직한 방향으로의 행동 변화가 일어나는 것을 의미하겠죠?"

"맞아요. 정범모교수가 이미 교육을 「바람직한 인간행동을 계획적으로 변화시키는 것」이라고 정의했잖아요? 그러니까 선생님께서 치밀하게 계획을 세우셔서 지도하시면서 효과를 검증해 보세요. 그리고 효율성과 효과성에 대해서는 연구 결과를 저희들과 공유하셔야 돼요."

"아이고. 내숭이고 엄살이야. 선생님 반 학생들이 제일 모범생들이야."

"어쨌든 학생들 교육하기가 점점 더 어려워지는 것은 사실인 것 같아요."

"6학년 어떤 초임여선생님은 날마다 울고 산다고 해요."

"우리들도 교사 초년생일 때 몇 년 동안은 그러지 않았나요? 전 정말 막막해서 도망가고 싶을 때도 있었어요."

"맞아요, 매일매일이 걱정이었죠. 하기는 지금도 울지만 않을 뿐이지만……."

"특별한 학생이 있는가 봐요?"

" 학생들은 다 특별한 것 아닌가요?"

"하긴 그래요. 다들 서로 차이가 있는데 어쩌면 우리들이 차이를 인정하지 않고 애써 외면하려고 하는 지도 모르겠어요. 6학년 초임여선생님 학급에서는 여학생 몇 명이 유별나게 속을 썩인다나 봐요."

"사춘기라서……."

"성장통을 앓고 있는 거죠."

"사춘기를 잘 넘어가게 집에서나 학교에서 도와주어야 하는데……."

"그럼요. 어쩌면 준비가 되지 않은 학생들이 더 당혹스러워하는 시기거든요."

"사실 몸만 어른만큼 컸지 마음은 그냥 아이거든요."

"그건 그래요."

"힘들고 어렵다고들 하지만 그래도 초등학생들은 중 · 고등학생들에 비하면 상대적으로 순수한 거예요."

"중등교사들은 정말 고생한데요."

"말도 마세요. 우리 아들, 딸. 사춘기 넘길 때 얼마나 힘들었는지 하루하루가 전쟁이고 그때 나 다 늙었다니까."

"그래요, 부모나 교사들은 항상 어린아이들이 이렇게 해 주었으면 하는 바람이 있는데 아이들은 항상 엇나가요. 그래서 부모나 교사들은 지치고 낙심하고 가슴아파하죠."

"그래요, 부모나 교사들과 아이들의 생각에는 근본적으로 어떤 큰 차이가 있어요."

"그래도 각 반에 두세 명 정도의 성숙한 아이들은 하는 행동들이 정말 예쁘잖아요. 나는 지금도 미진이가 보고 싶어."

"맞아요. 미진이는 정말 좋은 의미에서의 특별한 아이죠. 그런 아이들만 있다면 교사 할 만하죠. 미진이 부모님들은 어떻게 그렇게 예쁘게 키웠는지 몰라."

"꿈 깨세요. 정말로 그 아이는 특별한 아이고요. 우리들이 매일 만나는 아이들은 그냥 평범한 아이들이예요."

"교직의 특수성은 미성숙한 인간의 정신을 대상으로 하는 직업이라고 하지 않아요? 그러니까 속썩고 힘 드는 것은 어쩔 수 없지 뭐.”

“속을 썩는 것으로 끝나면 좋은데 그 학생들을 올바른 사람으로 길러내야 할 책임이 우리 교사에게 있다는 것이 항상 어깨를 무겁게 하잖아요.”

교사들은 자유롭게 서로의 생각을 털어 내고 있었다.

“정답 나왔네요. 그러면 소주제를『미성숙한 학생들의 행동을 바람직하게 변화시키는데 기여할 수 있는 교사의 행동특성은 어떤 것들이 있을까?』로 하면 어떨까요?”

K 교사가 압축하여 정리하고 있었다.

“학생들은 크던 작던 예뻐해 주어야 좋아하고 교사의 기대에 더욱더 부응하려고 노력하는 것 같아요.”

“그건 어른도 그래. 남녀노소를 막론하고 예쁘다는데 싫어하는 사람 있겠어요?”

“정말 살맛 나게 만드는 말이죠. 그러니 어린학생들은 말해서 무엇해요? 만병통치약이지.”

“반려동물을 기르는 사람들 얘기를 들어보면, 주인이 예뻐해 주는 것을 의심 없이 받아들이는 동물들을 보면 자기가 더 즐거워져서 외로움도 고독도 자연치유가 된다는 거야.”

“저학년일수록 효과가 더 있어요.”

“그래. 고학년들은 그냥 순수하게 받아들이지 않고, 의심하려하거든.”

“잘못하면 당사자가 아닌 다른 녀석들이 편애한다고 오해도 해요.”

"그럴 수도 있겠죠. 느낌 아니까. 그러니 기술이 필요하죠. 기술적으로 잘 하기만 하면 정말 긍정적이고 자존감 높은 아이로 기르는데 효과가 있을 것 같아요."

"그 기술적이라는 것이 어렵다고요."

"아니, 모두에게 기회가 주어지면 될 것 같은데……."

"맞아. 그거였어. 모두 다 사랑하리.~"

"가능하면 칭찬해 주고."

"할 수 있는 한 많이 해 줄수록 더 좋고."

"칭찬은 고래도 춤추게 한다고 하지 않아요."

"칭찬을 많이 듣는 학생들은 정말 즐겁고 신나는 학교생활을 한답니다."

"어떤 학생들은 아무리 칭찬을 하려해도 정말 칭찬해 줄 일을 찾을 수가 없어 괴롭다니까."

"발가락이 닮았다. 있잖아요?"

모두들 까르르 웃었다.

"사실 칭찬해 줄 것이 없는 학생을 적극적으로 칭찬해 주는 일이야말로 교육의 본질인 격려가 아닐까 해요. 교육적 성취를 위해서는 90%의 격려가 필요하다는 말을 되새겨 보면 교육적 성공을 담보하는 것은 격려라는 의미인 것 같기도 하구요."

"하긴 그래요. 칭찬할 일을 찾지 못한다는 것은 교사의 마음 문이 열리지 않았다는 반증이 될 수도 있을 거예요. 학생을 학생의 눈높이가 아닌 성인의 관점에서 보고 평가하려 한다는 증거지요."

"그러니 항상 만족을 모르고 부족한 면이 보이게 되니 원."

"직업병이에요."

"맞아요, 그냥 보기만 해봐요, 얼마나 예쁜 보물들인가."

"부장선생님. 이마에 총기가 가득하네."

"칭찬인가요? 정말 기분이 좋아지는데요. 고마워라."

"또한 학생들은 끊임없이 성장 · 발달할 것이라는 믿음을 가져야 하는데 그게 참 어려워요."

"그런 믿음만 가지면 인내를 가지고 기다릴 줄 아는 지혜가 생길거야."

"어려서 개구쟁이였던 학생들도 성인이 되면 딴 사람이 되더라니까."

"그게 성장과정이죠. 뭐."

"그런데 우리 교사들은 학생들을 개구쟁이 말썽꾸러기로만 보면서, 그걸 당장 고치려는 욕심으로 꾸중하고 질책하기만해서 학생들을 아프게 한단 말이야."

"그러니까 교사 스스로가 너무 조급해 하고 있는지도 모르지."

"어쩌면 우리는 우물에서 숭늉 찾는 격으로, 교사가 요구하는 성숙한 어른의 행동을 학생들에게 기대하며 독촉하고 있는지도 모르는 일이야."

"어차피 부모와 교사는 일정부분 어리석은 송나라의 젊은 농부인가봐."

"무슨 말씀이세요?"

"왜들 이러실까? 정말 몰라? 송나라 때 평생 배추농사만 지어온 아버지가 며칠 동안 여행을 떠나면서 젊은 아들에게 어린 배추를 잘 보살피라고 부탁을 하고 떠났데요. 여행을 마친 아버지가 집에 돌아와 보니 배추들이 다 말라서 시들어 있는 거야. 당연히 아들에게 물었겠지? 그랬더니 젊은 아들 하는 말이, 아버지께서 잘 기르라고 하셔서 빨리 자라게 하려고 매일매일 조금씩 뽑아 놓았다는 거야. 그러니 시들 수밖에 더 있겠어? 그런데 가끔 잠자리에 누워서 학교일을 생각해 보면 내가 그 송나라 젊은 농부가 아닐까 한다니까?"

교사들이 숙연해졌다.

"그리고 제 경험으로는 학생들의 이야기를 있는 그대로 들어주고 고개 끄덕여 주는 것도, 아이의 자긍심을 높이는 데 도움이 되는 것 같더군요."

"그래요. 교사입장에서는 보잘것없는 이야기도 학생들은 무척 중요하고 진지해요."

"맞아요. 교사가 듣기에는 사소해도 학생 입장에서는 사소하지 않으니까요."

"그래요. 교사가 학생의 이야기를 들어주고 고개를 끄덕여 공감해 준다는 것은 학생입장에서는 신나고 즐거운 일이지요."

"그럼요. 누군가 자기 이야기를 들어준다는 것은 자기가 존중받고 있다는 거니까."

"그런데 어떤 때는 그 내용이 하찮고 보잘것없어서 귀찮기도 해요."

"그걸 들어주니까 선생이지. 다른 사람들 같으면 듣겠어? 학생이 교사를 위해서 존재하는 것이 아니라 교사가 학생을 위해서 존재하는 것이라고 하잖아."

"골드스테인 교수."

"맞아 그 사람. 학자들 참 말 잘해요. 꼭꼭 맞는 말로만."

"선생님들의 진지하고 열정적인 논의에 시간 가는 줄 모르겠어요. 끝으로 우리는 항상 아이들을 사랑하는 교사를 주문하는데 사랑을 표현하는 구체적 방법에 대해서 논의해 주시면 감사하겠습니다."

K 교사가 마무리를 예고하고 있었다.

"사랑을 실천하는 구체적 행동이라……?"

"우리의 아니 현대인들의 최대 관심사는 사랑인데, 그 실체는 막연하군요."

"저는 그 시작을 관심을 갖는 것이라고 생각해요."

"그래요 관심이 없으면 보이지 않더라고요."

"관심이 있어야 관찰하게 되고 관찰을 하여야 학생의 행동이 눈에 보이고 보여야 칭찬도 격려도 할 수 있는 거니까요."

"맞아요. 관심이 있어야 들리고, 관심이 있어야 보여서 눈에 띄는 것 같아요."

"그럼 결국 사랑은 보는 것이네요, 관심을 가지고 학생들을 바라보는 것."

"볼 때마다 미소를 띠면 더 좋아요."

"그래. 미소와 함께 학생들을 바라보면 바라보는 내가 더 여유로워지고 너그러운 마음이 생기더라고."

학생들도 정서적으로 안정되고 긴장하지 않고."

"그러고 보니 영화 아바타의 대사에 I see you가 여러 번 나왔어요."

"저도 기억이나요. 젊은 남녀 사이에서 I see you가 처음에는 '나는 당신을 봅니다.'의 의미로 사용되는데 시간이 갈수록 '사랑합니다.'로 그 의미가 자연스럽게 바뀌었어요. 결국 보면 사랑하게 되고 사랑하면 보게 된다는 거로군요."

"보는 것이야말로 사랑의 시작이자 또한 사랑의 완성이 되겠군요."

"먼저 선생님들께서 행복한 삶을 사시구요."

"그렇군요. 교사가 행복해야 학생이 행복하고 학생이 행복해야 교육력이 증가하니까요."

"오늘 많이 배웠어요. 이제 나도 좋은 선생이 되는 길에 한 발 다가선 것 같군요."

H 교사가 연장자답게 종결을 압박하고 나왔다.

"고맙습니다. 마무리하겠습니다. '교육은 감동'이란 말이 있어요. 학생이 교사에게서 감화를 받고 감동을 경험하게 되면 참다운 성장에 좀 더 효율적으로 접근하게 된다는 의미가 아닐까 하면서도 막연했어요. 어떻게 감동을 줄 수 있을까하는 구체적인 방법에 확신이서지 않아서. 그런데 오늘 논의를 통해서 저 개인적으로는 그 문제를 다소나마 해결하는 계기가 된 것 같아서 기쁩니다. 지금까지 논의 한 내용을 1.학생들을 예뻐할 줄 아는 교사 2. 학생들을 칭찬하고 격려하는 교사 3. 학생들의 성장을 기다리는 여유를 가진 지혜로운 교사 4. 학생들의 사소한 이야기도 경청해주고 고개 끄덕여 공감해 주는 교사 5. 학생들을 적극적으로 사랑할 줄 아는 교사 6. 스스로 행복하게 사는 교사로 정리하면 될까요? 물론 이것은 좋은 선생님의 행동 특성 중 극히 일부분에 지나지 않겠지만 오늘 짧은 시간에 우리 선생님들께서 이룩한 성과라는데 의미를 가지며, 오늘부터 책임감을 가지고 실천에 옮기는 선생님들과 생활하는 학생들은 날마다 감동을 경험하면서 행복한 학교생활을 할 수 있겠다는 확신을 가지게 되었습니다. 장시간 수고하셨습니다. 감사합니다."

잠시 후, 5학년 5반 교실에 울리는 박수소리는 퇴근시간을 알리는 벨소리에 묻혔다.

훌륭한 학생은 훌륭한 교사의
작품이고
훌륭한 교사는 훌륭한 학생의
생산품이다.

03

1. 재회

“아니, 거기 잠깐.”

채널을 이리저리 돌리던 아내가 의아하게 남편을 건너다봤다.

“당신도 TV에 관심을 보일 때가 다 있어요? 집에서도 병원환자 얘기만 하는 사람이, 정말 매력 없어.”

아내의 입이 뽀로통해졌다.

“좀 전에 지나간 채널 좀……”

“여기요? 여기요?”

“아, 거기요.”

“이거 식당에 대한 이야기예요. 착한 식당이라고. PD이름이 뭐더라. 양심적인 식당 소개하는 프론데. 오늘은 레스토랑이네요.”

“아니 저, 저애는…….”

텔레비전 화면에서는 인터뷰가 진행되고 있었다.

기자 : “착한 식당 중에서도 최고의 착한 식당인 “베스트 착한 식당”의 경영자로 선정되신 사장님의 경영철학은 무엇인가요?“

“경영철학이랄 것 까진 없고요. 그냥 정직하게 장사하려고 했어요.”

기자 : “정직하다는 말은, 좀 애매해서…….”

“저한테 정직하자는 겁니다. 다른 사람은 다 속일 수 있어도 저 자신만은 속일 수 없잖아요? 제가 거짓말하는 것을 제가 다 아니까.”

기자 : "양심과 소신에 관한 문제인가요?"

"다른 사람은 속일 수 있어도 저 자신은 속일 수 없다는 말은, 6학년 때 담임선생님께서 하셨던 말씀인데, 어린 나이인데도 저에게 커다란 감동으로 다가왔어요. 그 뒤로 제 좌우명이 됐고요."

텔레비전을 보던 Doctor 김의 눈가가 붉어지고 있었다.

"왜 그래요? 아는 사람이에요?"

아내가 물었다.

Doctor 김이 고개를 끄덕였다.

"영길이."

Doctor 김의 목이 메었다.

"예~?"

아내의 목소리가 높아졌다.

남편이 그렇게 찾으려고 애를 썼어도 소식을 알 수 없었던 영길이었다.

인터뷰는 계속되고 있었다.

기자 : "사업체의 규모는?"

"한솥밥 먹는 분들이 한 200명 돼요."

기자 : "종업원 수를 말씀하시는 거죠?"

"그렇게 생각 안 해요. 그냥 식구죠."

기자 : "사업을 운영하시면서 닥치는 어려움들은 어떻게 극복하셨나요?"

"숙제라고 생각했어요, 제가 풀지 않으면 안 되는. 그 때마다 숙제를 풀었을 뿐이고요. 제가 해결하지 않으면 아무도 해결할 수 없잖아요?"

기자 : "성공 비결이 있다면?"

"성공이랄 것까지야. 저에게 지지 않으려고 했어요. 제 자신에게 저를 이기지 못한다면……."

기자 : "노숙자들에게 점심을 제공하신다고 하던데."

"그분들은 배가 고프니까요."

잠시 생각에 잠겼던 그가 다시 말을 이었다.

"빚을 갚고 있는 거예요. 저에게 베풀어 주신 분들이 하도 많은데……."

기자 : "사장님의 인생에서 극적인 계기가 있으셨다면?"

"극적이라…… 하나만 꼽으라고 한다면, 4학년 때 담임선생님 손에 이끌려 대전으로 나오게 된 거죠."

그는 어눌하지만 담백한 말투로 느리게 말을 이어가고 있었다.

기자 : "무슨?"

"초등학교를 졸업하고 날마다 나뭇짐을 지던 저는, 열다섯 되던 해 2월부터 선생님의 누님이 운영하시는 식당에서 일하게 됐어요. 그 일이 지금 제일이 된 거고요."

기자 : "실례지만 학교는?"

"중학교 과정은 검정고시로 공부했고 고등학교부터는 야간에 공부할 수 있도록 배려해 주셨어요. 대학에서는 경영학을……"

기자 : "혹시 대학원?"

"예. 어쩌다 보니."

기자 : "항상 책을 손에서 놓지 않으신다는 말이 있던데요."

"잠잘 때도 밥 먹을 때도 놓는데."

기자 : (웃음) "농담을 하실 줄도 아시는군요. 너무 진지하셔서 저는……."

"농담을 잘하지 못해요. 익숙하지 않은가 봐요. 알고 보면 부드러운 사람인데."

기자 : (웃음) "아주 잘 하시는데요 뭘."

"책 얘기를 하다 말았죠? 될 수 있으면 책을 좀 많이 봐야지 하고 생각하는 것은, 어떤 선생님과 했던 약속을 지키려는 거예요. 초등학교 졸업식을 마치고 교문을 나서다가 학교에서 가장 예뻤던 여자선생님과 손가락을 걸고 약속했어요. 책 속에는 훌륭한 선생님들이 많이 계시니까 부지런히 만나 보라고 하시기에 무슨 소린지도 모르고 고개를 끄덕였어요. 선생님과 한 약속이니까 지켜야죠."

기자 : "유달리 초등학교 시절의 선생님에 대한 말씀이 많으신 것 같은데요?"

"초등학교 시절의 경험들은 그 어느 때보다도 순수하게 받아들여지고, 마음 속 깊이 각인되는 것 같아요."

기자 : "책 속에서 만난 선생님들은 어떤 분들이셨어요?"

"친절하진 않았지만 전문가였어요.(웃음) 그분들은 자기 말만 하는데도, 제 스스로가 저에게 질문하고 생각하고 대답하지 않으면 안 되게 만들었으니까요."

기자 : "선생님에 대한 말씀을 많이 하시는데, 특별히 기억에 남는 선생님이 계신가요?"

"시대와, 나이, 성별에 따라 선생님의 가치를 판단하는 기준에는 차이가 존재하겠지만 저는 제에게 다양한 방법으로 깨우침을 주신 모든 선생님들에게 감사하며 살아요."

기자 : "사회적으로 선생님들을 엄중하게 평가하려는 세태에 비추어 매우 특별하시군요."

"글쎄요. 저는 선생님들을 크게, 아버지 같은 선생님과 어머니 같은 선생님으로 구분할 수 있을 거라고 생각해요. 물론 그 사이에 무수한 유형들이 존재하지만요. 그런데 예외 없이 각각의 유형에는 나름대로의 장점과 단점, 강점과 약점이 포함되어 있더라는 겁니다. 서로 다른 그 요인들이 학생들에게 다양한 경험을 제공하게 되고요. 그러니 옛날부터 『엄부자친(嚴父慈親)』이라는 말이 존재하지 않았겠어요? 저는 『엄부자친(嚴父慈親)』이라는 말을 엄격함이 필요하지만 그것만으로는 부족하니 자애로움으로 채워야 하고, 자애로움이 있어야 하지만 그것으로 충분하지 않으니 엄격함과 조화를 이루어야 한다는 의미로 받아들여요. 서로를 완성하기 위해서는 상반되는 것처럼 보이는 서로가 필요하다는 뜻으로요. 아이러니(irony)인가요? 물론 『엄부자친(嚴父慈親)』이란 부모님의 역할에 대한 얘기지만 선생님이라고 다르겠어요? 솜사탕같이 달콤한 사랑도, 가슴 저린 아픔도, 햇살보다 더 따스한 행복감도, 절망을 넘어 희망을 품는 방법도, 가슴 뭉클하던 감동도, 패배하면 안 된다는 불굴의 투지도, 짓밟혀도 일어서는 강인한 생명력을 가져야 한다는 정신력도 저는 선생님들을 통해서 경험하게 되었고, 그런 다양한 경험들은 저를 성장시키는데 필요한 촉매제가 됐으니까요. 그러니 모두가 감사하죠."

기자 : "오늘 인터뷰 주제는 아니지만 현실적으로 민감한 문제라서 한 가지만 더 질문 드리겠습니다. 그렇다고 하더라도 부적절한 언행으로 물의를 일으켜 손가락질을 받는 사람도, 교육전문가로서 미숙한 분들도 있던데."

"초 · 중등교원의 수가 40만 명이고 학생의 숫자는 765만 명이나 됩니다. 그러니, 안타깝게도 그런 일들이 전혀 없을 것이라고 부정할 수가 없군요. 그렇다고 하더라도 사안에 접근하는 과정에서 관계자들의 갈등을 조장하고 감정을 손상시킬 수 있는 부담요소는 개입시키지 않아야 하지 않을까요? 그로 인한 갈등을 봉합하고 손상된 감정을 치유하는데 너무 많은 시간과 노력, 그리고 사회적 비용이 요구되기 때문입니다.

물론 도덕적 해이가 원인이 되어 물의를 빚었거나 빚을 개연성이 있는 사람들은 교단에 세우면 안 됩니다. 그들의 부적절한 행위에 대해서는 일벌백계로 다스리면서 그들이 교단에 접근할 수 없도록 제도적 보완장치도 강구되어야 할 것입니다.

그러나 단순하게 소통의 미숙으로 오해가 발생하는 사례에 대해서는, 오히려 반면교사(反面教師 : 다른 사람의 하찮은 언행 또는 허물과 실패까지도 자신을 수양하는 데 도움이 된다는 말)와 타산지석(他山之石 : 본이 되지 않는 남의 말이나 행동이 도리어 자신의 인격을 수양하는 데 도움을 주는 경우를 이르는 말)으로 삼아 더 큰 성장을 도모하는 교육수요자(학생과 학부모, 그리고 사회)의 지혜가 필요하지 않을까 합니다."

기자 : "미성숙한 아이들에게 가능한 일일까요?"

"구안자(具眼者)에게는 모든 것이 긍정적(肯定的)으로 보인다는 말이 있습니다. 아이가 선생님들의 장점과 강점을 적극적으로 찾아 내어 자기의 성장과 완성을 위해 활용할 수 있는 안목을 갖출 수 있도록, 부모와 사회가 그리고 국가가 함께 도와주어야 하지 않을까요? 갈등을 봉합하고 교육공동체의 구성원들을 포용하는 것이 궁극적으로 소중한 아이들의 미래를 담보하고 건강한 사회공동체를 완성하는 길이라는 생각이 듭니다. 저는 모든 아이들이 좋은 환경에서도 그렇지 못한 환경에서도 스스로를 단련하고 적응시키며 올바르게 성장할 수 있는 DNA를 가지고 태어나는 존재라는 믿음을 가지고 있습니다. 훌륭한 학생은 훌륭한 교사의 작품이지만, 훌륭한 교사 역시 훌륭한 학생의 생산품이 아닐까요?"

기자 : "학생이 교사의 작품이라는 말씀은?"

"저는 학생들을 원석(原石: 아직 가공하지 않은 보석)과 같다고 생각합니다. 그저 이름 없는 돌덩이에 불과한 것처럼 보이지요. 그러나 돌덩이에 불과했던 것처럼 보이는 원석은 교사의 가공과정을 거쳐 빛나는 보석으로 재탄생된다는 의미입니다. 물론 가공하는 방법(목적을 달성하기 위해 취하는 방식이나 수단)과 숙련도의 차이에 따라 보석의 가치도 차이를 보이겠지만……(잠깐 말을 끊었다가). 그러나 참으로 중요한 것은 모든 선생님들은 훌륭한 작품을 만들고자 하는 노력을 한 시도 게을리하거나 멈추지 않더라는 것입니다."

기자 : "그렇다면 교사 역시 학생의 생산품이란 말씀의 의미는?"

"교사의 가공방법과 숙련도를 해석하고 수용하는 학생의 태도에 따라, 교사는 더욱 훌륭한 교사로 성장하기도 그렇지 못한 교사로 전락할 수도 있다는 뜻입니다. 즉 보석은 원석을 가공하는 장인의 완전한 피조물이지만, 인간이라는 보석의 품질은 장인인 선생님과 원석인 학생의 상호작용의 결과물이라는 생각이지요."

기자 : "무거운 질문에 성심껏 답변해 주셔서 감사합니다. 마지막으로 잊지 못할 첫사랑에 대해서 한 말씀."기자가 가볍게 물었다.

"이렇다 할 첫사랑도 없었지만 있었다고 해도, 말 잘못하면 양쪽집

안 파탄 날 일이고.(장난스럽게 웃었다) 그러나 꼭 한 번 만나야 할 친구는 있어요."

기자 : "첫사랑은 아니지만 만나야 할 친구라고요? 역시 경영학 전공자답게 위기대처 능력이 대단하십니다."

"40년 동안이나 토요일을 설레도록 만든 친구입니다."

인터뷰는 종점을 향하고 있었다.

밤늦은 시간에 전화벨이 울렸다.

"아직, 내 굴렁쇠 가지고 있지?"

"그럼."

"내일 만나서 굴려 보자고. 어디긴? 버스 정류소지."

"올 거야?"

"네 시 반 차로."

영길이의 가슴에서 얼음장이 녹아 내리고 있었다.

영길이가 눈을 감았다.

지나간 일들이 스치고 있었다.

벌이 난다.

나비가 난다.

굴렁쇠가 달린다.

두 아이가 달린다.

노을이 내려앉는 초가 굴뚝에
저녁연기가 흐른다.

그리움이 흐른다.

2. 배 꺼진다. 일찍 자거라.

여름의 끝자락을 향해 가는 8월 한낮의 산골은 덥다. 감나무 가지에서 목청을 돋우던 매미들은 목이 쉬었고, 때 이르게 얼굴 내민 고추잠자리도 꽃그늘에 숨었다. 바람이라도 불었으면 좋으련만 먹구름은 하늘 가득 밀려오고 땀은 겨드랑이를 적신다.

냇가에선 올망졸망 아이들의 물장난이 한창이고, 젊은 아낙들의 빨래방망이는 연신 하늘에 삿대질이다.

"애기 엄마, 이것 좀 거들어 줘요."

고무다라이(대야를 속되게 이르는 말)를 머리에 인 여인의 숨이 턱에 닿았다.

"아이구, 뭐래유?"

수줍음 머금은 얼굴에 얌전하고 앳돼 보이는 아낙이 여인을 부축한다.

"이렇게 무거운 걸 어떻게에~."

"고마워요."

여인은 두 손 가득 물을 움켜 세수를 한다.

"참외유, 참외. 개구리참외가 참 달어유. 참외 덜 좀 사유."

"참외유? 그래서 그렇게 무거웠구먼요."

다라이를 부축했던 아낙은 안쓰러운 눈길을 여인에게 건넸다.

젊은 아낙들은 곁눈질로 참외를 건너다볼 뿐 성큼 다가서는 사람은 없었다.

여인은 참외를 깎아 어른 아이 할 것 없이 나누어 주기 시작했다. 수박무늬 같기도 하고 청개구리 등 무늬 같기도 한 겉모습과는 다르게 속은 잘 익은 호박 속같이 먹음직스러워 보였다.

"맛 있네유."

"참말로 달구먼유."

"엄니. 사유우."

참외 맛을 본 아이들은 엄마를 졸랐다.

"아점네 애기는 워딨슈? 참외 하나 줘야 겄넌디."

여인이 참외 다라이를 거들어 준 아낙에게 물었다.

"별말씀을요. 우리 용남이는 안 왔슈."

아낙이 여인의 호의를 사양했다.

"저도 주세유."

눈이 십 리는 들어간 영길이가 손을 내밀었다.

"그려라."

깍두기만한 참외조각을 받아들고 그늘 속으로 몸을 피한 영길이는 참외를 조금씩 핥았다.

"맛있다아~."

"영길아, 맛있는디 왜 핥어 먹어?"

해준이가 물었다.

"그냐앙. 그런디 너 나보고 영길이라고 혔냐? 3학년이 4학년 형아 보고?"

영길이가 장난스런 눈을 크게 부릅떴다.

아버지는 영길이가 엄마 배 속에 있을 때 광산(鑛山) 사고로 돌아가셨고, 엄마는 집 나간 지 8년이 되도록 소식이 없다.

그날 이후로 환갑 지난 할머니는 불쌍한 내 새끼를 입버릇처럼 뇌이며, 행상광주리를 이고 길거리로 나섰으니 영길이는 언제나 혼자였다.

"값은 어떻게 한 대유?"

"쌀보리 한 되에 참외 다섯 개씩 드려유."

"지난번에 왔던 아지매는 일곱 개 주던디유."

5일마다 장이 서는 소재지에서 십 리도 더 들어와야 만나게 되는 막다른 오지이다. 초가지붕 키재기하는 산골마을에서 아낙네들은 어설픈 흥정으로 참외와 곡식을 맞바꾸고 있었다.

동족끼리 총부리를 겨누고 싸우던 전쟁을 휴전이란 이름으로 단락지운지 10년도 지나지 않아, 너나없이 가난 속에 허덕이던 1962년이었다.

열 살, 열한 살. 고만고만한 아이들이 햇빛 반짝이는 저수지를 향해 줄지어 달린다. 점심도 먹지 못하던 아이들이 생각지도 않은 별식으로 입 호사를 했으니 얼마나 신이 나겠는가? 여름내 햇빛에 그을려 가무잡잡해진 아이들은 "풍덩 풍덩" 저수지에 뛰어들어, 소리치고 물탕치고 조잘대고 캐득거리면서 싱그러운 웃음들을 하늘가에 날려 보내고 있었다.

어른들은 먹고 살길이 막막하여 걱정이 태산이고 한숨으로 밤잠을 지새우는 날이 태반이었지만, 아이들은 걱정도 모르고 한숨도 모르고 불행이 뭔지도 몰랐다.

뙤약볕 내리쬐는 한낮에도 아이들은 들과 산, 물가로 옮겨 다니며 잘도 놀았다.

입술이 까맣게 물들도록 뽕나무에 올라가 오디를 따먹고, 호두를 주워 물 흐르는 도랑에서 돌멩이에 문지르다 보면 손은 어느 새 진한 갈색으로 변했다. 겉껍질 속에 숨어 있던 하얀 호두속살은 어쩌면 그렇게 신비롭고 고소하던지…… 어둠이 채 가시기도 전인 이른 새벽에 감나무 밑을 서성이는 아이들은 그 또한 재미있는 놀이로 여겼다.

그런데 물 속에 뛰어들던 아이들은 옷을 벗지 않았고 유니폼처럼 똑같은 옷을 입고 있었다. 그건 분명히 유니폼이었다.

반소매 흰 런닝구(러닝셔츠)에 무릎까지 내려오는 검정색 사각 트렁크 박스팬티.

런닝구 왼쪽 가슴엔 학교이름이 새겨진 마크가 찍혀 있었고 팬티 양쪽에는 재봉선을 따라 폭 1cm 정도의 두 줄기 흰색 선이 앞으로 나란히를 하고 있었다. 다만 여학생들의 팬티는 무릎에 맞닿는 아랫부분에 고무줄을 넣어 남학생 팬티와 구분짓고 있었다.

소문난 부잣집 아이들이 아닌 바에야, 아이들은 그 옷을 운동복이라고 하며 일년 사계절 중에서 세 철을 입었다. 그것은 분명히 운동복이었다.

가을 운동회는 대부분 추석을 전후하여 열렸다. 명절을 맞은 부모님들과 객지(당시 객지란 서울을 의미했다)에서 돌아온 귀향 민들이 가장 많이 참석할 수 있는 지역 축제였기 때문이었다.

운동회 때 학교에서는 복장을 통일한다고 그 운동복 입기를 권장했고 어떤 부모도 이를 거절하지 않았다.

운동복을 샀다고 해서 바로 입을 수 있는 것은 아니었다. 옅은 푸른빛이 돌고 석유냄새 폴폴 나는 그 옷은 장롱 속에 고이 간직되었다가 운동회 당일이 되어서야 음악소리 경쾌한 운동장에 모습을 드러낼 수 있었다. 그 옷을 입으면 빈부도 귀천도 눈에 띄지 않았다. 그저 똑같이 어색하고 똑같이 겸연쩍고 똑같이 우쭐거려지고 똑같이 싱그러운 아이들만 있을 뿐이었다. 그래서 아이들은 운동회가 끝나도 한번 입은 그 옷을 벗으려하지 않았다.

가을이 다가도록 입고, 살구꽃 피어나는 다음 해 봄부터 여름을 지날 때까지 그 옷은 운동복이 되고 외출복이 되고 잠옷이 되고 수영복이 되고 일상복이 되었다.

더운 여름을 지나며 누르스름하게 변색이 되어도 런닝구가 낡아서 작은 구멍이 뚫려도 부끄럽지 않고 자랑스러운 유니폼이었다.

입술이 파래질 때까지 물 속에서 텀벙거리던 아이들은 저수지로 흘러드는 냇가로 나와 다슬기와 우렁이를 잡고 있었다. 아니 잡는 것이 아니라 민물 속에 사는 생물들과 놀고 있었다. 아이들은 놀이의 천재들이었다. 언제 어디서나 놀이거리를 찾아 내고 노는 방법을 만들어 냈다.

냇가에는 작은 생물들이 지천으로 많았다.

송사리 버들치 물방개 소금쟁이 가재 새우 개구리 모래무지 도룡용 구구리(동사리의 사투리) 중택이 피라미 참개 미꾸라지 장구애비 게아재

비 붕어와 아이들은 쉽게 하나가 되었다.

"성구야, 밥 먹어라." "해준아", "길순아", "민구야", "인모야", "상남아", "은규야 밥 먹어라." 저녁연기 피어오르는 마당마다 골목마다 아이들을 부르는 아낙들의 목소리가 높았다. 노는데 팔려 시간가는 줄 모르던 아이들은 저녁노을 물드는 하늘 밑으로, 산 그림자 내리는 마을을 향해 뛰기 시작했다.

"저녁 먹고 나와아. 숨기장난(충청도 아이들은 숨바꼭질을 그렇게 불렀다) 하게."

"응. 그래. 알았어."

"꼭 나와."

아이들은 뛰면서도 저녁에 만날 약속을 하고 있었다. 영길이는 맨 뒤에서 한 발 늦게 달리고 있었다. 마음은 급했지만 속마음을 들킬 수 는 없었다.

'누가 주워가진 않았겄지.'

'있어야 허넌디.'

'연호엄마가 돼지 준다고 주워 갔으면 어쩐댜.'

영길이는 밀려오는 불안감에 가슴이 두근거렸다.

마을을 가로질러 흐르는 냇물에 도착한 영길이는 곁눈질로 물 속을 빗겨 봤다.

있었다 없어 질까봐 누가 주워 갔을까봐 그렇게도 마음조리며 한나절을 애태웠던 참외껍질이 흐르는 물 속에 고이 남아 있었다. 낮에 참외장사 아주머니가 참외를 깎아 사람들에게 나누어 주고 물 속에 버렸던 참외껍질이었다.

재빠르게 참외껍질을 움켜쥔 영길이는 순식간에 어둠 속으로 자취를 감추었다.

오늘도 저녁은 죽이었다. 부잣집은 어떤지 모르겠지만 대부분의 보통사람들은 아침, 저녁 두 끼 때우는 끼니라고해도 너나없이 저녁은 수제비나 칼국수 그렇지 않으면 죽으로 연명하던 시절이었다.

무더위 속에서 종일 장마당을 지키신 할머니는 날이 어두워서야 10리 밤길을 달려 집으로 돌아오셨다.

"배고프지야? 불쌍한 우리 강아지. 쪼끔만 기다려라아."

할머니는 서둘러 죽을 끓이셨다. 아욱죽이었다.

요즈음은 건강에 좋다고 다이어트에 좋다고 야채죽 흑임자죽 잣죽 호두죽 녹두죽 팥죽 단호박죽 버섯죽 계란죽 게살죽 영양죽 버섯죽 송이죽 바지락죽 참치죽 홍합죽 전복죽 등 헤아릴 수 없도록 맛내기 멋내기 죽들이 허다하지만 그 시절에는 순전히 양식을 아껴 한 끼라도 더 연명하기 위한 수단으로서의 시래기죽 호박죽 아욱죽 콩나물죽 등이 일반적인 식사개념의 죽이었다.

"영길아."

"예."

"죽 먹고 뛰면 배 금방 꺼지니께 놀러 나가지 말고 일찍 자아."

희미한 등잔불 아래서 죽그릇을 거두며 할머니가 말씀하셨다.

"할머니 쪼끔만 놀다 올께유."

"세규지름(등잔불을 키는데 사용한 석유)도 돈인디 불은 워쩌구?"

"불 끄구, 할머니 먼저 주무셔유."

"뭘 먹은게 있다구 잠 안 자구 밤낮 뛴다냐?"

밤하늘에는 초롱초롱한 별들이 물기에 젖어 희뿌옇게 박혔다. 산 위에 걸린 눈썹 닮은 초승달도 물에 어린 듯 보이고 아랫마을 교회당 종탑도 안갯속처럼 희미하다. 집 뒤 곁(뒤안) 텃밭에는 오이, 가지, 상추, 쑥갓, 완두콩, 강낭콩, 고추 등이 달빛 아래 무성한데 풀벌레 소리는 밤을 새우고, 반딧불들은 하늘 멀리로 여행을 한다.

개똥벌레라고도 불리는 반디불이(firefly)는 꽁무니에서 아름다운 빛을 내어 늦은 여름 밤하늘을 수놓는다. 유충일 때는 다슬기를 먹지만 성충이 되면 이슬만 먹고 2주 정도 생존하는 깨끗한 곤충이다. 멀리 떨어져 있는 별은 잡을 수 없지만 가까이 날고 있는 반디불이는 아이들의 표적이 된다.

아이들은 반딧불을 쫓아온 동네를 뛰어다녔고 아이들에게 붙잡힌 반딧불은 등불이 되었고 옷을 치장하는 빛나는 장식이 되었다.

숨기장난이 한창이었다. 마른 풀 내음 매캐한 모깃불 연기 속에도 숨고, 밀대방석에 둘러앉아 더위를 식히는 어른들 등 뒤에도 숨고, 사랑채 툇마루 밑에도 숨고, 헛간 안의 우마차 밑에도 엎드려 숨고, 어떤 아이는 거름 받으려고 밖으로 낸 뒷간(화장실)에도 숨었다. 아이들이 내달아 뛰는 발소리, 고함소리 캐득캐득 호두껍데기 부딪히는 것 같은 싱그러운 웃음소리는 밤이 이슥하여 어른들이 하나 둘 일어설 때까지 여름 밤하늘 가득 울려 퍼졌다.

3. 애들이 어디 한 군데도 이쁜 구석이 없냐?

여름방학을 마치고 개학을 했지만 아이들은 1주일 내내 공부는 하는 둥 마는 둥 바쁘게 보내고 있었다. 숙제 검사에 교실 청소에 방학 동안 방치되어 풀이 무성한 실습장(뽕나무밭)의 김매기도 하여야 하고, 시냇가에서 자갈을 날라다 장마에 깊게 패인 교사(校舍) 처마 밑에도 깔아야 했다. 학교는 영길이네 마을에서 구불구불한 산길을 따라 동쪽으로 십 리쯤 내려간 소재지에 있었다. 외벽은 검은 콜타르(coaltar : 석탄을 건류할 때 생기는 기름 상태의 끈끈한 검은 액체)칠을 한 송판(松板)을 가로로 잇대어 붙이고 지붕에 기와를 얹은 단층짜리 왜식건물이었다. 측백나무 울타리로 둘러싸인 운동장 가에는 미끄럼틀, 시소, 그네, 돌림그네, 씨름판 그리고 높고 낮은 철봉 등이 연이어 있었고, 띄엄띄엄 플라타너스 나무는 아이들에게 시원한 그늘을 만들어 주었다.

운동장은 검정고무신을 양손에 거머잡고 고무공 한번 차보겠다고 내달리는 남자아이들로 항상 북새통이었다. 이 마을과 학교는 이 고장의 문화 중심지였다. 학교 앞 신작로에는 하루에 몇 번씩인가 정해진 시간에 버스가 다녔고, 정류소를 중심으로 기와나 함석으로 지붕을 이은 지서도 소방서도 일제 때부터 정오를 알렸다는 오포(사이렌 : 신호나 경보 따위를 알리기 위해 소리를 내는 장치)도 식당도 약방도 이발소도 스피커 집과 상점들도 길 양옆에 줄을 지어 서 있었다. 더구나 5일장이 서는 날이면 큰길 아래쪽으로 천막이 쳐지고 왁자지껄 시끌벅적 옷가게, 신발가게, 잡화점들이 전을 벌렸고 국화빵 냄새, 아이스께끼 얼음과자는 아이들을 유혹하는데 충분하였다. 동네에 구멍가게 하나 없는 산골 아이들에게는 선망과 유혹의 땅이었다. 학교 선생님들은 가까이 하기에도 조심스러운 분들이었다. 집에 계신 부모님들 대부분이 글자를 모르는 문맹자이거나 간혹 배웠다고 해도 초등학교를 졸업한 것이 고작이었고,

밤이나 낮이나 일에 찌들어 손은 거칠고 그을린 얼굴엔 주름이 깊었지만, 선생님들은 공부를 많이 하신 존경받는 분들이었고, 품위 있는 양복이나 양장(남자 선생님들은 대부분 재건복 : 5.16 군사 정변 이후 정부에서 입도록 한 검소한 일상복. 여자 선생님들은 양장)에 남자 선생님들 입에서는 은단냄새가 여자 선생님들에게서는 향수 냄새가 났다.

하루가 다르게 하늘이 높아가고 신작로 옆, 코스모스가 한 송이 두 송이 꽃을 피우기 시작해도 늦더위는 쉽게 물러갈 기미가 보이지 않았다.

5교시부터 남자아이들은 뽕나무가 무성한 실습장에서 김매기를 하였다. 여학생들이 교실청소를 하는 동안에 남학생들은 김매기를 하고 있었다. 영길이는 오늘도 용남이와 짝이 되었다. 무슨 일이든 선생님께서는 항상 두 사람을 짝지어 주셨다. 영길이네와 아래윗집에 살던 용남이 아버지는 스물한 살 앳된 아내와 두 아들을 남겨 두고 전쟁터에서 돌아오지 못했다.

멀리서

"땡땡~땡. 땡땡~땡."

5교시 끝나는 종소리가 울렸다.

유기나 동으로 만든 학교 종은 보통 높이가 26cm 아래쪽 원지름이 24cm 정도 되는 것이 많았으며 교무실 밖 처마 밑에 매달아놓고 수업을 시작할 때는 "땡땡땡땡, 땡땡땡땡." 수업이 끝날 때는 "땡땡~땡, 땡땡~땡." 하고 쳤는데 청명한 그 소리에 맞추어 아이들은

"시작이다, 시작이다."

또는

"끝났~다, 끝났~다."

를 합창하곤 하였다.

한 시간 내내 김매기를 했어도 끝나려면 차례 멀었다. 점심을 굶은 영길이는 현기증이 났다. 용남이도 머리를 짚었다. 밭에서 나온 두 아이는 비틀거리는 걸음으로 선생님께 다가갔다. 작달막한 키에 통통하게 살이 찌고 머리가 반쯤 벗겨진 중년의 선생님(지금 생각이 그렇지 그땐 선생님 연세를 짐작하지 못했었다)은 나무그늘 아래에서 졸고 있었고 명우는 그 옆에서 부채질을 하고 있었다.

"선생님!"

명우가 부르는 소리에 눈을 뜨신 선생님은

"다 끝냈어?"

하는 눈빛으로 영길이와 용남이를 건너다 보고 계셨다.

"선생님, 목이 말라요."

"그래서?"

"물 좀 먹고 하려고요."

"안 돼."

"너무 더워요."

"니들만 덥냐? 다른 사람들은 시원하고?"

영길이와 용남이는 말없이 돌아섰다.

"자식들이 꾀부릴 생각만 하고 말이야. 애들이 어디 한군데도 이쁜 구석이 없냐?"

선생님의 혼잣말이 귓전을 스쳤다.

오늘은 고개 넘어 삼경재 마을부터 영길이네 마을까지 선생님들께서 가정방문을 하시는 날이다. 새 학년이 되는 3월에는 으레 선생님들의 가정방문이 있으시다. 영길이는 마음이 바빴다. 선생님께서 오신다는데 마당도 더럽고 방안도 지저분하다.

"우리 선생님 혼자서 오시려나?"

딸가닥 딸가닥 양철필통 소리 요란한 책보를 어깨에 메고 비탈길을 뛰어오르면서 용남이 에게 말을 건넸다.

"둘이나 셋이서 같이 다니신다고 하던디."

가쁜 숨을 몰아쉬는 용남이의 대답이다.

영길이와 용남이 명우 세 사람은 같은 반이지만 명우는 선생님 길 안내를 한다고 학교에 남았다.

영길이는 대비질로 마당 구석구석 청소를 하고 뜰팡(토방)은 먼지가 나지 않게 물을 뿌려 가며 수수비로 쓸었다. 선생님께서 밟으실 토방 위의 댓돌(집채의 앞뒤에 오르내릴 수 있게 놓은 돌층계)은 윤이 나도록 걸레질을 해댔다. 문지방과 문설주 문짝 사이사이는 먼지 하나 없도록 젖은 걸레로 닦아냈다. 선생님께서 들어오실 아랫방에 널려 있던 옷가지와 이불 등잔대 등 지저분한 것들은 모두 윗방(이어져 있는 두 방 중에서 아궁이로부터 멀리 떨어진 쪽에 있는 방)으로 옮겨 꼭꼭 감추어 두었다. 선생님을 기다리는 시간에도 청소검사를 받을 때처럼 더러운 곳이 없는지 허술한 곳이 없는지 자꾸만 마음이 쓰였다. 집 앞이 소란스러워졌다.

"여기가 영길 네 집인디요."

"영길아, 영길아, 선생님 오셨다아."

올망졸망한 꼬맹이들에 둘러싸인 담임선생님과 6학년 선생님께서는 사립문 앞에 멈춰 서셨다. 영길이는 부끄러운 듯 쭈뼛쭈뼛 선생님 앞으로 다가섰다.

"선생님, 어서 오세요."

영길이는 학교에서 배운 대로 낯간지러운 표준말로 인사를 드렸다. 선생님의 얼굴에 실망하는 빛이 얼핏 스쳐 지나갔다.

"누구 계시냐?"

"아무도 안 계세유."

기가 눌린 영길이의 입에서는 자기도 모르게 사투리가 튀어나왔다.

"알았다, 가죠."

몇 걸음 떼놓던 선생님은 다시 한 번 영길네 집을 뒤돌아보고는 6학년 선생님께 동의를 구하는 듯 혼잣말을 하셨다.

"아이구 어지러워라. 멀미나네."

그러나 6학년 선생님의 말씀은 없었다.

선생님들을 따라나서는 아이들 속에 영길이는 보이지 않았다. 영길네 집은 말이 집이지 집이 아니었다. 집 전체가 동쪽으로 비스듬히 기울어져서 마치 불량한 소년이 바지주머니에 양손을 찌르고 짝 다리 짚고 서서 고개를 옆으로 삐뚤이고 있는 모습이었고, 임시변통으로 나무 기둥 몇 개를 세워 겨우 지탱하고 있는 꼴이었다.

이른 아침에 재 너머 부잣집으로 밭일하러 가신 용남이 어머니도 그날 선생님을 뵙지 못하셨음은 물론이다.

그날 밤 마을에 하나 밖에 없는 명우네 기와집 사랑채에는 밤늦게까지 불이 꺼질 줄 몰랐고, 그날 이후 날마다 달걀을 낳아 주던 암탉 두 마리는 닭장에서 보이지 않았다. 선생님께서 가정방문을 마치신 후 언제부터인가 영길이와 용남이는 왠지 모르게 학교에서 꾸중을 듣거나 벌을 서는 일이 잦아졌다.

유리창 밖으로 멀리보이는 마을에는 복숭아꽃 살구꽃이 수줍은 듯 고개를 내밀었고, 뒷동산 언덕배기에는 진달래가 바람결에 나부끼는 화창한 봄날이었다. 남루한 옷을 입은 두 아이가 고구마를 입에 문 채 복도에 꿇어 앉아 있었다. 자그마한 체구에 발뒤꿈치가 다 나오도록 구멍이 난 목양말(무명실로 짠 양말)을 신은 그 아이들의 눈에는 눈물방울이 맺혔고 머리까지 들어 올린 양손은 추위에 떨리고 있었다. 영길이와 용남이었다. 교실 창가에 앉은 장난꾸러기 아이들은 킥킥거리고 있었고 옆 교실의 5학년 여학생들은 힐끔거리며 지나갔다.

"선생님, 얘들 뭐 먹어요."

"누가아?"

"영길이랑 용남이요."

"뭐 어어?"

선생님의 언성이 높아졌다. 수업시간이었다. 영길이와 용남이는 우물거리던 고구마를 책상 속에 감추었다. 두 아이에게로 다가온 선생님은 화가 난 얼굴로 아이들의 뺨을 때렸다. 한 번 두 번 그리고 또 한 번.

"나가."

선생님은 복도를 가리켰다. 같은 책상 같은 의자에 같이 앉아 있던 두 아이는 교실 밖으로 쫓겨났다.

"입에 물고 손들어."

선생님은 책상 속에서 찾아낸 차가운 고구마를 아이들에게 건넸다. 교실문은 닫혔고 수업이 끝나도록 닫힌 문은 다시 열리지 않았다.

밤새도록 헛소리를 하면서 앓으시는 영길이 할머니를 지켜보시던 용남이 어머니는, 날이 밝기도 전에 공주읍내 병원으로 길을 재촉하셨다.

"용남아. 영길아. 고구마 쪄놨으니 아침대신 먹고 학교들 가거라."

아이들은 고구마를 학교에 가지고 왔다. 그러나 배고픈 두 아이에게 고구마는 참을 수 없는 유혹이었다.

봄 소풍 가는 날이다. 소풍지는 영길이네 마을 뒷산인 비룡산이다.

날씨는 맑고 바람은 싱그러웠다. 6학년 형들은 소풍가는 곳이 너무

시시하다고 투덜거렸다. 여름방학이면 애향단 활동의 일환으로 새벽마다 재건체조(1961년에 재건 국민운동 본부에서 제정한, 열 개 종목으로 된 체조)하러 가던 산이고, 몸에 땀띠(여름철에 땀이 제때에 배출되거나 증발되지 못하고 땀구멍에 습기가 고여서 피부에 자극을 주어 생기는, 좁쌀 같은 염증)라도 생기면 용이 하늘로 날아올랐다는 욕(浴)골 물 속에 들어가 땀띠를 치료하던 산이고, 상수리나무에 붙은 집게벌레를 있는 대로 붙잡아 온종일 패싸움을 시키던 산이고, 전쟁놀이한다고 떼로 몰려간 사내아이들은 달리고, 뛰고, 넘어지고, 엎어지며 해지는 줄 모르던 산이라서…… 이 마을 아이들은 눈을 감고 걸어도 풀 한 포기 나무 한 그루 길가에 돌멩이 하나까지도 눈에 선하게 보이는 산인데, 그 산으로 소풍을 간다니 투덜거리는 형들의 불평은 어쩌면 당연한 일인지도 모를 일이었다.

그러나 영길이와 용남이는 마냥 신이 났다. 소풍을 간다는 것이 중요하지 어디로 간들 어떠랴. 지난 밤 잠을 설친 두 아이는 새벽같이 일어나 하늘을 올려보았다. 파아란 하늘에는 성근 별 사이로 새벽달이 흐르고 부엌에서 흘러나오는 기름 냄새는 고소했다.

"반찬은 계란말이하고 오징어채 조림이다. 돈은 영길이 할머니께서 주신거구."

사립문을 나서는 두 아이에게 도시락보자기와 10원짜리 지전 한 장씩을 쥐어주시는 용남이 어머니의 말씀이셨다. 영길이는 벌써 두 달 동안이나 용남이 집에서 신세를 지고 있었다.

교실에 모여 앉은 아이들은 한껏 들떠 있었다. 학교를 벗어난다는 것은 항상 아이들을 설레게 한다. 오늘도 반장 영기는 친구들에게 줄 선물로 소풍가방을 가득 채워왔다. 영기네는 부잣집이다. 영기네 집은 대문을 세 개나 지나야 집 안마당에 들어설 수 있는 집이고, 다른 사람들은 텃밭에 감자나 고구마 남새(반찬으로 먹기 위하여 밭에 심어 기르는 무, 배추, 상추, 오이 같은 농작물)를 심는데, 영기네 텃밭에선 당근(그 때는 그게 뭔지 몰랐는데 먼 훗날 알고 보니)이 자란다고 했다. 영기네는 읍내에 양조장이 두 개나 있다고 하였고 큰형님은 고등학교 선생님, 큰누나는 우리학교에서 제일 예쁜 처녀 선생님이시다.

"혜성아, 민주야, 경순아, 우덜끼리 점심 같이 먹자."

아이들은 점심 같이 먹을 팀을 만들고 있었다.

"그으래."

"거기 멀다면서."

"많이 안 멀어. 우리 동네 뒷산인디 뭐."

"이거 먹을래?"

석유기름집 딸 혜련이가 깍쟁이 같은 표정으로 작고 네모난 상자를 내밀었다. 인기작전이다.

"그게 뭐여?"

"쪼꼬래또."

"쪼꼬래또가 뭐랴? 첨 들어보넌 말인디."

"오늘 내 가방 메고 다니는 사람만 줄껴. 어제 엄마가 서울서 사오셨넌디 얼마나 맛있는지 말로는 설명 못혀."

혜련이는 소풍가방 짊어질 짐꾼을 찾고 있었다.

"오늘도 보물찾기 허겄지?"

"그럼. 제일 재미있는 보물찾기 안 허면 뭔 재미여."

"그런디 나는 보물을 한 번도 못찾어 봤어 야."

"이번 보물찾기에서 1등은 쿠령(크레용 : crayon) 한 갑이라든디."

"누가 그려?"

"장난 이지롱. 약오르지롱."

"수건 돌리기도 할라나?"

"너는 걸리면 노래 헐래? 엉덩이로 이름 쓰기 헐래?"

개구쟁이 아이들은 들뜬 마음으로 수다를 떨고 있었고 어떤 아이는 쉬지 않고 뭔가를 먹고 있었다.

"선생님 오신다아~."

"차렷, 경례."

"오늘의 주의 사항이다, ### %%% $$$ *** @@@ 끝으로 오고 가는 길에서 줄을 이탈하지 말고 개인행동을 금한다. 당번은 문단속 잘하고 반장은 운동장에 나가 두 줄씩 세워라. 이상."

"선생님, 엄마가 이거."

"그래에? 고맙다."

"선생님, 담배래유."

"그래에? 고맙다."

아이들은 선생님 탁자 위에 신문지로 돌돌만 담배 한 갑, 사이다 한 병 등의 올망졸망한 선물들을 내어놨다. 영길이와 용남이는 뒷문으로 나왔다.

살구 꽃잎 흩날리는 마을들을 지나고 버들개지(버드나무의 꽃, 색은 암자색이며 봄에 이삭 모양으로 피는데, 솜처럼 바람에 날려 흩어진다.) 바람에 나부끼는 시냇물을 건너 울긋불긋 아이들은 신작로를 간다. 언덕배기 콩밭 길을

간다. 찔레꽃 덤불(어수선하게 엉클어진 얕은 수풀)에서 멧새들이(되샛과에 속한 노랑 턱 멧새, 붉은 뺨 멧새, 북방멧새 따위를 통틀어 이르는 말) 푸르륵 푸르륵 날고, 연녹색 보리잎 싱그러운 하늘 위에 종다리가 날고, 노랑 유채 꽃잎 속으로 노랑나비가 숨어드는 봄 한가운데를 아이들이 간다. 개나리 진달래 꽃잎 속으로 간다.

"이 상수리나무에 집게벌레가 제일 많이 살어."

"저 물이 얼마나 션허고 맛있다구."

"저 바위 이름은 트럭 바위여."

"저기는 잔디가 하나도 읎지(없지)? 우덜이 미끄럼 타서 그려."

" 이리와 봐, 저기는…… 여기는……."

산에 도착하자마자 영길이는 바빴다. 이곳에 처음 온 친구들에게 하나라도 더 많이 알려주고 싶었다. 나만이 알고 있는 비밀을…… 아이들은 사슴처럼 산 속을 뛰어다녔다.

"잘못했어요, 영길이가 가 보자고 해서."

"너도?"

"예."

"너도?"

"예." "예." "저도요." "예, 저도"

"이 자식은 오나가나 말썽이냐?"

"짝." "짝." "짝."

영길이는 두 손으로 얼굴을 감싸고 비실비실 물러났다.

소풍에서 돌아온 영길이는 10원짜리 지전 한 장과 함께 열어 보지도 않은 도시락을 부뚜막에 내려놓고는 방안으로 들어가 잠이 들었다. 용남에게서 이야기를 들으신 어머니는 잠든 영길이의 여린 손을 가만히 잡았다.

4. 그냥 슬퍼

"5교시는 무슨 시간?"

"자연시간이요."

"오늘 자연시간에는 뭘 한다고 했지?"

"자연관찰이요."

"준비물은?"

"병 한 개씩 가져오기요."

"다들 가져왔냐?"

"예."

"점심시간에 병 속을 깨끗하게 닦아 둬라."

"닦었넌디요."

"닦은 사람은 됐구."

"석유 기름병은 안 된다."

"참기름병도 닦아요?"

"그래."

"5교시 시작종 치거든 병 가지고 운동장에 모이고."

4교시 수업을 마치고 있었다.

아이들이 옹기종기 붙어선 우물가는 소란스러웠다. 점심시간 마다 벌어지는 진풍경이다. 운동장에서 뛰어놀다가 목말라 온 아이도, 점심을 먹고 물을 마시려고 온 아이도, 청소당번이라서 양동이를 들고 온 아이도, 배가 고파 물배 채우러 온 아이도 두레박을 타고 올라오는 물을 기다리며 줄을 서곤 했다. 그런데 오늘은 자리를 뜨지도 않고 병 속에 물과 모래를 넣고 흔들어 대는 아이들 때문에 점심시간 내내 발 디딜 틈도 없이 북적거렸다.

황금빛 가을 햇살을 가득 짊어진 아이들이 신작로를 건너서 들길을 간다. 벌레 먹은 콩잎 위에서 낮잠 자던 사마귀를 깨워가며 송장메뚜기 날아오르는 둑길을 따라 조잘조잘 재잘재잘 미끄러져 간다. 산허리에 걸렸던 흰 구름은 아이들 발걸음을 뒤따라오고 갈대 꽃잎 나부끼는 둑길 밑에는 속살속살 시냇물이 떼지어 간다.

"자. 이리들 모여라. 오늘은 관찰도 하고 채집도 한다. 물 속에서 채집한 것은 어항에 넣고 둑에서 채집한 곤충들은 화단에서 기를 것이다. 무엇을 할 것인지는 자유다. 자기가 좋아하는 것을 정해서 한다. 시작."

"와아아!"

아이들이 서둘러 흩어진다. 논둑 사이로, 냇물 속으로…….

햇빛 반짝이는 냇물에서는 물보라가 일고 고함소리는 하늘에 닿는다. 아이들의 해맑은 웃음소리는 들판 가득 퍼져나가고 물거품 속으로 쓰러지는 아이들은 생쥐가 되었다. 돌 밑에선 다슬기들이 붙들려 나오고 재빨리 도망치던 참게도 아이들의 손을 벗어나지는 못했다. 들녘 가득히 노오랗게 여물어가는 낟알들은 주렁주렁 황금 구슬을 닮았다.

마른 논에는 우렁이가 발에 밟힐 만큼 많다. 바람이 불 때마다 사각사각 부딪히는 볏 잎사귀 사이를 포르르 포르르 날던 메뚜기들은 아이들의 병 속에 갇혔다. 혼자서도 둘이서도 많을 땐 한꺼번에 세 마리 씩도 갇혔다.

5교시 끝나는 종소리가 아득하게 들렸다.

"땡땡~땡, 땡땡~땡."

"끝났~다, 끝났~다."

"자아, 이제 그만하고 모여라."

선생님이 아이들을 불렀다.

"아니 벌써요?"

"병에 가득 채워요."

"여기 메뚜기 엄청 많아요."

아이들은 이렇게 재미있는 놀이가 끝나는 것을 못내 아쉬워했다.

선생님 곁으로 모여든 남자아이들의 옷(대부분은 운동회 때 사 입은 운동복)은 물에 젖어 몸에 찰싹 달라붙었고 철든 여자 아이들은 눈길을 돌렸다.

선생님은 난감했다. 이대로 학교로 돌아갈 수가 없었다.

"옷이 마르면 학교로 돌아간다. 양지쪽에 앉아서 얌전히 옷을 말린다."

애초에 얌전하게 앉아 있을 아이들이 아니었다. 고무줄놀이하는 아이들, 수건돌리기를 하는 아이들, 두 사람씩 달리기 경주를 하는 아이들, 씨름하는 아이들. 얇은 홑겹데기 메리야스 팬티는 빠르게 말라갔다.

"선생님 시간 많이 남았어요, 씨름하고 가요."

체격은 작지만 반에서 씨름을 가장 잘하는 춘수였다.

"그래요, 잔디밭이 너무 푹신푹신해요."

"오늘은 청소하지 말고 좀 더 놀다가요."

청소당번 아이들이 거들었다.

남자아이들이 씨름을 시작했다. 토너멘트였다. 마지막으로 춘수와 영길이가 남았다.

"선생님, 안하면 안 돼요?"

영길이가 선생님을 쳐다봤다.

"왜에에?"

"제가 춘수한테 져요."

"해 보지도 않고."

"배도 너무 고프고."

"안 돼. 져도 해보고 져."

영길이가 말없이 일어섰다.

"결승전은 5판 3승이다."

영길이가 쓰러졌다. 또 춘수가 영길이를 내동댕이쳤다. 마지막엔 땅바닥에 코를 박았다.

선생님의 표정이 일그러졌다.

"안 돼, 다시 해. 네가 한번이라도 이겨야 끝나."

영길이는 쓰러지고, 쓰러지고, 또 쓰러졌다.

"차려, 경례."

"선생님 안녕히 계세유."

아이들이 교실문을 나서고 있다.

"김영길이 하고 김용남이는 남아."

영길이와 용남이는 엉거주춤 섰다.

말없이 창밖을 바라보시던 선생님께서 돌아서셨다.

"영길아."

다정하게 영길이를 부르셨다.

"예."

"용남아."

용남이도 따뜻하게 부르셨다.

"예."

"강해야 살 수 있는 거야. 너에게 지면 안 돼. 특히 너희들은 무슨 말인지 알겠어?"

영길이가 울었다. 어떤 일이 있어도 우는 일이 없던 영길이가 울었다. 삐질삐질 입이 삐뚤어지더니 뭔지 모를 서러움이 복받쳐 꺼이꺼이 소리 내어 울었다. 선생님의 말씀이 무슨 말씀인지는 모르겠는데 한없이 울음이 났다.

산골의 가을 해는 짧다.

저녁노을 내리는 비탈길을 따라 영길이와 용남이가 타박타박 걷고 있다.

걷고 또 걸어도 집은 멀었다. 지나는 마을에서 어린이 시간을 알리는 노래 소리가 들려온다.

「꽃과 같이 곱게 나비같이 춤추며 아름답게 크는 우리 무럭무럭 자라서 이 동산을 꾸미면 웃음의 꽃 피어 나리.」

노래는 합창처럼 들린다. 여러 집에 달아 놓은 스피커에서 똑같은 소리가 나기 때문이다. 언제부터인지는 모르지만 집집마다 스피커가 들어왔다. 스피커는 한 마을에 라디오가 한 두 대 밖에 없던 시절에 라디오를 대신하던 유선 방송시스템이었다. 얇은 베니어합판을 붙여서 만든 사각형의 허름한 통에 기다란 삐삐선(p.p선)을 이어달고 집집마다 마루 기둥이나 벽 한쪽에 내걸어 중계소에서 보내 주는 소리를 듣는 기구였다. 방송채널을 선택할 수는 없고 유선방송을 출력하는 집(일명 : 스피커집)에서 보내 주는 방송만 들을 수 있었는데 볼륨조절 기능은 있었던 것 같다. 지금 생각해 보면 유선방송을 출력하여 송출하던 집에서는 봄과 가을에 수수료를 받아가는 방송 사업이었던 것 같다.

엷은 어둠이 깔리는 마을에서 저녁연기가 피어오르고 있었다. 마을이 저만치 보이자 아이들은 뛰기 시작했다. 영길이가 멈춰 섰다. 영길이네 집 부엌에서 연기가 새어 나왔기 때문이다.

"할머니이~."

영길이가 울음을 터트렸다.

할머니도 우셨다.

영길이 얼굴을 들여다보던 할머니가 물으셨다.

"어디 아프냐?"

영길이가 고개를 가로저었다.

"그런데 왜 그랴?"

"그냥, 슬퍼."

할머니는 반년이 넘도록 식모살이를 하고 오셨던 것이다.

"은인이지, 은인이여. 병도 고쳐 주고, 돈도 벌게 해 주고, 용남어메나 그 댁이나 모두 다 생불이여 생불. 부처가 워디 따로 있남?"

용남이 어머니에게 감사하다는 치사를 하시면서 할머니께서 하신 말씀이었다.

5. 영길이? 당연히 배구부지

방학이 코앞으로 다가오는 7월에는 나무그늘에 있어도 땀이 흐르는데 모래먼지 뿌옇게 피어오르는 학교운동장에는 아이들의 함성소리가 드높다.

"영기, 무릎 더 구부려."

"예."

"현철이, 자세 더 낮춰라."

"예."

"기합 소리 더 크게"

"예."

"용남아, 팔에 힘 빼고"

"예."

"찬영아, 점프 더 높이"

"예."

"하나, 둘, 셋, 때려~어!"

해는 이글이글 타오르는데 흙먼지와 땀으로 범벅이 된 선생님과 배구부 아이들은 훈련에 여념이 없다. 말이 배구장이지 운동장 한쪽에 세운 나무기둥 두 개에 네트를 치고 백회로 코트를 그려 놓았을 뿐이다. 그러니 비가 오면 비를 맞고 눈이 오면 눈을 맞고 해가 뜨면 햇볕에 그을릴 수밖에 없는 구조이다. 그런데도 배구부 아이들은 하루도 훈련을 쉬는 날이 없다. 맨무릎, 맨발, 까맣게 탄 얼굴에 땀이 비오듯 흐른다.

배구코트 라인 뒤쪽에 발 벗은 영길이가 서 있다. 볼보이(ball boy)이다. 공이 배구장을 벗어나면 달려가 공을 주워 오는 것이 영길이의 일이다.

작년 가을, 『도지사배 배구대회』에서 준우승한 학교배구부는 하루아침에 유명해졌다.

신문들은 「맨발의 투혼」, 「피와 눈물로 거둔 열매」, 「인간 승리」,

「아무도 그들을 막을 수 없었다.」, 「깊은 산골엔 작은 거인들이 살고 있었다.」 등의 기사로 지면을 도배했고 취재차량들은 연일 운동장에 흙먼지를 일으켰다.

"오늘은 여기까지."

선생님께선 숨을 몰아쉬며 배구장을 벗어 나셨다.

"필승! 필승! 대산!"

선수들도 구경하던 아이들도 함께 구호를 외쳤다.

산골 아이들에게 배구라는 경기는 신기한 구경거리였고, 어쩌다 배구공이라도 만져 보게 되는 것은 대단한 자랑거리였다.

지난해 3월 2일이었다.

담임 발표를 기다리는 5학년 아이들은 기대 반, 설렘 반으로 가슴이 두근거렸다. 학년이 올라갔다고 해서 아이들이 바뀌는 것은 아니지만 선생님은 바뀌기 때문이다.

'주 선생님 일겨어.'

'유 선생님 일지도 모르지.'

'유 선생님이 더 순허게 생겼넌디.'

'유 선생님은 작년 5학년 형아덜을 6학년으로 끌고 올라간다던디.'

'선생님 중에서 질로 이쁜 영기 누나가 우리 선생님이 되면 참말로 좋컸다.'

아이들의 머릿속은 나름대로 셈이 분주했다.

그땐 그랬다.

초등학교 취학률 100%에 중학교 취학률 41%에 머물던 시절이었다. ([표 1] 참조)

그런데도 학급당 학생 수는 중학교가 초등학교와 같거나 더 많았다. ([표 2] 참조)

[표 1] 학교급별 취학률 변화

구 분	초등학교	중학교	고등학교	대학(전문대포함)
1965	97.7%	41.4	26.4	7.2
1970	100.7	51.2	28.1	8.4
1975	105.0	71.9	41.0	9.3
1980	102.9	95.1	63.5	15.9
1985	99.9	100.1	79.5	35.1
1990	101.7	98.2	88.0	37.7
1995	100.1	101.6	91.8	55.1
2000	98.5	99.1	96.4	80.5
2001	98.2	98.0	95.3	83.7

주 : 취학률 = 학교급별재학생수/학교급별 취학적령 인구 × 100
자료 : 교육부 · 한국교육개발원, 「2001교육통계분석자료집」, 2001.

[표 2] 학교급별 학급당 학생수 변화

구 분	초등학교	중학교	일반계 고교	실업계 고교
1970	62.1	62.1	60.1	56.1
1975	56.7	64.5	59.8	57.0
1980	51.5	62.1	59.9	59.6
1985	44.7	61.7	58.0	55.5
1990	41.4	50.2	53.6	51.5
1995	36.4	48.2	48.0	47.9
2000	35.8	38.0	44.1	40.3

자료 : 교육인적자원부 · 한국교육개발원, 「교육통계연보」, 각호.

중학교 취학률이 낮았는데도 학급당 학생 수가 줄지 않았다는 것은 중학교의 학생수용능력이 절대적으로 부족했다는 것을 의미한다. [표]에 제시된 통계자료는 전국평균일 뿐 도서 벽지의 실정은 더욱 열악했다. 군청 소재지에 1개교, 3~4개 읍 · 면 소재지에 1개교 정도의 중학교가 존재하는 실정이었다. 또한 1969년에는 서울이, 1971년에는 전국이 무시험 추첨배정에 의해 중학교를 진학하게 되지만, 그 전까지 중학교 입시제도는 선지원 후시험 제도였다. 그러니 소위 명문이라 불리는 중학교는 경쟁률이 상상을 초월하던 시절이었다. 학생이 공부를 하려고 하여도 국가에서 수용할 시설이 부족하였다는 얘기다. 그러니 이 때에도 도시의 부유층들 사이에서는 1 : 1과외, 고액과외, 족집게 과외가 만연하지 않았던가.

반면에 시골이나 도서 벽지 학교에서는 5학년 담임교사를 6학년까지 2년 연속 연임시켜 진학지도의 효율성을 제고하는 자구적인 노력을 할 수밖에 없었다.

따라서 5~6학년 담임은 하고 싶다고 아무나 할 수도 없었고 5~6학년 담임교사라고 하면 그 지역에서는 실력 있는 선생님으로 공인되던 시절이었다.

그런 5~6학년 전담선생님이 바로 주 선생님과 유 선생님이었던 것이다.

"5학년 담임선생님은 주정달 선생님이시다, 박수."

교장선생님의 담임발표에 5학년 아이들은 쥐죽은 듯 조용해졌다.

'죽었다, 겁나게 무섭다던디이~.'

아이들의 한결같은 생각이었다.

영길이는 깡마른 체격에 키가 후리후리하게 크고 스포츠 머리를 하신 주정달 선생님을 그렇게 만났다.

그런데 4학년 담임선생님이셨던 윤팔병 선생님은 보이지 않았다.

“잘 갈려(전근) 갔어. 그런게 선생이여어어?”

“이번 일에 구장이 큰일 혔어.”

“투서라능거 그거 효험 있네, 그려.”

“글쎄, 그 어린 것 덜을 무작시럽게 팼다능겨.”

“허구헌 날 책상 들고 벌세우기를 밥 먹듯 허구.”

“아 숫제, 공부는 나 몰라라 혔댜아.”

“있는 집 자석들만 귀허게 여기구 읎는 집 새끼덜은 사람 취급도 안 헷다든디.”

“귀옥이 할매가 오매가매 봤더니, 애덜얼 보통 개새끼야 쇠새끼야 허고 불르더랴.”

“에라이 도적놈, 그 놈이 사람이여어~?”

놈 자가 나왔다.

“그려도, 나쁜 놈이지먼 도적놈은 아니지이.”

“아녀, 도적놈이여. 핵교로 나온 강냉이 가루, 우유가루를 훔쳐다가 즈이네 돼지새깽이 키웠다잔여.”

”애들 보고 메띠기(메뚜기)도 잡어오라고 혀서 볶어 먹었디아아.”

“모가지를 뗏어야 넌디.”

밑도 끝도 없는 말들은 꼬리에 꼬리를 물었다.

“누가 그러넌디, 중핵교 선생으로 갔다던디이~.”

"아이고오 언감생심, 국민핵교 애덜도 못가르치는 놈이 무슨 중핵교여. 그눔이 중핵교 선생허먼 나는 변호사 허겄다."

그날 저녁에 사랑방에선 밤늦도록 윤팔병 선생님을 화제에 올렸다. 저녁이라고 수제비 한 그릇이나 멀건 콩나물죽 한 그릇씩을 마신 사람들은 부잣집 사랑방에 모여들어 일도하고 이야기꽃도 피웠다.

산내끼(새끼의 충청도 사투리)도 꼬고. 가마니도 짜고, 잎담배도 썰고, 목침을 고이고 코 골아가며 잠도 자고, 연속극도 듣고. 그러다가 인심 후한 안방에서 찐 고구마라도 내오는 날이면 자는 사람도 깨워서 나누어 먹던 동네 사랑방에선 농사정보를 나누는 일도, 땅 없는 가난한 사람들이 부잣집 품일 맞추는 일도, 품앗이 날짜도, 가뭄에 논에 물대는 순서까지도 그 곳에서 결정하였다.

그러니 그곳에 저녁 마실(놀러)을 가지 않는다는 것은 정보도 막히고 일자리도 얻지 못하고 시쳇말로 왕따가 된다는 것을 의미한다. 그런 마을의 최대정보센터에서 윤팔병 선생님은 하릴없는 돌팔매를 당했던 것이다.

3월 중순쯤 4, 5학년 남학생들을 대상으로 배구선수를 충원하기 위한 실력테스트가 있었다. 6학년에 4명이 있었으니 최소한 7~8명을 더 뽑아야 했다.(극동식은 9인제) 찬섭이, 성환이, 현철이, 영기, 찬영이, 병화, 철종이가 뽑히고 용남이도 뽑혔다.

그러나 영길이는 뽑히지 못했다. 아무리 연습을 시켜도 실력이 좋아지지 않았다.

"영길이 넌 후보선수 하자, 공 줍는 건 네 몫이야, 그리고 배구공 하나를 줄 테니 쉬지 말고 연습해야 한다."

배구부 아이들에게는 세 가지 특권이 있었다. 청소가 면제되었고, 매일같이 학교에서 점심으로 주는 강냉이 죽을 먹을 수 있었고, 연습이 끝나면 강냉이 빵도 간식으로 받았다. 죽은 강냉이와 팥에 감미료를 넣어 만들었는데 얼마나 인기가 좋았던지, 아이들은 자기 도시락과 바꿔 먹자고 통 사정을 하였다.

어느 날 한 아이가 선생님께 질투심 가득한 질문을 하였다.

"선생님, 영길이는 공만 줍는데 왜 간식 먹어요? 영길이도 배구부예요?"

선생님께서 대답하셨다.

"영길이? 당연히 배구부지."

5학년이 되면서 영길이는 더 이상 점심을 굶지 않았다. 선생님의 배려였다.

6. 너에게 주어진 숙제는 오직 너만이 풀 수 있다.
아무도 해결해 주지 못한다.

20평 좁은 교실에 70여 명 가까운 아이들이 빽빽하게 들어 앉아 있으니 환경은 더할 나위 없이 열악했지만, 수업시간은 독특하고 엄격했다.

수업은 주판셈 훈련부터 시작되었다.

"넣기를 2원이요, 7원이요, 34원이요, 빼기를, 13원이요, 8원이요, 2원이면~."

아이들이 손을 든다.

"저요, 저요, 저요, 저요."

"영숙이."

"19원이요."

"오."

아이들의 합창이다.

아이들이 손을 든다.

"저요, 저요, 저요."

"귀옥이."

"20원이요."

"정."

아이들의 합창이다.

"떨고, 다시 넣기를, 17원이요, 63원이요, 28원이요, 476원이요."

"예에?"

잘못들은 녀석이 소리를 꽥 지르며 눈을 크게 뜨고 선생님을 바라본다. 잘못 들었으니 다시 불러 달라는 의사표시다.

"357원이요."

선생님은 숫자를 부르며 오른손 집게손가락을 들어 까닥까닥 하신다. 앞으로 나오라는 신호다.

아이는 쌀독에 문지르고 헝겊으로 닦아서 반들반들 윤이 나고 매끄러운 주판을 들고 선생님 옆에 선다.

"98원이요, 71원이면~."

아이들이 손을 든다.

"저요, 저~."

"정예."

"1110원이요."

"정."

아이들의 합창이다.

주판을 받아든 선생님은 장난스럽게 아이의 까까머리에 문지른다.

아이들은 박장대소를 하고 아이는 괴로워 죽겠다는 듯 엄살을 부리며 자리로 돌아간다.

2년 동안이나 이런 훈련을 하였으니 아이들 머릿속에는 휴대용 주판이 평생토록 자리하였고, 유달리 주판셈을 잘하던 철종이는 은행에 입사하여 끝내는 지점장 위치에까지 올랐다.

수업분위기는 엄하고도 진지하였다.

수업에 집중을 하지 않는 아이에게는 분필이 날아들었고 장난치는 아이에게는 칠판지우개와 슬리퍼가 날아갔다. 여유 공간 없이 비좁은 교실환경에서 궁여지책으로 개발한 차선책이 아니었나 싶다. 그러다 보니 가끔은 난감한 상황이 벌어지기도 하였다. 명사수인 선생님의 명중률이 떨어질 때는 던진 분필에 이마를 맞고 울먹이는 아이도, 책상을 겨냥했던 칠판지우개가 아이의 어깨 위에 떨어져 분필가루를 뒤집어쓰게 만드는 사태도 발생하였으니 이런 일련의 사건들은 훗날 동창회 모임에서 선생님을 성토하는 빌미가 되었다고 한다. 서운했었다고, 기분 나빴었다고, 원망스러웠었다고, 공부가 전부는 아닌데 너무 근시안적 사고를 가졌었다고, 융통성이 없었다고, 독선적이라고, 오히려 윤팔병 선생님이 더 인간적이고, 아이들에게 자유를 더 많이 주었었고, 더 재미있었다고, 교사의 폭력이라고, 교권남용이라고…….

어쨌든, 70명 가까운 아이들 중에 중학교 진학을 희망하는 아이는 남학생 8명 여학생 5명뿐이고, 대부분의 아이들은 공부를 포기한 상태였지만 선생님께서는 매일 평가(시험)를 하시고 결과에 따라 엄격한 책임을 물으셨다. 평가지는 줄판(철필로 등사 원지를 긁을 때에 밑에 받치는 가로세로 홈이 패인 강철판 : 일본말로 가리방) 위에 등사원지(등사판에 박아 낼 원고를 쓰는 얇은 기름종이)를 올려놓고 철필(등사할 글씨를 원지에 쓰는 끝이 뾰쪽한 송곳 모양의 쇠붙이)로 글씨를 쓴 다음 롤러로 밀어서 한 장 한 장 찍어 내어 준비하였으니 선생님의 노고와 고초가 어떠하셨을지 지금 생각해보면 저절로 머리가 숙여진다.

이따금 수업 중에 일어나는 돌발 사태는 수업분위기를 전환하는 활력소가 되기도 하였다.

5교시는 자연시간이었다.

선생님께서는 영양소의 역할과 각 영양소가 많이 들어 있는 식품에 대하여 설명하고 계셨다.

"달걀은 우유와 함께 완전식품이라 할 정도로 5대 영양소가 균형을 이루고 있는 식품이다. 완전식품이란 여러 가지 영양소가 풍부하고 균형이 잡혀 인간이 살아가는데 이것만을 먹고도 살 수 있는 식품이란 의미이다. 특히 흰자에는 단백질이 많이 들어 있어 성장하는 어린이들이 꼭 먹어야 하는 값싸고 질 좋은 식품이다."

한 아이가 꾸벅꾸벅 졸고 있었다.

선생님께서 아이 이름을 부르셨다.

"한재덕."

대답이 없다.

"한재덕."

선생님의 목소리가 커졌다.

옆에 앉은 아이가 재덕이를 흔들어 깨웠다.

"달걀의 어떤 부위에 단백질이 많이 들어있다고 했지?"

잠결에 두리번거리는 재덕이에게 선생님의 질문이 떨어졌다.

"뭐어지?"

당황한 재덕이가 옆에 아이에게 구원을 요청했다.

"흰자 ~ 지이."

옆에 아이가 조그맣게 속삭였다.

"흰자지요."

재덕이가 대답했다.

"뭐?"

선생님의 목소리가 커졌다.

"흰자지요, 흰자지."

선생님은 당황하셨고

아이들은

"와아!"

웃음보가 터졌다.

요즘 같으면 "옴마, 앙돼요." 감이다.

선생님께서는 서둘러 분위기를 바꾸셨다.

"왜 수업시간에 조나?"

망설이던 재덕이가 천천히 대답했다.

"저는, 중학교 안 가잖아요."

한참 만에 선생님이 입을 여셨다.

"주어진 숙제를 피하는 정당한 이유는 없다. 지금 이 교실에서 너에게 주어진 숙제는 공부하는 것이고 공부를 하지 않아도 되는 정당한 이유는 없다는 말이다. 숙제란 어떤 일이 있어도 해결하여야 하는 것이 숙제다. 너에게 주어진 숙제는 오직 너만이 풀 수 있다. 아무도 해결해 주지 못한다."

선생님의 말씀은 단호했고, 아이들은 숙연해졌다.

7. 자기에게 정직해라. 다른 사람은 다 속일 수 있어도 자기 자신은 속일 수 없다.

5월이었다.

"선생님, 제가 잘못했어요, 용서해 주세요."

용남이었다.

"그래 어디에서 찾았니?"

"안방 책꽂이에서요."

"그런데 왜 이제야 말을 해?"

"선생님께 혼날 것도 같고 친구들한테도……."

용남이는 말끝을 흐렸다.

"그런데……."

"엄마가……?"

선생님께서 의아하게 용남이를 건너다 보셨다.

용남이가 미술책을 잃어버렸다고 했다.

미술책은 값이 가장 비싸면서도 중학교 입학시험 과목이 아니라서 사지 않는 아이들이 많았다. 용남이는 동네 누나에게서 물려받았다.

아이들은 중섭이를 범인으로 지목했다.

점심시간에 중섭이가 책을 꺼내서 봤다는 것이었다.

아이들의 증언은 구체적이었다.

"제가 봤어요."

"저도 봤어요."

"점심 먹고 바로요."

"자기 혼자 보고 있었어요."

"아뇨, 미선이도 봤어요."

"확실하진 않지만 저도 본 것 같아요."

"책을 보면서 그림을 그리는 것 같았어요."

중섭이는 결백을 주장했다.

아이들 모두 복도로 나갔다.

반장과 용남이가 아이들의 책상 속과 교실 구석구석 심지어 쓰레기통까지 찾았지만 책은 없었다.

문제는 풀리지 않았지만 중섭이는 혐의를 벗지 못했고 아이들에게 그는 여전이 범인으로 기억되었다.

중섭이네는 피난민 가족이었다.

이북에서 피난을 오던 중에 부모님은 돌아가시고 늙은 할아버지와 중섭이만 살아남았다고 했다. 동네에서 벗어난 산자락 움막에 사는 중섭이는 결석이 잦았다. 할아버지가 생업으로 고무신을 때우러 장에 가시는 날이면 중섭이도 할아버지 곁에 있었다. 할아버지는 잘 알아듣지 못할 이북사투리를 쓰고 계셨다. 아이들은 사투리를 흉내내며 중섭이를 놀리곤 했다.

아이들은 그런 중섭이를 범인으로 지목한 것이다. 억지 상황까지 꾸며대며…….

아이들에게 있어 중섭이는 약자였고 공격대상으로 만만했던 것이다.

집에 돌아온 용남이는 식은땀이 나고 입술이 바짝바짝 탔다.

미술책이 책이 있었다. 책꽂이 위에, 있던 자리에 그대로, 가슴이 두근거렸다.

이튿날, 용남이는 선생님도 아이들도 바로 볼 수가 없었다.

"집에도 없어?"

"예."

용남이의 이 한 마디로 범인은 완벽해진 것이다. 중섭이는 학교에 오지 않았다.

하루 종일 용남이는 마음이 진정되지 않았다.

용남이는 꿈을 꾸면서 잠꼬대를 하고 있었다.

"잘못했어요, 찾았어요, 잘못했어요."

엄마가 흔들어 깨웠다.

"선생님과 친구들에게 용서를 빌어라. 중섭이에게는 무릎 꿇고 빌어."

엄마는 단호하셨고 눈빛은 매서웠다.

"왜 어제 네 스스로 말하지 않았니?"

"부끄럽고 겁이 났어요."

"친구들에게도 용서를 빌어라."

"예."

"마음이 편해졌니?"

"예."

"중섭이가 책을 보고 있었다고 거짓말을 한 사람들은 책상에 올라가 무릎 꿇고 손을 들어라."

먼저 책상에 올라 무릎을 꿇고 손을 든, 선생님께서 아이들에게 말씀하셨다.

아이들이 하나 둘 책상 위로 올라갔다.

"용남이는 이틀 동안이나 자기 자신을 속였다. 용기가 없었기 때문이다. 여기 있는 여러분도 자기 자신에게 거짓말을 하였다. 자기 자신에게 정직하지 못했다."

아이들의 고개가 점점 더 아래로 내려갔다.

"자기에게 정직해라. 다른 사람은 다 속일 수 있어도 자기 자신은 속일 수 없다. 정직한 사람은 용기 있는 사람이다. 용기 있는 사람만이 정직해 질 수 있다."

용남이와 영길이가 움막집을 향하고 있다.

저 멀리, 보랏빛을 띠는 짙은 분홍색 꽃밭을 뛰어다니는 중섭이가 보였다.

자운영 밭이었다.

화학비료가 귀하던 시절, 자운영은 토양을 기름지게 만드는 천연비료로 쓰이던 일년생 식물인데, 자운영이 무성한 꽃밭은 개구쟁이들이 공을 차는 천연구장으로 벌과 나비를 쫓아다니던 놀이터로 제격이었다. 어차피 모내기 전에 갈아엎어 거름으로 쓰기 때문에 어른들이 보셔도 질책하지 않으셨다.

"중섭아, 미안해. 책 찾았어."

중섭이는 아무 말이 없었다.

용남이가 꽃밭에 무릎을 꿇었다. 엄마가 시키신 대로.

"우스겐(뭐야의 북한사투리), 우뿌다(우습다의 북한사투리)."

중섭이의 입에서 강한 이북사투리가 튀어나왔다.

중섭이가 웃었다.

용남이와 영길이는 중섭이가 웃는 걸 처음 보았다.

용남이가 강냉이 빵을 내밀었다. 영길이도 강냉이 빵을 내밀었다.

울긋불긋 자운영 꽃 위에 나비들이 난다.

벌들이 난다.

아이들이 그 위를 달린다.

8. 용남아! 잘 가

진학을 희망했던 아이들 모두 시험에 합격하였다.

영기는 도내에서 제일 명문학교라는 대성중학교에 3등으로 합격하였고, 용남이와 철종이는 공주 읍내에서 가장 크고 오래된 중학교에 들어갔다. 혜련이는 대학생 언니 따라 서울로 갔는데 공부 못하는 혜련이가 들어간 학교는 똥통학교이거나 그렇지 않으면 뒷돈을 썼을 거라고 어른들은 쑥덕거렸다.

다른 아이들은 모두 우리 초등학교에서 이십 리나 더 가야하는 서정 중학교에 들어간다.

졸업식을 앞둔 학교는 활기차고 분주했다. 축제분위기였다. 그러나 그것은 중학교에 진학하는 아이들과 그 아이들의 부모님들과 선생님들만의 축제였다.

아이들이 졸업식 연습을 하는 시간에 당번 아이들은 교실에 남았다.

교실 뒤쪽에는 솔방울이며 고주배기(그루터기: 나무를 베고 몇 해가 지나면 썩어서 도끼로 몇 번 치면 빠져 나오곤 했다) 장작들이 쌓여 있었다. 학교에서 지급되는 갈탄이 모자라 학생들에게서 수집한 것 중 때고 남은 것들이다. 주물난로 뚜껑이 달아올라 이글거렸고 물을 부을 때마다 "지지직" 소리를 내며 물방울들이 굴러 내렸다. 난로는 신기할 정도로 쓸모가 많았다. 난방을 하고, 먹을물을 끓이면서 실내 습도 조절도 하고, 양은 도시락을 데워 따뜻한 밥을 먹기도 양동이 물을 데워 청소하는 쓰기도 했다.

"잘 있거라. 아우들아 정든 교실아
선생님 저희들은 물러갑니다.

졸업식장에서 들려오는 합창소리에 맞추어 교실에 남아 있던 아이들이 따라 부르기 시작했다.

"잘 있거라 아우들아 정든 교실아
선생님 저희들은 물러……."

노래는 더 이상 이어지지 못하고 잦아들었다.

추수가 끝난 가을이었다.

마을에는 용남이네가 공주 읍내로 이사 갈 거라는 소문이 돌았다.

집은 미영이네에게 팔렸고 논이랑 밭은 면사무소 다니시는 아저씨가 살 거라고 했다.

"하숙이라도 쳐서 애덜이래두 가르쳐 볼까 하구요."

"소문이 참말이여? 젊은 댁이 어린 것 덜 데리고 대처(大處)에서 워쳐케 살라구."

영길이 할머니의 물음에 돌아온 대답이었다.

"허기는 그려. 여기서야 뭐 바라볼게 있으야지."

"간다고는 혔어도 걱정이 태산이여유. 잘 허는 일인지 워떤지."

용남이 엄마는 포르르 한숨을 쉬었다.

"그려두 젊응개."

"지가 친정 엄니처럼 의지허구 살었넌디요."

용남이 엄마가 할머니 손을 잡았다.

"그런 말 말어, 내가 신세진 것이 워딘디."

할머니가 눈물을 훔쳤다.

영길이는 굴렁쇠를 굴리며 버스정류장으로 달렸다.

용남이가 버스를 타고 떠나간 곳이다.

학교를 졸업한 지도 용남이가 이사를 간지도 한 달이 지났다.

흙먼지를 일으키며 버스가 달려왔다.

버스가 떠났다.

용남이는 오늘도 오지 않았다.

"우리 집에 와. 이사 가는 집주소여."

"내가 거기를 어티기 가아. 못 찾어 가."

"그려어? 그럼 내가 와야겄네."

"원제?"

"어~ 토요일, 공부 끝나고 오면 되지 뭐."

"참말이지? 내가 토요일마다 여기서 기다릴게. 네 시 반차로 와?"

"마중 올라먼 심심헐 틴디."

"굴렁쇠 있잖여."

"허긴 그려, 이상혀, 굴렁쇠만 있으먼 암만 멀어도 안 먼 거 같어."

"꼭 와."

"그럼, 내 굴렁쇠는 니가 가지고 있어!"

"왜?"

"내가 꼭 온다는 약속이여."

"영길아, 잘 있어."

"용남아, 잘 가아."

영길이는 남았고 용남이는 그렇게 떠나갔다.

나는 이런 선생님이 좋다

04

기억에 남는 선생님을 떠올려 보라고 한다면 대부분의 사람들은 초등학교에서부터 대학, 대학원에 이르기까지 많은 특징 있는 학교 선생님들을 떠올린다. 진심으로 학생을 아껴주고 걱정해 주는 선생님, 유머가 있는 선생님, 무서운 선생님, 벌을 많이 주셨던 선생님, 옷을 특유하게 입고 다녔던 선생님, 칭찬을 잘해 주셨던 선생님 등, 영화의 오버랩 장면처럼 무수히 많은 선생님들의 모습이 머릿속을 주마등처럼 스쳐 지나간다. 다음 이야기들은 필자가 만났던 학생들의 이야기를 모은 것이다.

소통을 중시하는 선생님

그는 경기도 안산에서 학교를 다녔는데 초등학교 고학년 때의 이야기였다. 담임선생님은 인성교육에 주안점을 두셨는데, 방법은 소통을 통해서였다는 것이다. 소통을 하기 위해서는 말과 언어라는 매개체가 있지만 주로 이 선생님께서 사용하신 방법은 일기였다. 일기에는 자기의 일과를 쓰는 것도 좋지만 선생님께 하고 싶은 말, 평소 말하기 곤란한 점 등을 쓰라고 하면서 학생들이 일기나 글을 쓰고 나면 그냥 도장만 찍고 돌려보내는 것이 아니라 꼼꼼히 하나하나 읽어 보시고 늘 뭔가를 적어서 피드백을 해 주셨다는 것이다.

대개 학생들은 자신의 이야기, 고민 등을 선생님께 털어놓는 것을 부담스러워한다. 왜 그럴까? 그건 간단하다. 대개의 선생님들은 학생들의 이야기에 귀를 기울이고 공감해 주고 수용해 주는 것이 아니라 그 이야기에 대해 비판을 하거나 잘잘못을 평가하고 충고하려하고 그 이야기의 내용이 학생으로서 부적당하다고 느끼면 오히려 좋지 못한 학생으로 낙인찍을 수도 있다고 학생이 느끼기 때문에 말하기가 부담스럽고 싫은 것이다.

이 선생님은 학생들의 일기에 나타난 개인적인 문제, 고민 등을 하나하나 읽어 보시고 한 명 한 명에게 선생님의 생각, 격려의 글, 자신의 경험, 해결책 등을 써 주셨다. 그런 일이 일년 동안 계속되자 학생들은 선생님에 대한 믿음이 생기게 되었고 의지하게 되었다고 한다.

이 선생님과 같이 학생들과 소통하려고 노력하고 실천하는 모습을 교사가 되려고 하는 대학원생에게 단비가 내리는 것과 같이 본받고 싶은 모습으로 떠오른다고 말했다.

요즘 교사들은 하나같이 학생들이 말을 안 듣는다고 하소연한다. 학생들이 옛날 같지 않다는 것이다. 수업 중에도 말을 잘 안 듣고 엉뚱한 짓을 하는가 하면 선생님의 지적에도 행동은 고쳐지질 않는다는 것이다. 그런데 그것은 왜 그럴까? 소통상의 문제가 있기 때문일 것이다. 학생들이 딴 짓을 하면 무턱대고 직접적으로 지적하기 때문에 학생들은 반발심을 느끼게 되는 것이다. 지적하는데도 요령이 있어야 한다. 잘 떠들고 말을 잘 듣지 않는 학생들이 있다면 다른 방법으로 지도해 봐야 한다.

필자가 한 번은 영어수업을 하는데 여섯 명이 같이 앉아서 이야기하고 웃고 떠드는 것이었다. 그래서 수업을 마치고 여섯 명을 교무실로 따라오라고 했다.

교무실 회의용 탁자에 여섯 명을 빙 둘러 앉히고는 “지금부터 선생님이 너희들에게 퀴즈를 내겠다. 맞추는 사람은 초콜릿을 주겠다. 자 1번, 너희들이 지난 시간에 계속 장난치고 떠들고 선생님 말을 잘 안 듣고 그랬는데 그러면 선생님 마음은 어떨까?”, “기분 나빠요, 속상해요, 가르치기 싫어요” 등등 다양한 대답이 나왔다. “맞았어.” 하면서 초콜릿을 하나씩 주었다. 이때 학생들의 반응은 의외라는 반응이었다. 선생님한테 가면 당연히 꾸지람을 들을 줄 알았는데 퀴즈는 뭐고 초콜릿은 또 뭔가? 학생들이 오히려 당황하는 것이다. 이렇게 해서 퀴즈가 3번까지 나갔다. 2번 문제는 “선생님 말 안 듣고 떠들면 성적은 어떻게 될까?” 였고, 3번은 “자꾸 떠들면 같은 반 다른 친구들은 그런 너희들을 어떻게 생각할까?” 였다. 각자 생각하는 답을 들었고, 이렇게 해서 각자에게 초콜릿 3개씩을 주었다. 으아한 얼굴로, 그러나 아주 만족해서 돌아갔다.

이 장면을 그 학생들 반 담임선생님 이하 3학년 담임선생님들이 궁금한 듯이 지켜보았다. 이야기가 끝나고 학생들이 돌아간 후에 그 반 담임선생님이 말했다. “000000이라 아이들 지도하는 방법도 역시 다르네요.” 하고 한 마디 덧붙였다.

그 다음 시간부터는 그 반에 들어가면 그 여섯 명이 오히려 필자에게 충성을 하는 것이다. 아주 착하고 얌전하고 충성스런 학생들이 된 것이다. 아이들이 떠들면 오히려 그 여섯 명이 조용히 하라고 말했고 학급의 수업 분위기를 조성하는데 앞장섰다.

교사도 학생들도 상처받지 않고 관계의 질이 좋아지는, 말하자면 서로가 윈윈한 것이다. 기존에 있던 그대로의 방법만 사용할 것이 아니라 다른 방법, 독특한 방법을 자꾸 생각해 내서 실행하는 것이 도움이 될 것이다.

때로는 엄마같이 자애롭게, 때론 아버지와 같이 무게 있는 모습으로 비치면서도 인성교육이나 생활지도를 하면서 학생들과 소통할 수 있는 여러 가지 방법을 찾아보는 것은 어떨는지.

격려를 아끼지 않으셨던 선생님

다정하고 친절한 모습을 보면 우리는 보통 그냥 지나치기 쉬운데 진정으로 사람을 반갑게 맞이하고 호의를 잘 베풀곤 하던 모습이 기억에 남는 좋은 선생님의 모습으로 추억되는 경우들이 종종 있다.

000학생은 이번 학기 강의를 통해 가슴 깊숙한 곳에 아로 새겨져 있던 은사님이 떠오른다고 한다. 대학교 때 교환교수로 와서 원어로 중국 역사와 문화를 강의하였던 교수님이 있었다. 그때 그녀는 어학계열로 입학하여 2학년 때 전공을 선택하는 체제였는데, 대학 교양 중국어 수업 외에는 중국어를 제대로 습득하지 못한 단계에서 원어 수업을 들었다. 교수님은 수업시간마다 열정이 넘치는 목소리와 표정으로 강의를 했고 그 교수님의 진지한 눈빛에 학생들은 매료되어 갔다. 하지만 그녀는 수업의 큰 흐름만 파악할 뿐 구체적인 내용을 이해하는 데는 많이 부족했다. 교수님의 명강의 수업을 이해하기 위해서 수업시간 이외에는 도서관으로 가서 열심히 예습 복습에 임했지만 교재 안의 모르는 단어를 찾아 정리하는 것 자체만으로도 학습 시간은 턱없이 부족했다. 열심히 중국어를 학습하고자 하는 마음가짐과 다르게 중국어를 학습하는 문턱은 더욱 더 높게만 느껴졌다. 게다가 탄탄한 기본기 없이 시작된 중국문화, 문학 등 전공학습은 한계의 벽만 높아져 가는 듯 했고 힘겹다는 생각을 자주 하게 되었다.

하루는 마음을 단단히 먹고 음료와 간식을 준비해서 원어민 교수님께서 거주하는 학교 기숙사로 찾아가서 인사를 드렸다. 당시에도 교수님은 연로한 편이었는데 중국에서 퇴임 전에 교환교수로 오신 것이다. 따뜻한 웃음으로 그녀를 반갑게 맞이해 주셨던 교수님께서는 마치 자상한 친할머니처럼 다정다감했고, 친절하셨기에 그녀는 기초적인 회화 이외에는 의사소통이 원활하지 못했지만 전혀 어색하지 않았다. 그때 마침 한국 드라마를 보고 계셨는데 한국어를 전혀 못하셨기에 드라마의 내용을 자세히 알지는 못했지만 흥미롭고 재미있는 프로그램으로 좀 더 구체적인 내용을 알고 싶다고 말씀하셨다.

그날 이후부터 교수님 스케줄을 확인한 후에 나름 열심히 교수님과 나눌 대화 목록과 드라마 내용을 미리 예상하고 준비해서 그 드라마가 방영될 시간에 맞추어 교수님 방으로 자주 찾아가곤 하였다. 가끔씩 귀찮아하지는 않을까 내심 염려스럽기도 했지만 늘 따뜻하게 맞이해 주셨다.

이후 그녀의 중국어 실력은 나날이 향상되어 갔고 2학년 겨울 방학이 시작될 무렵에는 중국을 다녀와야겠다고 생각하게 되었다. 그리고 교수님의 도움으로 단기 어학연수를 하게 되었다. 마침 교수님도 1년 과정의 교환교수를 마치고 중국으로 먼저 돌아오셨다. 그곳에서 교수님과 주말에 자주 만나서 함께 나들이를 하곤 했다. 단기 어학연수 후 그녀의 중국어 실력은 더욱 향상되었고, 이번엔 또 혼자서 북경으로 장기 어학연수를 다녀와야겠다는 결심을 하게 되었다. 이후 1년간의 어학연수와 대학을 마치고 중국어 강사로 근무하게 되었다.

어린 시절부터 지금까지 많은 은사님을 만나왔지만 돌이 켜보건대 가장 존경하고 보고 싶은 분은 그 중국인 교수님이라는 것을 새삼 깨닫게 되었다. 부족한 학생이었던 그녀를 항상 따뜻하게 격려해 주시고 지도해 주셨던, 그리고 퇴임 전까지도 열정을 가득 담아 강의를 하셨던 그 모습을 늘 기억하고 본받고 싶다고 한다.

공부하는 데는 어려움이 따르지만 현재 그녀를 행복하게 해 주는 삶의 여러 요인들 중 중국어가 큰 몫을 차지한다고 생각하며 대학을 졸업한 이후에도 지금까지 중국어를 공부하고, 가르치고 생활하고 있기에 즐겁고 보람되고 행복하다고 했다. 그 당시 그녀의 고난을 잘 이길 수 있도록 항상 넉넉한 웃음으로 부족한 학생의 모습 자체를 이해하고 감싸며 도와주시고 지도해 주셨던 고마우신 외국인 교수님께서 건강한 모습으로 살아계셔서 후에 중국에서 꼭 다시 만나 뵐 수 있기를 갈망한다고 말했다.

그렇다. 우리가 조금만 생각해 보면 특히 사람을 이해한다거나 진심으로 돕겠다거나 수용하는 느낌만 잘 전달해도 이렇게 사람을 변화시킬 수 있는 것이다. 그리고 누군가의 마음에는 살아있는 미덕으로 자리잡을 것이다. 친절, 특히 넉넉한 웃음과 함께하는 친절한 행동은 사람을 감동시키고도 남음이 있을 것이다.

인생에 나침반이 되어 주신 선생님

학급에서 아이들이 생활하는 것을 가만히 지켜보고 있으면 별의 별 아이들이 다 있다. 얌전히 앉아서 책보고 있는 아이, 친구들과 수다를 떠는 아이, 장난치는 아이, 빙 둘러 앉아서 게임을 하는 아이들, 참으로 다양한 학급 내의 역동적인 구조를 볼 수 있다. 이런 다양한 아이들을 지도하려면 그 아이들의 개성과 마음을 이해하고 그 나름대로의 특성에 맞는 맞춤형 지도가 필요할 것이다.

"선생님, 왜 저한테만 '야'라고 하세요?"

00는 불만이 가득한 표정으로 선생님을 바라보며 따져 물었다. 숙제를 해 오지 않아 나무랐으니 아이는 기분이 나빴던 모양이다.

"너한테만 '야'라고 한 것이 아니야. 다른 애들도 다 그렇게 불렀어."

그녀는 억울하다는 듯이 말했지만 아이는 끝까지 그렇지 않다는 듯이 그녀를 바라보았다. 어느덧 배우는 입장에서 아이들을 가르치는 입장이 되었다. 아이들에게 평가받는 선생님의 위치에 있게 된 것이다.

가만히 생각해 보면 그녀의 인생에 좋은 선생님을 참 많았다. 그 중 가장 기억에 남는 선생님은 초등학교 2학년 때 담임선생님이다.

선머슴처럼 거칠고 아이들과 잘 싸우던 그녀에게 선생님은 학급에서 반장 직함을 주셨다. 마냥 까불기만 하고 공부를 하는 것도 싫어했던 그녀는 반장이란 자리에 앉자마자 태도가 변하기 시작했다. 아이들에게 모범이 되어야 했기에 교칙도 잘 지키고 숙제도 열심히 잘해 갔다.

가만히 앉아 있지 못하고 뛰어다니던 그녀에게 선생님은 심부름을 모두 시켰다. 선생님의 관심을 받고 있다는 생각과 자부심이 어린 마음에 싹텄다. 좀 더 모범적인 학생이 되기 위해 노력했고, 신기하게도 그때부터 그녀는 까불고 싸움 잘하는 선머슴 같은 아이에서 리더십 있고 공부 열심히 하는 아이로 바뀌었다.

어린 시절 살던 집이 그대로 남아 있다. 군산에서 어린 시절부터 지금까지 살고 있는 그녀는 어린 시절에 살던 그 집 앞에 갈 때가 종종 있다. 누구에게나 유년시절에 대한 그리움은 있을 것이다. 지금도 그 골목에 가면 엄마의 심부름을 하기 위해 시장으로 가고 있는 자신의 모습이 보이는 듯하다. 말총머리를 묶고 씩씩하게 골목길을 활보하고 다니던 자기가 보이는 듯 착각이 들 때가 있다. 눈이 펑펑 내리는 날엔 오빠와 함께 눈싸움을 하면서 마냥 즐겁게 뛰어 놀았던 장소이기도 하다.

선생님의 집도 그녀의 집과 같은 골목에 있었다. 선생님은 집에서 가져올 것이 있거나 연락할 일이 있을 때에는 그녀를 보내셨다. 그녀는 선생님의 심부름을 할 때면 신바람이 나서 콧노래를 부르면서 그 길을 다녔다.

지금 생각해 보면 한 곳에 차분히 있지 못하고 행동적 성향이 강했던 그녀에게 그때 그 심부름은 적절했던 것 같다. 신이 나서 뛰어다니면서 마음을 풀었고 선생님에게 인정받고 있다는 기분에 들떠 있었기 때문이다.

초등학교 2학년을 기점으로 그녀는 많이 변하였다. 골목에서 누군가와 싸움을 하고 남의 집 초인종을 누르고 도망가고, 말썽을 일으키면 언제나 그녀가 그 속에 있었다. 물론 그 이후에도 여전히 말썽쟁이였지만 그녀는 반장이라는 자부심을 가지고 학교생활을 성실하게 하기 시작했다.

엄마가 돌아가시고 집안 형편이 어려워졌다. 고등학교 때였으니 그녀의 인생에서 중요한 시기였을 것이다. 많은 식구들을 아버지 혼자서 감당하기에는 어려운 시기였다. 장래를 결정해야 할 시기였고 자신의 미래를 위해 많은 노력을 해야만 하는 시기였다. 방황을 할 수도 있었고 미래에 대해 포기하고 싶은 생각이 들 수도 있는 상황이었다. 그러나 그녀는 모범적인 학생이고 싶었고, 남보다 잘하는 것이 있는 성인으로 성장하고 싶었다. 그래서 그 어려운 위기를 잘 넘겼던 것 같다.

그녀에게 자존감을 심어 주고 다른 사람의 모범이 되라고 하면서 머리를 쓰다듬어 주시던 어린 시절의 그 선생님이 그녀 인생의 나침반이었다고 한다면 옳은 판단일 것이다. 오랜 시간이 지났음에도 자신을 바라봐 주시던 따뜻한 선생님의 눈빛을 잊지 못하고 있다.

“00야, 너만 나무라는 게 아니야. 오늘은 다른 친구들도 숙제를 안 해와서 같이 혼나고 있는 거야.”

“치.”

아이는 아직도 선생님 말을 못 믿어 한다. 그러나 선생님의 진심을 믿어주길 바라는 마음으로 풀어진 아이의 운동화 끈을 꽉 묶어 주었다. 그제야 아이의 눈빛이 밝아졌다.

작은 욕심, 아니 어쩌면 너무 큰 욕심일는지 모르겠지만 그녀도 자신의 아이들에게 그때 그 선생님처럼 관심과 사랑을 진정으로 전달해서 아이들의 기억에 남는 선생님이 되고 싶다는 것이다. 눈에 보이는 성적도 중요하지만 아이들 모두가 소중한 사람들이란 걸 깨닫게 해주고 싶다고 말한다. 아침부터 밤늦게까지 학교에서 학원으로, 집에서도 학습지 공부를 하며 성적으로 평가받는 아이들에게 스스로가 모두 가치 있는 사람이란 걸 깨닫게 해 주고 싶단다.

어린 시절 선생님은 그녀를 바꿔 놓았다. 단순히 성실히 생활하는 사람이 아니라 다른 아이들에게 인생의 방향을 제시해 주는 훌륭한 선생님이 되고 싶다고 포부를 말한다. 다른 누군가의 나침반이 된다는 것,

되고 싶다는 것은 어린 시절 선생님이 그녀에게 준 가장 소중한 선물이 아닐는지?

필자가 고등학교에서 담임을 하고 있었을 때 우리 반 학생 중에 결석을 잘하고 무단 조퇴에 무단 지각을 일삼던 학생이 있었다. 이 학생을 결석을 하지 않도록 할 수 있는 방법이 뭐가 없을까 궁리를 했다. 우선 원인을 알아야 하겠고, 그 다음에 진단을 하고 처방을 하는 것이 필요했다.

원인을 알아보니 이 아이는 담배를 상습적으로 피우는 아이였다. 필자도 담배를 20년 동안 피우다 끊었는데, 담배를 피우면 한 시간에 최소한 개비는 피워야 한다. 그러다 보니 이 아이는 학교에서 여러 시간 동안 있는 것이 힘이 든 것이다. 그래서 이 아이와 상담을 했다. 그러면서 처방을 한 것이다. 자세히 물어 보니 학교에 다니지 않는 아이들과 어울리게 되었고, 그러다 보니 자연히 담배를 배웠다. 낮에 학교에 있는 동안에도 학교에 다니지 않는 아이들은 시내 당구장에서 이 아이를 기다리게 되었고 어쩔 수 없이 애들을 만난다는 것이다. 선생님이 이 아이에게 제안을 했다. 그 때는 밤 열시까지 야간 자율학습을 했는데 본 필자는 반이 특수반이어서 매일 남아서 학생들과 같이 했다. 낮 동안의 정규 수업 시간만 학교에 있으면 되고 끊지 못한다면 본 수업 시간 동안만이라도 담배를 참아보도록 권유했다. 야간에는 자율학습을 열외해 줄 것을 약속했고 저축부장을 맡아 달라고 말했다.

그때 그 학교는 사립학교이고 학교에서 금고를 운영하고 있어서 학생들은 거의 의무적으로 입학하면 졸업할 때 타도록 하는 적금을 들어야 했다. 액수는 자유였다. 한 달에 한 번씩 적금을 걷어서 금고에 제출해야 하는 일이었다. 하지만 반 아이들의 적금 돈을 내는 날짜는 각각 달랐기 때문에 날마다 돈을 걷어다 내야 하는 중요한 일이었다. 만약 이 아이가 다른 학생들의 적금을 걷어서 금고에 잘 가져다 주지 못한다면 본 필자가 물어줄 각오로 그렇게 했다. 학생을 믿는다는 것을 보여줄 필요가 있겠다는 마음에서 그렇게 했다. 그랬더니 이 아이는 책임을 다하게 되었고 일년 동안은 결석이 거의 없었고 새 학년으로 진급했다.

힘들고 어려운 아이일수록 학급의 중책을 맡겨서 책임감을 키워 주는 것도 학생들을 지도하는 한 가지 방법이 되지 않을까 생각해 본다.

훈계 후 뒷마무리가 좋은 선생님

교실에서 학생들이 잘못을 하면 선생님들은 대개 그 학생을 지적하고 훈계하거나 혼을 내는 경우가 종종 있다. 그런데 그 방법을 생각해 보면 동료들 앞에서 혼을 내는 경우가 있고, 그러다 보면 학생과 교사가 부딪치는 일도 종종 있다. 교무실로 불러서 말하는 경우도 있고, 복도나 상담실로 불러서 이야기하는 경우도 있는데, 다음 이야기는 학생과 교사가 관계의 질이 안 좋아졌다가 다시 관계회복이 된 경우다.

고등학교 2, 3학년 2년 동안 담임을 맡았던 000 선생님이 떠오른다. 솔직히 000 선생님을 만나기 전까지는 그녀 안에 담임선생님에 대한 좋은 기억이 별로 없었다. 중학교 3학년 때 담임선생님은 그 당시 학생부장을 맡았는데 누구나 생각하는 전형적인 학생부장 스타일, 즉 장비스타일의 선생님이었다. 항상 한손에는 팔뚝만한 몽둥이를 들고 다니면서 학생들이 무얼 잘못하고 있나 두리번거리면서 잘못한 것이 있는 학생(복장, 지각 등)을 잡아 불어내서 발바닥을 아프게 때리곤 해서 학생들이 항상 무서워하고 피해 다니는 그런 류의 선생님이었다.

당시 중학교 때 그녀는 학교규칙을 어기기도 하고 친구들하고 놀기 좋아하고 선생님들과의 관계보다는 친구들과의 관계에 굉장히 예민하고 신경 쓰는 극히 평범한 학생이었다. 모범생처럼 행동하지 않은 잘못도 있겠지만 담임선생님께서는 그녀를 무척이나 미워하는 게 느껴져서 학교가 가기 싫었다. 선생님은 모든 학생들에게 엄했다. 선생님은 좀 심한 다혈질이어서 학생들이 자신의 말을 안 듣거나 해서 화가 날 때는 주변의 물건을 던지기도 하고 어린 나이에 처음 듣는 언어폭력을 하기도 하며 매가 아닌 주먹으로 학생들을 때리기도 하였다. 지금 생각해보면 그렇게 하지 말아달라고 정중히 말했으면 무언가 달라지지 않았을까 생각해 보지만 그 당시에는 어리고 무서운 마음에 학교가 가기 싫어져 어긋났던 기억이 난다. 그렇게 썩 좋지 않은 기억을 남긴 채 중학교를 졸업하고 고등학교에 진학하였다.

고등학교를 진학하고 고1 수업시간에 느꼈던 000 선생님의 인상은 중3 때의 담임선생님과 비슷한 느낌을 받았다. 여학생들에게 군기를 잡고 말도 거침없이 하며 잘못한 학생에게는 매를 드는 모습이 상당히 비슷해 보였다.

그렇게 고1을 보내고 2학년이 되었을 때 담임선생님으로 000 선생님을 만나게 되었다. 첫날부터 엄하게 군기를 잡는 모습에 '아 정말 싫다'라는 생각을 절로 했다. 그러다 새 학기가 시작 된지 얼마 되지 않아서 그녀가 잘못한 일이 있어 선생님은 반 아이들 앞에서 크게 꾸중을 했다. 아이들 앞에서 혼난 게 너무 자존심이 상하기도 하고 창피하기도 하여 시무룩해 있자 선생님은 따로 그녀를 부르셨다.

'네가 잘못해서 혼 난건데 억울해서 그러니?' 라고 물어서 잘못한 것을 알고 혼나는 것도 괜찮은데 친구들 앞에서 막말하면서 혼내시니까 너무 자존심이 상한다고 말하니까 '네가 그렇게 생각하는지 몰랐다'고 미안하다고 말씀해 주셨다. 솔직히 이 때도 그녀는 선생님이 미워서 속좁게 인상을 쓰며 교무실을 나섰던 기억이 난다.

그녀는 특목고에 다녔는데 그 당시 학교 수업이 끝나면 일반계 학생들이 야간 자율학습을 하듯이 그녀는 각 전공별로 야간 방과 후 학교 학습을 했다. 그녀가 전에 있었던 담임선생님과의 사건으로 인해 안 좋은 감정을 가지고 있다고 느꼈는지 정규 수업이 끝나면 000 담임선생님은 항상 그녀가 야간 특기적성 교육을 받던 교실에 오셔서 "우리 사랑하는 00이 잘 하고 있니?

학교 수업이 끝났는데도 또 보고 싶어서 왔어." 라고 하시며 격려해 주곤 하셨다.

처음엔 그 모습에 별 생각이 없었는데 굉장히 신기하게도 선생님이 찾아오는 횟수가 거듭될수록 자연스럽게 선생님을 향한 믿음이 샘솟기 시작했다. 그 전까지는 지나가다 마주치면 형식적으로 인사만 하고 교실로 들어가곤 했는데 언제부턴가 저 멀리서 선생님이 보이면 그녀가 먼저 뛰어가서 인사하며 반가워하고 간식거리라도 생기면 선생님께 가져다 드리게 되었다.

1학년 때는 친구들과 종종 야간 레슨을 몰래 빠지고 놀러 다니곤 했는데, 선생님이 담임선생님이 된 후부터 뭔가 잘 보이고 싶은 마음에 친한 친구들 다 도망갔을 때도 혼자 교실에 남아 그림을 그리곤 했는데 그럴 때마다 선생님께서 오셔서 애들 다 갔는데 저녁 같이 먹을 사람 없겠다고 저녁으로 맛있는 걸 사주시곤 했다. 학교 말고 따로 다니던 학원에도 000 선생님은 자주 오셔서 00이 담임선생님인데 00이랑 사이좋게 지내라고 같이 공부하는 다른 학교 친구들에게도 웃으며 말하고 가시곤 했다.

그 전까지는 선생님들은 뭔가 어렵고 너무 다른 사람들 같았는데 000 선생님과 함께 지내면서 선생님들도 감정을 가진 사람들이고 그녀가 마음을 열고 다가가면 좋은 관계로 유지할 수 있겠구나 하고 깨달았단다.

시간이 지난 지금은 자주 찾아뵙지 못하고 전화 연락만 하는데 이번 기회에 꼭 찾아가서 뵙고 싶다고 말했다.

학기 초가 되면 대부분의 선생님들은 학생들을 잡아야 한다고 생각한다. 처음에 잘 잡으면 일년이 편안하다고 말한다. 그래서 어떤 선생님은 학생들에게 무섭게 하기도 하고, 시범케이스로 어떤 한 학생이 잘못하면 동료들 앞에서 심하게 나무라기도 한다. 어떤 선생님은 수업을 하는데 분필만 한 자루 가지고 들어가서 뭔가 멋있어 보이는, 또는 어려워 보이는 내용을 칠판에 적어 놓고 너스레를 떨기도 한다.

하지만 학생들은 시간이 지나면 성인이 된다. 학생들이 시간이 지나 성인이 되고 지적으로 선생님보다도 더 성장했을 때는 그때 뭘 잘 아는 것처럼 학생들을 기죽이려고 했던 모습을 떠올리면 얼마나 보잘 것 없는 일이고 하찮은 지적 오만에 불과한 일이라는 것을 알게 되지 않을까? 그렇게 될 때 부끄럽지 않을까?

가르치는 것은 머릿속에 든 지식을 가지고 가르치는 것만은 아니다. 종합적인 것이다. 교사의 지, 덕, 체, 정, 의, 기 등 모든 요소가 수업에서 농축이 되어서 학생에게 전달되는 것이라고 본다.

학기 초에 강한 자극을 주어서 학생을 잡으려 한다는 생각도 다시 점검을 할 필요가 있을 것이다. 벌은 처음부터 강하게 주면 부작용이 생긴다. 처음에는 약하게 하다가 다시 그런 잘못하는 일이 반복되면 점점 강하게 나가야 되는 것이다. 처음에 강하게 한다고 학생들은 잡히는 것이 아니다. 아니 오히려 약하고 부드럽고 인간적인 진솔한 모습으로 학생들에게 다가갈 때 교사와 학생의 관계는 더욱 신뢰할 수 있게 되지 않을까 생각해 본다.

공부(성적)보다 중요한 것이 있다는 것을 알게 해 주신 선생님

학생들을 지도하다 보면 학급에서 학생들 간의 동적 구조를 파악해 보는 것이 중요한데, 학생들 중에 어떤 학생은 외톨이가 되고 있지는 않은지, 외톨이가 된다면 그 원인이 무엇인지 파악해서 학생들을 잘 중재하고 화해시키고 지도하는 것이 중요할 것이다.

일기를 통해서 학생들의 학급 내의 역동구조를 파악해서 잘 지도한 선생님이 있다.

그녀는 초·중·고 12년간 학교를 다니면서 매우 평범한 학생이었다. 친구들과도 잘 지내는 편이었고 말썽을 피우거나 반 분위기를 좌우하는 목소리 큰 학생도 아니었다. 그렇기 때문에 선생님들과 특별히 친하거나 사이가 좋지 않았던 일이 없었는데, 유독 초등학교 6학년 때는 담임선생님께 불려가는 일이 자주 있었다. 초등학교에서 가장 높은 학년이라는 것 때문이었는지, '이제 나도 언니인데' 라고 생각하며 선생님께 꾸중 듣는 것을 몹시 자존심 상해했다.

초등학교 때는 누구나 공부도 잘하고 반장도 했다고 하는데, 그녀도 성적도 좋고, 상도 곧잘 받았으며, 반 임원과 전교 임원도 하는 나름대로의 모범생이었다. 그러나 학교 성적보다는 인성을 중요시하셨던 선생님께서는 그녀를 자주 불러서 태도에 대해 지적을 하곤 했다. 그녀가 담임선생님께서 시키시는 일을 내켜하지 않았던 것 중의 하나는 일기장 검사였다. 기억에 남는 일 중의 하나가 일기장의 선생님 의견란에 거의 매일 글씨를 바르게 쓰라는 코멘트가 있었는데 그녀는 한 번도 글씨가 비뚤어졌다고 생각하질 않았고, 그래서 단 한 번도 글씨를 바르게 써간 적이 없었다. 졸업을 하고, 그때 쓴 일기장을 보면 선생님께서 읽으시면서 얼마나 피곤했을까 생각이 될 정도로 못썼다는 걸 느끼고 부끄럽기도 하고, 그때 바르게 글씨 쓰는 연습을 했다면 '지금처럼 예쁘지 않은 글씨를 쓰지는 않을 텐데' 하고 후회가 되기도 한다.

선생님께서는 일기장을 통해 반 학생들의 사정과 속마음을 알고자 하셨던 것 같다. 모든 학생들과 상담을 할 수 없으니 그때그때 반 학생들의 심리상태를 점검하시고, 문제가 있으면 해결해 주고자 했던 것 같다.

한 번은 그녀를 부르셔서 친한 친구 몇 명 하고만 잘 지내고 다른 친구들에게는 왜 마음을 열지 않느냐고 물으셨다. 그 당시에는 그녀가 어찌나 당돌했는지 선생님께 '누구나 마음이 맞는 친구들과 사귀는 게 아니냐'고 하면서 불만스럽게 얘기했다.

나중에 일기장에 그녀와 친해질 수 없어서 고민이었던 친구가 쓴 일기를 보고, 그녀에게 주위를 둘러보고 더 많은 친구를 사귀어 보라는 권유였다는 걸 알게 되었다. 그녀가 선생님의 권유를 받아들이지 않자 선생님께서는 그녀로 인해 상처받을 친구의 입장을 설명해 주시고 조별 활동 등을 같이 하게 하는 등 여러 가지 기회를 통해 그 친구와 친해지도록 해 주셨다.

그 당시에는 그저 꾸중을 하시는 것 같아서 선생님을 미워했었는데 지금 생각해 보면 선생님은 학교에서 학습지도만 하는 게 아니라는 것을 실천하신 것 같다. 시야가 좁은 어린이이지만 대화를 시도하시고, 그녀가 성장하는 과정에서 좀 더 유연한 삶을 살아가도록 알려 주시려고 노력하신 것 같다.

교사가 되려고 준비하는 지금 '어떤 교사가 되어야 하는가'에 대한 질문을 많이 해보게 된다. 그럴 때마다 막연하게 '인성을 중시하는 교사'가 되어야겠다는 생각은 하지만 구체적인 방법은 떠올릴 수가 없었다. 그런데 이렇게 가장 기억에 남는 선생님과의 에피소드를 떠올리면서 그 때의 선생님 마음과 학생이었던 그녀의 마음을 헤아리다 보니 막막했던 부분이 조금은 해소가 된다고 한다.

그녀도 교사가 된다면 선생님께서 일기장을 통해 반 학생들의 상황을 헤아리신 것처럼 많은 상담을 통해 학생들의 상황을 이해하고, 학생들의 마음에 공감하는 교사가 되고, 공부만 강조하기보다는 바른 인성을 길러 주려고 노력하는 교사가 되겠다고 다짐해 본단다.

학생들 마음에 깊이 공감하는 교사의 태도야말로 학생들이 반항하지 않고 교사를 믿고 따르며 더 나아가서 학급의 학생들의 성적까지도 향상시킬 수 있는 첩경이라고 생각한다.

오빠(형) 같은 선생님

학창시절을 통해서 반추를 해 보면 여러 선생님들 중에 그녀에게 특히 관심을 써 주신 선생님이 계시다. 어떤 선생님에게는 나쁜 아이 또는 문제아로 낙인찍히고 별로 관심을 받지 못한 채 그저 그런 아이로 지내는 경우가 허다하다. 그 반면에 그런 아이들의 마음을 이해하고 도와주는 오빠나 누나 같은 선생님도 있을 것이다.

철없던 시절, 그 때는 대부분의 아이들이 그러하듯이 친구가 인생의 전부라고 믿었던 그녀는 중학교 졸업과 고등학교 진학을 앞두고 고민에 빠지게 되었다. 친한 친구들은 모두 전문계(특성화고)인 정보고등학교로 진학을 하겠다고 하는데 부모님께서는 인문계 진학을 고집하셨다. 그 때는 어린 마음에 그냥 친한 친구들이 가겠다는 학교를 같이 가고 싶었다. 하지만 부모님께서는 전문계에 가서 친구들과 어울려 다니면서 공부는 안하고 놀기만 하는 게 아닌가 해서 걱정이 되셨나보다. 중학교 때부터 미술을 하고 있었는데 부모님은 전문계로 진학을 한다면 미술공부 하는데 더 이상 지원을 해줄 수 없다고 하셨다. 그나마 흥미를 붙이고 열심히 노력해 특기로 삼았던 미술을 못하게 된다고 생각하니 기분이 착잡했다. 고민 끝에 결국 친구들과 자주 보기로 약속을 하고 원치 않던 인문계 고등학교에 진학을 하게 되었다.

학교생활은 당연히 재미가 없었다. 너무나 당연한 결과였다. 친한 친구도 없고 학교 결정에 있어서 그녀의 의견은 없었기에 처음부터 학교는 그녀에게 불만스럽기만 했다.

미술 특기생이었기에 야간 자율학습 시간에 미술학원으로 갔고, 친구들과 친해질 시간도 또래 평범한 다른 학생들에 비해 부족했다. 그렇게 하루하루 학교에 있는 시간은 내게 지옥과 같았다. 그녀는 학교에서는 늘 흥미 없이 축 처져 있기가 일쑤였다. 새벽부터 듣기평가에 걸핏하면 공부공부, 입버릇처럼 반복되는 게 너무 지겨웠고 중학교 때까지는 곧 잘하던 공부도 이제는 신물이 났다. 학교에서도 영혼 없이 감정 없이 틀에 박힌 선생님들의 수업을 들을 때면 로봇이 된 기분이었다. 인문계 학교여서인지 예체능 특기생들을 무시하는 발언은 항상 이어졌다. 그럴 때마다 듣기 싫어 엎어져 자곤 했다. 그런 시간이 많아질수록 선생님들은 예체능 학생들을 문제아로 매도해버렸고 더 이상 선생님과 학생들 사이에 애정이나 신뢰감은 존재하지 않았다.

그러던 어느 날, 수학시간이었다. 미술 공부를 하는 학생들에게는 수학은 점수로 반영되지 않는 필요하지 않은 과목이란 것을 알고 있었기에 그녀는 수업과 동시에 엎드려 잠을 청했다. 이제는 선생님도 잘 깨우지 않는다. 그렇게 한참을 엎드려 잠을 자다가 반 친구들이 시끄럽게 깔깔거리는 소리에 부스스 일어나 보니 선생님께서는 수업을 하다 말고 학생들과 농담을 주고받고 있었다. 그런데 웃고 있는 학생들보다 선생님의 표정이 더 행복해 보였다. 고개를 들고 쳐다보고 있는 그녀에게 선생님께서 웃다 말고 말을 건네셨다.

"어? 00이가 왠일로 일어나 있네?!"

"선생님은 뭐가 그리 즐거우세요?"

"너는 즐겁지 않니?"

"아뇨."

한 치의 망설임도 없이 굳은 표정으로 대답하는 그녀를 보고 조금은 당황한 듯 멋쩍게 웃었다.

"수업 끝나고 이야기 하도록 하자."

수업이 끝나고 선생님께서는 그녀와 복도를 같이 걸어가길 원하셨다.

"00아. 왜 이렇게 매사에 흥미가 없어?"

"그냥요. 그냥 다 재미없어요."

"선생님이 너한테 선물을 줘야겠다." 라는 말과 함께 환하게 웃으며 교무실로 들어가셨다. 그녀는 '뭐지 이 상황?' 하고 당혹스런 느낌이 들었다. 그리고 그 주 주말 모르는 번호로 전화가 왔다. 수학 선생님이었다.

'선물을 주려고 하시나……? 설마…….'

선생님께서는 친한 친구와 함께 만난 후 연락을 하라고 하셨다. 지금 옆에 같이 있다고 하니 선생님께서는 이쪽으로 오겠다고 하셨다. 조금 후 정말로 선생님께서 오셔서 다짜고짜 차에 타라고 하셨다. 아직은 세상이 너무 재미있다는 걸 알려주겠다나 뭐래나…….

그렇게 선생님께서는 그녀의 친구와 함께 영화관에 가서 영화도 보여주시고 맛있는 점심에 바닷가 드라이브까지 무척이나 재미있는 기분 전환을 선물로 주셨다. 간만에 친구들이 아닌 다른 사람과 행복하고 즐거운 시간을 보낸 것 같다. 그것도 내가 그토록 싫어했던 학교 선생님과 말이다.

"00야. 선생님은 네가 항상 웃었으면 좋겠다. 선생님의 수업은 듣지 않아도 좋으니 아직은 즐거운 세상이란 걸 너도 알았으면 좋겠어."

그 말이 진심인 걸 그녀는 알 수 있었다. 진심은 통하는 법이니까.

그 후에도 학교는 여전히 그녀에게 즐거운 공간은 아니었다. 하지만 늘 그녀에게 윽박지르고 다그치고 무시하는 것만 같던 선생님들에게도 학생에 대한 애정이 있다는 것을 느꼈다. 고등학교 졸업 후에도 잊지 않고 그녀 생일에 작은 선물을 주시던 선생님……. 그녀는 잘 해 드린 기억이 없는데……. 늘 베풀어 주시던 선생님…….

그 때는 그녀가 받은 선물이 그냥 영화보고 밥 먹고 웃고 떠들던 데이트인줄만 알았는데 지금 생각해 보니 그게 아닌 것 같다. 교직을 준비하는 그녀에게는 선생님의 선물은 백만 가지 생각과 천만번의 뉘우침 정도와 맞먹는 그런 선물 같다. 늘 친구 같고 오빠 같던 다정한 선생님…….

여리고 인내심이 많았던 선생님

고등학교 2학년 때 담임선생님이었던 당시 아주 젊고 키가 크고 마른 '토끼'라는 별명을 가진 선생님이 계셨다. 토끼 같은 눈망울을 가져서가 아니라 토끼 같은 두 앞니를 갖고 계셔서 이와 같은 별명을 얻은 것이다.

미술과목을 담당했는데 그녀가 미술을 전공하고 있어서가 아니라 기억을 더듬어 보면 참 여리고 좋은 분이었던 것 같다. 항상 미술 실기 시간이면 잘했다고 칭찬해주시고 부족한 부분은 손을 봐주셨다. 방과 후에는 미술학원에 가야해서 보충수업과 야간 자율학습을 빼야하는 경우가 있을 때면 다른 반 선생님들은 보통 꾸지람을 하셨다. '보충수업은 들어야 하지 않느냐'하고 말하지만 담임선생님은 항상 '열심히 하고 내일보자'며 고단한 그녀를 응원해 주셨다. 입시미술을 하면서 굉장한 슬럼프와 고민에 빠져 있을 때에도 격려를 아끼지 않았던 것이다.

하지만 이러한 감사한 마음과는 달리 선생님과 갈등이 있었는데 그것은 대학교 진학문제였다. 그녀는 지금처럼 외지생활을 하고 싶은 마음이 있었는데, 선생님은 그것을 반대했기 때문이다. 평범한 지방 국립대에 가서 열심히 하면 되지 않겠느냐는 것이었다. 그러나 그녀는 그게 불만이었다. 사립대는 등록금이 비싸서 안 된다고 그녀를 말리셨는데 어느 정도 크고 나니 죄송스런 마음도 있고 공감하는 마음이 생겼다.

항상 끊임없이 그녀의 힘든 시기에 위로해 주시고 응원해 주시던 선생님의 마음에 감사드린다고 한다. 그 때는 철이 없는 나이이고 철없는 생각만 해서 선생님께 반항도 해보고 큰소리 낸 적도 있지만 묵묵히 받아주신 토끼 솜털 같은 여린 마음을 가진 선생님이었다. 지금 와서 생각해 보면 '내가 왜 그랬을까, 좀 더 존중해 주고 잘 따랐다면 선생님 더 힘들게 안하고 상처 주지 않았을 텐데…….' 하고 후회가 된다고 한다.

앞으로 교사가 되면 더 힘든 아이들도 많을 텐데 어떻게 지도할까 생각해 볼 때 담임선생님의 인내심은 참 대단한 것 같다. 말썽부리고 반항적인 친구들이 많았던 그녀의 반이었는데…… 짜증 한 번 안내고 다독거려준 기억에 남는 선생님이시다. 비록 특별한 기억은 없다 해도 이제껏 가장 다정하고 학생을 이해해 주고 공감해 준 선생님이기도 하다.

"지금은 결혼도 했고 아이도 있겠지? 지금도 그때처럼 변함없는 선생님의 모습일까? 나를 기억하고 계실까?"

그녀가 대학에 진학하면서 집에 두 번 내려갈 정도로 거의 집에 내려가지 않았다. 하지만 앞으로 집에 내려가기 이전에 공항에서 바로 선생님을 찾아뵈러 가야겠다고 한다.

학생들을 공정하게 대하는 선생님

그의 삶에서 가장 큰 영향을 미친 선생님은 초등학교 6학년 때의 담임선생님이다. 그는 70년대 후반에 남원 산골마을에서 초등학교를 졸업했다. 한 학년에 3학급 정도가 있었고 학생 수는 180명 정도였다. 그 당시 그의 아버지는 그 곳에서 조그마한 제조업체를 운영하고 계셨는데 그 덕분에 그는 경제적으로 아무런 어려움 없이 성장할 수 있었다.

그의 아버지는 본래 성격이 쾌활하시고 매사에 적극적이었는데, 자식들 교육에 있어서는 지나칠 정도로 관심을 많이 기울이는 편이었다. 경제력을 바탕으로 학교의 대소사에 참여하며 갖가지 협조와 관심을 아끼지 않으셨다. 학교의 모든 선생님들은 당연히 그의 아버지를 귀빈으로 특별 대우하였고 그의 아버지 또한 이를 즐기는 것 같았다.

그의 학교생활에서도 이러한 아버지의 영향력은 그대로 반영되었다. 줄곧 반장을 맡았고, 자리 배치 등에 있어서도 항상 제일 좋은 자리가 그의 몫이었다. 숙제검사에 있어서도 대부분의 선생님들은 그의 거짓말은 따지지도 않고 넘어가는 식이었다. 친구들과 다투는 일이 있어도 선생님들은 언제나 그의 편이었다. 지금 같으면 왕따 당하기 딱 좋은 행동이었지만 선생님들의 따뜻한 보호와 뛰어난? 성적으로 인하여 1학년부터 5학년까지 즐겁게 학교를 다닐 수 있게 되었다.

그러나 6학년 때의 담임선생님은 이전의 선생님들과는 너무나 달랐다. 우선 그의 아버지의 눈치를 전혀 보지 않았다. 그의 아버지에게 그 아들에 대하여 긍정적인 내용뿐만 아니라 부정적인 내용까지도 말씀하셔서 그의 아버지의 마음을 불편하게 했다. 그가 잘못을 하면 체벌까지도 아끼지 않았고 아이들 앞에서 공개적으로 나무라기까지 했다. 다른 아이들과 다툼이 있을 경우에는 그 편보다는 오히려 상대방 편을 들어주는 경우가 더 많았다. 자리배치 등에 있어서도 그에 대한 어떠한 고려도 없었다. 당시 그는 학교 보이스카웃 단원 중 단장을 맡고 있었다. 그런데 어느 날 갑자기 단장 직이 그가 아닌 다른 학생으로 바뀌어버렸다. 보이스카웃 지도교사인 담임선생님이 일방적으로 그렇게 결정했다. 이유는 그가 그 동안 야영 등의 활동에 자주 빠졌고 지도력이 떨어진다는 것이었다. 그는 좌절감을 느꼈고 선생님이 자기만 미워한다고 생각했다. 그렇게 1년이 지나갔고 초등학교를 졸업하게 되었다. 졸업식장에서 선생님은 그의 손을 꼭 잡으시면서 "너는 공부도 잘 하고 모든 면에서 우수하니까 남을 배려하는 마음을 조금만 더 갖추면 꼭 훌륭한 지도자가 될 수 있을 것이다." 라고 말씀해 주셨다. 그 때는 어려서 그랬는지 모르지만 그 말의 의미를 잘 알 수 없었고, 6학년 때의 담임 선생님은 그에게 최악의 선생님이었다는 생각만이 그의 머리를 지배했다.

그가 선생님의 참 뜻을 깨닫는 데는 6년 정도의 시간이 필요했다고 한다. 대학교에 입학하고 나서야 그때 선생님께서 왜 그렇게 그를 대하셨고 그에게 무엇을 알려주고 싶으셨는지를 알 수 있었단다. 선생님께서는 그가 특권의식을 버리기를 원하셨고, 그가 다른 사람들과 더불어 사는 법을 터득하기를 원하셨다. 그 방법의 가장 기본은 그를 다른 친구들과 똑같이 공정하게 대하는 것이었다.

그는 지금까지도 그 가르침을 가슴 깊이 간직하고 있으며 무슨 일을 처리할 때마다 과연 그는 공정하고 원칙과 기본에 충실한지 스스로 묻곤 한다고 한다.

어떤 아이가 60년대에 시골에서 초등학교를 다닐 때에도 그런 비슷한 일이 있었다. 한 친구의 집은 잘사는 편이었다. 그 때는 점심 도시락을 보면 가난한 친구들은 꽁보리밥에 새까만 단무지 반찬이 전부인데, 잘 사는 집 아이의 도시락은 쌀과 보리 반반의 혼식에 계란 후라이 하나 더 가져오는 정도의 도시락을 준비해 온다.

그런데 그 친구의 집은 시골에서 구멍가게를 하는 정도의 보통보다는 조금 괜찮은 형편의 집이었다. 그 어머니는 치맛바람이 무척 강했던 것으로 기억을 한다. 선생님들은 교사용 지도서를 이 친구에게 주었고 이 친구는 그것으로 공부를 하니 시험을 잘 볼 수밖에 없었던 것 같다. 집 가게에서 가끔은 과자를 가져다가 친구들을 유인해 꼬봉으로 만들고, 그러면 다른 친구들은 그 과자 하나 얻어먹으려고 그 친구 뒤에 줄을 서며 가방을 들어주는 등 꼬봉 노릇을 하는 것이다.

이 아이는 자존심이 강해서 그 밑에 서지 않았다. 그러다 보니 자연 서로 대척적인 입장에 서게 되고 자기 꼬봉들을 시켜서 싸우게 만들고……. 심지어는 장애를 가진 친구를 시켜서 싸우게 하고……. 그러면 이 아이만 나쁜 놈이 되는 것이다.

한번은 그 친구가 다른 친구와 싸웠는데 칼로 등을 찌르는 일까지 있었다. 그런데도 불구하고 유야무야 사건이 해결이 되어 그냥 넘어가게 된 것이다. 선생님들은 모두가 그 친구의 편이 되고……. 공부를 조금 잘 한다는 이유로 반장을 시켜서 동료들을 매로 때려도 괜찮고... 하지만 이 아이는 인정하지 않았다. 왜냐고? 교사용 지도서를 선생님이 줬으니까. 그리고 거기서 시험문제를 냈으니 누가 못하겠는가? 지금 생각해보면 전형적인 학급 내의 카스트이고 학교폭력인 셈이다.

기억에 그 친구를 어느 친구 하나도, 어느 선생님도 나쁜 행실을 고쳐주려고 하지 않았던 것이다. 잘한다 잘한다 하고 귀여워했던 것 같다. 어머니의 치맛바람은 다른 친구들에게 질시의 대상이 되는 것이고, 자칫 잘못하면 학교폭력이 일어날 수 있도록 유도하는 행위가 아닌가 생각해 본다. 공정하고 기본이 바로 선 그런 선생님을 만났어야 했는데…….

기억 속 평생선생님

그는 어릴 적부터 극히 소심하여 사람들 앞에 나서기만 하면 몸도 꼬이고, 인사하기도 부끄러워 엄마 뒤에 숨기 바빴다. 친한 친구나 부모님 앞에서는 활발하고 웃고 떠들기 바빴지만 처음 보거나 거리감을 느끼는 사람 앞에서는 늘 부끄럼쟁이였다.

학교에 들어가면서 더욱 소심해졌다. 담임선생님과 이야기도 하고 싶고 친근하게 다가가고 싶었지만, 선생님은 나에게 너무나 어려운 존재였다. 선생님들은 그를 조용한 아이로 보게 되고, 점점 선생님들이 어렵고 때론 선생님의 관심이 부담스러웠다.

그렇게 초등학교 시절도 지나가고 중학교에 들어서자 또 다른 새로운 친구들을 사귀게 되며 새로운 선생님도 만났다. 여러 선생님들을 만나게 되고 선생님들 중에서는 같은 성씨라고 말을 걸어 주어 대화를 하기도 하고, 관심을 받기도 하였다.

중2 때 담임선생님은 000 선생님으로 수학선생님이다. 무섭기로 소문났고 여자 분이지만 포스가 대단했다. 두려움과 긴장으로 중2를 시작했다. 선생님은 생각보다 재미있으시고 우리 학생들과 뭐든 같이 하려고 적극적으로 참여하셨다. 쉬는 시간에도 오셔서 우리가 하는 행동이나 이야기를 무심히 지나치지 않고 같이 이야기하며 즐겼다.

중2 때는 선생님의 관심과 사랑 덕인지 반의 담합도 잘되어 친구들과 즐거운 추억도 많이 쌓고 모든 반 아이들과 친하게 지냈던 것 같다. 그렇게 즐거운 2학년을 마치고 3학년이 되었을 때, 좋은 일인지 좋지 않은 일인지 모르겠지만 3학년 때 000 선생님을 다시 담임선생님으로 만났다. 중3 때는 고입을 위한 공부를 할 시기였다. 공부는 중간 정도 했다. 하지만 공부에 크게 흥미가 없어 인문계는 가고 싶지만 공부를 하는데 집중을 못해 고민하고 있었다. 선생님은 이런 그의 상황을 아시고 공부를 할 수 있도록 많은 격려를 해 주셨다. 어느 상황에서든지 목표인 인문계 진학을 포기하지 않도록 해 주셨다. 선생님과 주변 사람들의 응원에 힘입어 꽤 좋은 성적으로 인문계에 들어갔다. 고등학교에 가서도 000 선생님을 찾아뵈었을 때 선생님은 반갑게 맞아 주시며 장난도 쳤다.

그의 부끄러워하는 모습과 내성적인 성격임에도 선생님은 먼저 다가와 주시고 그를 잊지 않고 기억해 주셨다. 항상 그를 알고 이해해 주시고, 조용한 그였지만 그래도 관심 갖고 그를 특별하게 대해 주신 선생님께 너무 감사하다고 한다.

선생님을 자주 찾아뵙고 싶지만 그러지 못해 아쉽다고 한다. 수많은 선생님들이 좋은 가르침을 그에게 주셨다. 그가 선생님이 되고나니 조금은 그때의 자신을 가르쳐 주시던 선생님 마음을 알 것 같다고 한다. 교사가 되니 더욱 더 선생님들께 감사함을 느끼는 것 같다.

그에게 누군가 가장 기억에 남는 선생님, 선생님 하면 누가 떠오르는지 물어 본다면, 000 선생님을 말 할 수 있을 것이다. 선생님께 가르침을 받았던 2년 동안 정말 감사하고 잊을 수 없는 그의 추억의 일부가 되었다.

그도 아이들과 함께하며 즐거운 분위기를 이끌어 주고 싶다고 한다. 또한 모든 아이들에게 관심과 격려, 사랑을 심어주고 싶다고 한다. 유능한 선생님, 좋은 선생님, 어려운 학생을 알아주는 선생님, 그가 가르치는 아이들에게 선생님 하면 가장 떠오르는 선생님이 되고 싶다고 한다.

교권추락의 기사가 하루를 멀다하고 인터넷을 달군다. 그에 못지않게 교육자라고 하기에는 인성에 문제가 많아 보이는 선생님들도 인터넷에 단골 출현한다. 우리는 그것들을 클릭하여 누가 잘했네, 잘못했네를 따지고 있는데, 요즘에는 왜 이리도 사제지간에 말도 많고 탈도 많을까? SNS의 등장으로 쉽게 수면위로 보인다 뿐이지 옛날부터 좋은 선생님과 나쁜 선생님들은 분명 같이 존재하고 있었다.

중학교 때 어떤 아이는 문제아까지는 아니지만 학업에 의욕이 없었다. 수업시간엔 잠을 자거나 딴짓을 하기 일쑤였으며 준비물은 물론이고 수행평가나 숙제 등을 전혀 해가지 않았다. 놀라운 것은 담임선생님을 포함한 거의 모든 선생님들은 그저 체벌만 할 뿐 이유를 물어 보거나 그 아이의 상태에 대하여 궁금해 하지 않았다. 그러나 국어 선생님은 달랐다. 선생님께서는 그 아이를 포함한 몇몇 문제아들에게 수업시간마다 칭찬을 해 주셨다. 책을 읽는 때에도 목소리가 좋다는 칭찬이나 오늘은 잠도 안자고 수업을 잘 듣는다는 등 지금 생각해 보면 참으로 어이없는 이유인데도 이상하게도 그 아이는 칭찬이라는 것을 받을 때마다 '더욱 부끄럽고 더 잘할 수 있었는데……' 라는 생각을 했다. 아직 그 아이는 제대로 한 게 아닌데. 그 아이는 진짜 노력해서 남들도 인정할 만한 칭찬을 당당하게 받고 싶었다.

그래서인지 국어 시간은 항상 노력했으며 또 그 자체로의 즐거움을 느끼기 시작했다. 물론 그 아이 말고 칭찬을 들었던 모든 아이들이 그렇게 느끼는 것은 아니지만 무언가가 그를 항상 봐주고 있다는 느낌, 그래서 실망시키고 싶지 않다는 느낌을 많이 받았던 것 같다.

선생님의 리더십 중에는 앞에서 힘 있게 끌어 주는 유형도 있겠지만 뒤에서 묵묵히 지켜봐 주고 돌봐 주는 선생님의 모습이 더 강한 인상을 남길 수도 있을 것이다. 칭찬과 관심의 힘을 발휘해서 앞서가는 90%의 학생들보다 뒤쳐진 10% 학생의 자상한 선생님이어야 기억 속 평생 선생님이 되지 않을까 생각해 본다.

꿈을 실현하도록 도와준 지도자(은사님)

배드민턴 국가대표 이행함 선수는 오늘의 자신을 있게 한 은사님으로 원광대학교 최정 감독을 자신 있게 말한다.

그는 원광대학교 배드민턴 팀에 합류하고 싶어서 지원을 했는데 합격을 했다. 최정 감독은 그에게 가능성이 보인다고 또한 키워볼만한 선수라고 기대감을 표현해 주었다. 그 칭찬으로 해서 이선수는 남들보다 더 열심히 운동을 했다. 그 때마다 감독님은 이선수를 격려해 주었다. 그 결과 그는 대학교 1학년 때에 국가대표에 발탁되어 선수촌에서 생활을 하게 되었다. 그런데 너무 어린 나이에 국가대표가 되어서 그런지 슬럼프가 오기 시작하고 자신감이 많이 위축되었다.

그렇게 1년을 보내고 2학년이 되는 해에 감독님께서는 이 선수를 캐나다로 유학을 보내기로 결정을 하였다. 현재 원광대학교 교수로 재직하는 김동문 교수가 그 당시에는 캐나다에 체류하고 있었기 때문에 최정 감독이 부탁을 했다는 것이다. 이 선수는 그렇게 1년을 휴학을 하고 캐나다로 유학을 갔다. 거기서 김동문 교수와 같이 훈련하면서 기술 부분에서 실력이 많이 향상되었다.

1년 여를 캐나다에서 보내고 다시 학교로 복귀하였는데 그래도 학교 대표로 시합을 뛸 수 있는 실력이 부족하였다. '여기서 운동을 포기해야 하나' 하는 마음이 들었는데 감독은 포기하지 않고 그를 다독이며 훈련을 더 세게 시켰다.

그렇게 또 1년을 보내고 3학년이 되는 해에 그는 학교 대표로 시합을 뛸 수 있었다. 대학부 첫 시합…… 많이 떨리고 긴장이 되었다. 그 상대가 아시안 게임 금메달리스트 신백철 선수였기 때문이다. 감독은 그에게 부담 갖지 말고 편안하게 게임에 임하라고 주문을 했다. 그 결과 이 선수가 신선수를 이겼다.

그 이후 시합 나가는 횟수가 많아졌고, 단체전 준우승을 하게 되었다. 또한 개인전 우승이라는 성적을 거두었다. 12년에는 주장으로써 후배들을 이끌고 시합을 뛰었고, 우승을 2번 하고 이선수는 개인적으로 최우수 선수 상을 받게 되었다. 그 공로를 학교에서도 인정해 줘서 학교에서도 공로상을 받게 되었다.

이행함 선수는 남들보다 운동을 5년 정도 늦게 시작했다. 기본기도 부족하고, 실력도 많이 부족하지만 감독의 지도력과 관심, 끝까지 포기하지 않고 믿어 주는 그 믿음으로 인해 그가 국가대표 태극마크도 달아 보고, 지금은 기업 실업팀에서 활동하고 있다. 이제는 남들에게 무시당하지 않고 인정받는 선수가 되었다고 말한다.

항상 감독님께 자신을 믿어 주고 키워준데 대해서 감사한 마음을 가지고 있고, 더욱더 성장해서 은혜를 베풀 수 있는 선수가 되겠다고 말한다.

누군가를 믿어 주고 기대를 가져 주면 그만큼 학생은 성장하는 것 같다. 아주 사나운 개에게도 '너는 괜찮은 녀석이다. 착하지 착하지' 하고 말하면 자기도 모르게 순해지고 꼬리를 친다는 것이다. 일반 학생들도 긍정적인 기대를 가져 주면 성적뿐만 아니라 인성 면에서도 긍정적으로 발달하게 된다. 운동선수들도 마찬가지다. 믿음이나 기대는 사기를 향상시킬 뿐만 아니라 시너지 효과를 낼 수 있는 것 같다.

감동의 한 마디

그녀가 초등학교 4학년 1학기 때의 일이다. 집안 사정으로 인해 00로 이사를 하게 되었다. 이사와 동시에 학교도 전학을 하게 되었다. 이사 전의 학교는 조금 오래되어 낡았지만 이사하고 난 후의 학교는 정말 새것들 투성이였다. 학교의 외관, 책상, 의자, 바닥 등등……. 그렇게 그녀가 다니고 싶은 학교에 간 것이다.

그 다음 날 첫 수업이 진행되었다. 등굣길에 설레임 반 두려움 반인 불안정한 마음으로 말이다. 처음 전학을 간 그녀에게 키도 크고 체격이 크신 나이는 좀 있으신 젊지는 않은 한 남자 선생님이 그녀 앞에 서계셨다. 그녀는 멍한 표정과 동시에 나지막한 목소리로 "안녕하세요?" 하고 입 밖으로 소리를 냈다. 그랬더니 선생님께서 "아! 그래 네가 00이구나. 친구들과 인사하러 가야지." 하면서 그녀를 데리고 나갔다.

분단별로 앉아 있는 친구들이 보였고 그녀는 자기소개를 간단히 마친 후 자리에 앉았다. 그러면서 첫 수업을 받고 쉬는 시간이 되었다. 친구들이 옆에 와서 먼저 말도 걸어 주고 이야기를 하고 놀았다. 그때 그녀의 눈에 들어온 한 친구가 있었다. 또래 아이들보다 키도 크고 피부색도 유난히 하얗던 한 여자 아이가 소리를 지르는 것이다. 놀라서 다른 아이들에게 왜 저러냐고 물어 봤더니 조금 정신이 안 좋은 상태라고 말했다.

그때 당시 그녀는 장애인을 처음 봤다. 그래도 거리낌이 별로 없었고 그 이후 등하교 시간이나 쉬는 시간에 말을 붙여 봤지만 그 아이는 항상 말이 없었다. 많이 놀림을 받은 탓일까? 전학 온지 며칠이 안돼서 한 사건이 일어났다. 장애가 있던 아이는 쌍둥이였다. 쉬는 시간 쌍둥이 둘이 복도에 있다가 5학년 언니 오빠들에게 놀림을 받고 그녀 반이었던 그 친구는 화가 감당이 되지 않자 의자를 던져 유리문인 교실의 앞문을 부쉈다. 그러고 나서도 화가 안 풀렸는지 계속 씩씩대며 소리를 질러댔다.

반장은 선생님을 불러 왔다. 그녀는 속으로 "아…… 엄청 혼나겠지? 선생님이 체벌도 하시겠지?"라는 궁금증과 함께 두려워했다. 일단 선생님은 놀라서서 뛰어들어와서 흥분한 그 아이에게 했던 첫마디가 "잘했다. 괜찮아. 네가 잘못한 거 아니야."하며 다독여 주셨다. 그 순간의 그녀는 무언가 뒤통수를 쾅하고 내리친 기분이었다. 그 뒤에 선생님은 반 전체 아이들을 진정시켜 주시고 차분히 뒷정리를 하셨다.

지금 와서 생각해 보면 그렇게 대처를 할 수 있는 선생님이 몇 분이나 계실까? 라는 생각이 든다고 한다. 그녀는 1학기만 마치고 전에 살던 곳으로 돌아가게 되어 1학기동안 본 게 전부였지만 그녀 마음 속 깊이 선생님의 모습이 떠나질 않는다. 이 일은 그녀가 평생 잊지 못할 것 같다고 한다. 더욱 그녀 마음에 와 닿았던 말은 마지막으로 선생님이 그 아이에게 "다치지 않았니? 네가 안 다쳐서 천만 다행이구나!"였다.

체육교육과의 한 대학원생도 선생님에게서 들은 자신의 길을 바꿔 놓은 마음에 와 닿는 감동의 한 마디가 있다고 말한다.

그가 중학교에서 고등학교로 갓 입학한 때였다. 그는 중학교에 들어가면서부터 운동을 시작했다고 한다. 친구들이 공부하고 쉴 때도 그는 운동만 했다. 그때 그도 친구들과 어울려 놀고 싶었다. 고등학교에 막 올라가면서 운동량도 많아지고 코치 선생님께 맞기도 많이 했다. 그땐 많이 힘들었단다. 사춘기였나 보다. 운동도 힘들고 맞기도 많이 맞아서 모든 게 하기 싫었다. 그냥 다 포기하고 싶었다. 그 때부터 친구들과 논다고 여기저기 어울려 다니면서 못된 짓도 하고 다녔다. 그 당시 코치 선생님이 그를 불러서 또 때리기 시작했다. 그때 그는 운동을 그만두겠다고 말했다. 그때 코치선생님께서 이런 말을 했다. "네가 이러고 있을 때 너의 부모님은 너를 위해 피땀 흘리고 고생하고 있다"고……. 그 당시 그의 집안 형편은 여유롭지 못했다. 그 말을 듣는 순간 고생하시는 부모님 생각이 들었다. '나 하나 때문에 피땀 흘리고 고생하시는데 내가 엇나가면 정말 그건 안 되는 일이다'라는 생각이 들었다. 그래서 다음 날부터 운동에 전념했다. 그는 운동 열심히 하고 바른길로 가는 게 부모님께 효도하는 거라고 생각했다.

그 때부터 그는 힘들 때마다 그를 위해 오늘도 피땀 흘리며 일하시는 부모님과 은사님을 생각하며 열심히 지낸다고 말한다. 그리하여 그는 그 코치선생님 덕분에 운동도 열심히 하여 좋은 대학교에 가고 지금은 실업팀에서 열심히 선수생활하며 대학원도 다니고 있다.

선생님이 제자들에게 다른 거 잘해주는 것도 중요하지만 제자들이 정말 힘들 때 사막의 오아시스같은 주옥같은 한 마디의 위로의 말이 중요하다고 말한다.

교육이라는 것은 지식과 기술을 전달하는 일도 물론 해야겠지만 선생님은 학생을 이해하고 소통하며 인성을 길러 주는 것이다. 선생님의 작은 관심으로부터 그 무한한 사랑과 배움이 사람의 인생을 바꾸어 준다.

극존칭 쓰기

어느 학교에 폭력과 욕설이 많았다고 한다. 학생들끼리의 폭력과 욕설이 넘쳐났다고 한다. 얼마나 심했으면 하루에 한 번은 경찰차와 학부모가 학교에 찾아와서 학생들의 폭력과 욕설의 실태를 알려달라고 한다. 그리고 학생들은 너무도 심한 행동도 아무렇지도 않게 하였다. 학생들의 폭력은 끝나지 않았다.

이런 사태를 지켜본 한 선생님이 해결책으로 생각한 것이 서로 간에 극존칭을 쓰는 것이다. 극존칭을 씀으로써 서로 간에 존경의 마음이 생길 수 있다는 생각이다. 선생님과 학생 간에만 극존칭을 쓰는 것이 아니고 학생과 학생끼리도 극존칭을 쓰게 하였다.

이렇게 극존칭을 씀으로써 서로 존경심이 생길 수 있고, 서로 이해를 할 수 있었다. 이렇게 극존칭을 쓰면서 학교가 점점 좋아지는 것을 볼 수 있었다. 학생들끼리 폭력과 욕설이 눈에 띄게 줄어들었고 경찰차와 학부모가 학교에 오는 일이 줄어들었다.

한 학생이 중학교 때 학교에서 있었던 일이다. 국어선생님이 제안한 아이디어이다. 선생님은 고학년부터 천천히 극존칭을 쓰게 했다. 먼저 선생님들이 전체 다 극존칭을 썼고 그 다음으로는 학생들이 선생님께,

다음은 학생끼리 쓰게 했다. 그리고 다음에는 저학년으로 내려와서 학교 전체가 극존칭을 쓰게 되었다. 지금도 극존칭의 존대말을 쓰고 있다고 한다.

극존칭의 존대말은 처음은 어색하고 낯설지만 조금 쓰게 되면 서로 간의 싸움이 줄어들고 존경심이 생기는 걸 느낄 수 있다. 극존칭을 사용하는 일은 어디에서나 필요한 것 같다. 서로의 존경심과 그 사람의 입장을 생각해 볼 수 있는 것이므로 좋은 환경을 만드는 데 기여할 수 있는 것 같다.

봄날의 까만 선생님

봄바람이 불어오던 어느 3월 오후, 대학에 재학 중이던 그녀에게 대전 소재 어느 오케스트라에서 객원 요청이 들어왔다. 따스한 햇살을 받으며 기차 플랫폼으로 걸어 들어가는 그녀의 눈에 어렴풋이 생각나게 하는 뒷모습이 들어왔고 거리가 가까워질수록 설마의 마음은 확신으로 바뀌었다. 5년이라는 공백이 믿기지 않을 정도로 선생님의 모습과 미소는 그대로였고, 앞에 서 있던 그녀는 고등학교 1학년 시절로 돌아간 기분이 들었다.

질풍노도의 절정을 보여줬던 학창시절 아무 생각 없이 진학했던 고등학교! 그 당시 그녀는 자유롭지 못한 인생을 비관하고 창살 없는 감옥(학교)에 우리를 가둬야 하는가? 지금 생각하면 참 이상적이지 못한 생각들이지만 그 당시의 그녀는 나름 심오한 고민이었다.

반 배정을 받고 약간의 시간이 흐른 뒤 담임선생님 등장에 같은 반 학생들은 궁금한 사항을 곡사포 랩처럼 쏟아내었고 질문이 거의 막바지에 이를 때 선생님께서는 그녀를 지목하시고는 "네가 지금 제일 궁금한 점을 말해봐!" 무관심으로 일관하던 그녀는 보이는 그대로 "선생님은 왜 그렇게 까맣습니까?"라는 질문을 던졌다. 선생님께선 "이 녀석이 마음 아픈 곳을 건드는구나." 하시며 학생인권운동을 했었는데 잡혀 있던 중 받은 전기고문의 흔적이라는 말을 했는데, 일순간 장난기어린 목소리로 말했다는 것에 죄송하다는 생각이 들었다.

어느 정도 학교생활에 적응을 해나가는 그녀에게 선생님께서는 마주칠 때마다 "너 뭐하고 싶냐?", "이런 걸 해보는 게 어떻겠어?" 라는 질문을 수도 없이 해오셨다. 그 때마다 그녀는 그냥 "저 알아서 살겠습니다.' ' 라는 삶을 통달한 사람의 자세를 취했고 그러면 선생님께서는 "아니 넌 분명 뭐가 될 놈이다."라는 말을 해주셨다. 얼마 뒤 특별활동 부서 정하는 날이 되었는데 그녀는 그저 일찍 그곳에서 벗어나고 싶은 심정뿐이었다. 반 학생들이 모두 정할 때까지 정하지 못한 그녀에게 선생님께서는 '음악이 너를 변화시킬 것 같다'며 직접 손을 이끌어 관악부에 들게 하셨는데, 거긴 감옥(학교)안의 독방과 같은 체제를 갖추고 있었다. 엄청난 규율과 규범들은 고개를 설레설레 젓게 만들었고 그 안에서도 적응하지 못하고 엇나갈 뿐이었다.

'내가 나를 놓았는데 나를 놓지 않은 누군가의 믿음이 변화를 이끌어 내리라,' 누가 상상이나 했겠는가? 선생님의 끊임없는 믿음과 지지로 관악부에 적응하기 시작했다. 해가 바뀌어도 자신에 대한 선생님의 관심에 보답하기 위해 그녀는 열심히 악기를 배우고 학교생활을 해 나가기 시작했다.

"내가 너의 삶의 방향을 이끌어 줬을 뿐, 앞으로 나가는 건 너의 몫이다. 넌 잘할 수 있다." 고등학교 졸업식에서 감사의 마음을 전하려 선생님께 찾아갔을 때 해주신 말씀이다.

"이게 누구야? 훌륭한 음악가 000 아닌가?"

"너무 거창하십니다. 훌륭이란 말은 빼 주세요."

"연주하러 가는 건가? 대견하다 대견해. 열심히 살아라."

"예. 선생님. 조만간 찾아뵙겠습니다. 감사합니다. 항상 건강하십시오."

선생님의 열차가 먼저 와 급하게 인사를 마무리했다. 열차가 떠난 뒤에도 한 동안 그 시절의 감사함을 생각했고, 매순간 최선을 다하고자 다시 한 번 다짐했던 멋진 봄날이었다.

따뜻한 선생님

언니, 오빠들이 가방을 메고 등교하는 모습을 바라만 보고 빨리 학교 가고 싶다고 생각했던 어린 시절, 어느덧 8살이 되어 초등학교에 입학을 하였다. 부푼 꿈을 안고 행복 가득할 줄만 알았던 학교생활에 어린 나이에 충격적인 일을 겪게 되었다.

담임선생님 교탁 바로 앞에 그녀의 자리가 있었다. 선생님 책과 그녀의 책이 뒤엉켜 있었는데, 실수로 선생님 음악책을 집으로 가져와 버리고 말았다. 다음 날 선생님 책이 없어졌다며 그냥 가져오면 혼내지 않겠다고 아이들을 설득했다. 그 때까지도 그녀가 그 책을 가지고 있다는 것을 몰랐다. 하교 후 집에서 책 정리 하던 중 선생님 책이 그녀에게 있다는 것을 알고 곧장 선생님께 가져다 드렸다. 그땐 이미 선생님이 많이 화가 나셨다. 그녀는 아무 말 못하고 울면서 맞기만 했다. 키도 다른 아이들에 비해 작고 몸집도 작은데 때릴 곳이 어디 있다고 손으로 많이 때렸다.

그 이후 학교생활은 평탄치 않았다. 2학년 선생님은 구구단으로 그녀를 힘들게 했고, 3학년 선생님은 영어로 그녀를 힘들게 했다. 수업 후 교실에 남아 공부를 더하고 가는 날이 많았다.

이렇게 학교생활이 힘들 때 그녀의 인생에서 가장 좋은 선생님을 4학년 때 만났다. 앞서 말한 선생님들과는 차원이 달랐다. 그래서 선생님 이름도 잊어버리지 않는다. 젊은 선생님이시고 학생들을 이해하고 사랑해 주는 분이었다.

선생님은 많이 안아 주셨다. 그렇게 안아 주는 선생님을 만나 본 적이 없어서 정말 선생님을 사랑하고 사랑받고 있는 것을 느낄 수 있었다. 순수한 마음을 갖고 있던 어린 시절, 선생님은 항상 인자한 모습으로 남아 있다.

어느 날 숙제를 내주셨는데, 잘 못 이해해 엉뚱한 숙제를 해갔는데도 선생님은 그래도 열심히 해 왔으니 일어나서 친구들에게도 발표하라고 하면서 민망하지 않게 해 주셨다. 그리고 매주 청소 담당구역을 돌아가며 청소를 했는데, 걸레 빨기 담당을 한 적이 있다. 식구가 많은 집에서 자란 그녀는 집안 청소하는 방법을 자연스럽게 배웠고 걸레를 빠는 것도 배운 적이 있어서 능숙하게 했다. 선생님께서는 그 부분을 놓치지 않고 아이들 앞에서 걸레도 잘 빤다며 칭찬을 해 주셨다. 어떤 아이들에게는 걸레를 잘 빤다는 일이 창피한 일일 수도 있지만 그녀를 인정해 주고 잘한다고 칭찬받을 일이 있다는 것을 알게 해 주셔서 너무 감사했다고 한다.

한 번씩 선생님을 찾아가면 반갑게 인사하며 안아 주셨던 기억이 평생 갈 것 같다고 말한다. 공평하게 대우해 주셨고 실수를 하더라도 꾸중보다는 해결책을 제시해 주셔서 많은 것을 느끼게 되었다. 행복한 4학년 시절도 금방 지나가 버렸다. 선생님은 1년 뒤 결혼을 하셨고 다른 학교로 전근을 가셔서 그 이후 뵐 수가 없었다고 한다.

지금은 40대가 되어 중년이 되었을 거라 상상해 본다. 이렇게 그녀에게 좋은 감정으로 남는 선생님은 학창시절에는 없었고 아이들과 행복한 분위기를 조성하며 수업을 하셨던 선생님도 없었다. 그 선생님이야말로 학창시절 최고의 선생님이었다. 정말 선생님 뵙고 싶다고 말한다.

따뜻한 선생님 하면 떠오르는 에피소드가 있다고 영어교육과 학생도 말을 이어갔다.

고등학교 2학년이 될 무렵 새로운 담임선생님을 소개받고 새로운 친구들과 인사를 나누며 어색함으로 하루하루 학교생활을 해나가고 있었다. 3월 한 달이 지나고 친구들과 어느 정도 친해지게 되었고 여학교 특유의 문제점이라면 문제인 파벌형성이 어느 정도 보이던 시기였다. 마음 맞는 친구들과 삼삼오오 어울리며 다들 그렇게 지냈는데, 유독 한 친구만이 홀로 묵묵히 지내게 되었고 자연스레 혼자 있는 시간이 많아지다 보니 친구들은 하나둘씩 무관심으로 흔히 말하는 왕따를 시키기 시작했다. 한참 예민할 나이의 여고생들이라 감싸 주고 보듬어 주지도 못하고 그저 반 친구들 모두가 그러하니 자연스럽게 당연히 그녀 또한 그 친구를 멀리하게 되었고 심지어 그 친구의 작은 행동 하나하나가 이유 없이 거슬렸고 말을 거는 것도 싫어하게 되었다.

작은 한 반에서 시작된 왕따가 시간이 지나면서 학교 전체로까지 확산이 되었고 결국엔 담임선생님까지도 알게 되었다. 이 사실을 알게 된 담임선생님께서는 당연히 '반 아이들 모두를 엄하게 혼내시겠지' 란 생각으로 지레 겁을 먹었고 '더욱 더 그 친구에 대한 미움이 커지게 되겠구나' 하고 생각하게 되었다. '선생님께 혼나면 모든 화풀이를 그 친구에게 해야 하겠다'는 생각으로 가득 차 있었다.

하지만 선생님의 지도행동은 전혀 의외였다. 심하게 왕따를 시켰던 몇몇 학생들을 따로 불러 자장면 한 그릇씩을 사주시며 왜 그런 행동을 하게 되었는지, 그 친구를 미워하게 된 이유가 무엇이고 선생님이 마치 엄마처럼 아이들 하나하나 이야기를 다 들어주시며 훈계는 전혀 하지 않으시고 아이들과 공감대를 형성하며 모두 이해를 해 주시려고 했다는 것이다. 맛있는 자장면을 먹으러 가서 돌아오는 아이들은 하나같이 눈물을 흘리며 왔고 그 후로 왕따를 시켰던 아이들의 행동은 차츰 변화가 보이기 시작했다. 퉁명스러운 말투는 변함이 없었지만 건네는 말 한마디에서 노력하는 모습이 종종 보이게 되었다.

시간이 흘러 2학년이 끝날 무렵에는 선생님과 헤어지기 싫어하며 눈물바다가 되었던 교실의 모습, 왕따를 시켰던 아이들과 왕따를 당했던 친구가 너무도 다정하게 서로의 이야기를 주고받는 모습까지 학기 초에 보였던 모습과는 너무 상반되는 상황을 연출하게 되었다.

10년이 훌쩍 넘은 지금의 교단에서는 아마 그녀가 경험했던 그 때의 일처럼 아이들의 입장에서 이해해 주려고 하고 공감대를 형성해 주며 적극적으로 학생들의 일에 열의를 가져 주는 선생님을 찾아보기란 쉽지 않을 것 같다는 생각을 해 본다고 했다. 텔레비전을 켜면 심심치 않게 들려오는 교단에서의 사건사고들이 난무하는 가운데 이런 일을 계기로 마음이 따뜻하고 사람 냄새나는 교단으로 탈바꿈되었으면 하는 작은 바람을 가져 본다고 말했다.

체육교육과의 학생도 따뜻하고 친절한 마음씨로 자신을 변화시킨 선생님이 있었다고 말했다.

그가 중학교 시절 가장 중요한 시기일 때 교육방법이 각기 다른 여러 담임선생님들을 만났지만 1학년 때의 담임선생님은 체육선생님이었다. 운동을 좋아하시고 무섭고 젊은 선생님. 한창 어린 나이에 사고도 많이 치고 친구들과 싸움이 있었는데 선생님께서 체벌을 하지 않으시고 두 명의 학생을 부른 뒤에 도덕책에 있는 '친구와의 관계'의 글을 읽고 노트에 정리하고 싸웠던 걸로 뭐라 하지 않으시고 친구와의 배려를 알려 주셨다. 이기적이기만 했던 내가 다른 사람을 한 번 더 생각하게 해 주신 선생님. 철없던 때 선생님들께 대들고 무시하고 선생님께서 하신 말씀이 틀리다고 대들기도 많이 했었다. 다른 선생님들은 그냥 그런 아이로만 생각하시고 뭐가 잘못 되었는지는 아무도 말씀해 주시지 않았는데, 그가 체육을 좋아해서 그런지 체육선생님께서 그를 조용히 체육실에서 상담을 해 주셨다고 한다. "사람은 공부가 다는 아니다. 사람의 인성이 무엇보다도 먼저이다. 어른들이 지적하고 화가 났을 때는 같이 반박하는 거보다 이야기를 듣고 화가 가라앉은 다음에 자기가 하고 싶은 말을 해야 사회에서나 어른들한테 인정을 받을 수 있다."고 하셨다 한다.

정말 수업시간에 공부못한다고 부모님이야기를 하면서 기분 나쁘게 비하하는 선생님들이 있었다. 그러다 보니 그런 수업들은 정말 매번 하기 싫었다.

중3 때는 친구 같고 누나 같은 담임선생님을 만났는데 아이들과 많은 공감대를 형성할 수 있었다. 시험성적이 별로 좋지 않은 반은 대개는 담임선생님에게 맞곤 했는데 그의 담임선생님께서는 간식을 먹으면서 격려도 많이 해 주시고 고등학교 진로를 선택할 때도 매일같이 상담과 고민을 해주시고 후회는 없는지 잘 선택해서 잘 하고 있는지 추수지도로 연락도 자주 해 주시는 마음이 따뜻하고 친절한 선생님으로 기억이 남는다고 말했다.

마음의 운동장

한 인생의 길잡이가 되는 길에는 여러 가지 자극 요소들이 있다. 그 중에서도 좋은 선생님을 만난다는 것보다 중요한 일은 없을 것이라고 생각한다. 잠재된 힘을 일깨워 내는 능력을 가진 선생님은 그를 만난 개인에게는 행운이다. 좋은 선생님은 좋은 교육을 펼친다. 좋은 교육은 좋은 학교, 좋은 선생님을 통해 피어난다.

좋은 학교는 선생님과 학생이 서로 믿고 의지하며 스스로 공부할 수 있는 능력과 지혜를 키우고 어떠한 고민이나 어려움도 스스로 헤쳐 나갈 수 있는 세상에서 가장 넓은 '마음의 운동장'을 갖게 한다고 한다.

이 학생도 좋은 지도자 좋은 선생님을 만나서 지금 여기까지 오게 된 것 같다고 말한다. 어려서부터 그는 운동선수였다. 초등하교 때에는 수영선수로 활동을 하였고, 중 · 고등학교 때에는 육상선수, 현재도 육상(마라톤)선수로 활동하고 있다. 공부보다는 운동이 좋았고, 그래서 공부는 항상 뒤처지고 운동은 뛰어나게 잘하는 그런 학생이었다. 운동만 하다 보니 보는 것, 듣는 것, 말하는 것 모두 오로지 운동뿐이었다. 틀에 박힌 생활을 하다 보니 아는 것도 없었다고 한다.

오로지 그의 길잡이는 선생님이었고 그의 마음을 움직이는 것도 선생님이었다. 항상 그는 운동장을 달린다. 사람들은 오랜 시간을 뛰면서 무엇을 생각하고 어떻게 그렇게 오래 달릴 수 있느냐고 물어 보기도 한다.

한때는 이런 그의 모습이 너무 싫고 답답한 적도 많았다고 한다. 한 가지 말고는 다른 것을 생각해보지 않았고 대학에 가기 전까지 사회생활은 백지였다. 그런 그를 여기까지 끌어 주신 분은 선생님뿐이었다. 지금 생각해 보니 선생님의 말씀을 따르지 않았더라면 현재의 그의 모습은 없었을 것이라고 말한다. 그런 그를 인도해 주고 '마음의 운동장'을 만들어 주신 분이 바로 선생님이었다.

지금 그가 가야 할 길은 그가 개척하고, 느끼고, 체험하고 있지만 그 속에서도 선생님의 조언은 항상 힘이 되고 바른 길로 인도해 주었다고 말한다.

그런 선생님께 감사드리고, 그도 좋은 선생님이 되도록 노력하고 학생들을 좋은 길로 인도 할 것이고, '마음의 운동장'을 키워 주신 선생님들을 영원히 잊지 않겠다고 말한다.

어부바를 해 주신 선생님

지도 스타일에 따라서 처음에 부드럽다가 나중에 강해지는 선생님이 있는가 하면 처음에 강하게 했다가 나중에 유해지는 선생님이 있다. 학생들이 느끼기에는 전자 쪽보다는 후자 쪽을 더 너그러운 선생님으로 인식하고 선호하는 것으로 나타났다.

체육교육과에 다니는 그녀는 학교라는 곳이 어떤 곳인지도 모르는 채 학교에 입학을 했다. 초등학교……. 입학했을 당시에는 국민학교라고 했다. 그녀는 왠지 국민학교라는 말이 아련하고 애틋하고 애잔한 가슴이 아리아리한 기억을 상기시켜 주곤 한다고 한다.

그 당시 초등학교라는 곳은 그녀가 느끼기에 여태껏 겪어 보지 못한 경쟁사회였고, 자신이 어떤 아이인가를 등수라는 것으로 철저하게 점수 매겨 주는 곳이었다.

기역 니은 디귿이 어떤 것인지도 모르는 체로 학교에 입학했던 그녀는 초등학교 1학년 생활도 즐거운 것이 아니라 어렵게 노력하면서 했던 것 같다. 남들에게 지기 싫어서……. 음 1년은 다른 아이들도 마찬가지였으리라 생각했다. 시간이 너무나 빨리 지나가 버렸다.

2학년이라는 곳은 또 새로웠다. 여전히 어리고 모르는 것투성이의 그녀는 체육이며 산수며 소위 요즘말로 멘붕이었다. 시골에 있는 작은 학교여서 선생님들은 어느 반 누구누구는 이러이러하더라……. 이 정도는 다들 어렵지 않게 알고 계셨을 터라 하루하루 힘들어하는 자신의 모습에 담임선생님께서는 그녀에 대한 걱정이 크셨다. 또래들보다 낮은 아이큐 검사 결과에 오히려 그녀의 엄마에게 아이큐와 성적과의 관계는 별로 없으니 걱정할 것 없다고 안심시켜 주시고……. 사실 담임선생님께서는 그녀를 예뻐해 주셨다.

한 번은 학교 계단에서 발을 헛디뎌 깁스를 한 적이 있다. 담임선생님은 잘 웃지도 않고 매를 자주 드는 엄한 분이었는데……. 아침 등교 시간에 1층 계단에서 그녀를 기다리고 계신 적이 있었다. 평소 그다지 잔정이 있다거나 살가운 사이까지는 아니어서 당황하기까지 했었는데 선생님은 쪼그려 앉으시면서 "00야. 어부바." 이 말이 아직도 잊혀 지지가 않는단다. 그렇게 시작된 어부바는 한 달 가까이 계속되었고 지금 생각하면 다른 선생님이었다면 그렇게 똑같이 하셨을까? 하는 생각이 든다고 한다.

이렇게 잘 자란 모습을 보시면 그때 어부바해 주셨던 기억은 나실는지……. 무섭기만 했던 000 선생님이 너무 그립다고 했다.

무뚝뚝하지만 자상한 선생님

한 학생이 고등학교에 입학 했을 때였다. 철없이 놀기 좋아하고 방황하던 그는 근처 인문계 고등학교에 입학하여 고지식하고 근엄하고 꽉 막혀 보이는 담임선생님을 만나게 되었다. 조회 시간이나 종례 시간에는 할 말만 딱 하고 나가시는……. 무뚝뚝 중에서도 그가 아는 사람 중의 최고의 선생님이었다. 수업시간이면 수면제와 같았다. 선생님과의 인연은 그렇게 시작되었고 학기 초에 방황하던 그는 친구들과 담배를 피우다 적발되어 호되게 혼이 나고 있을 때 담임선생님께서 오셔서 "우리 반 아이니까 제가 지도를 해보겠습니다." 라는 말과 함께 그는 담임선생님과 면담을 하게 되었다. 혼을 내셔야 당연한 상황에 그에게 상담을 해주시며 아무 말이 없으시던 선생님……. 는 오히려 죄송해졌고, '우리 담임선생님은 다르다'는 생각을 하게 되었다고 한다.

그 후에도 그는 여러 차례 말썽을 피우게 되었고 그 때마다 담임선생님께선 혼을 내는 게 아니라 항상 타일러 주셨다. 학교에선 그가 문제아로 낙인이 찍혔고 무슨 일만 생기면 그를 먼저 찾게 되었다. 그런 상황이 반복되자 선생님들에게 대들게 되었고 더욱더 방황하게 되었다.

얼마 후 순간 욱한 성질에 같은 반 친구를 때리게 되었고 많이 다친 친구를 보게 된 선생님께선 그에게 처음으로 매질을 하셨다. 그 순간 그는 "아, 난 이제 끝이구나."라고 생각했고 다음 날 교내 징계위원회가 열리게 되었다. 친구의 부모님, 학생부 선생님들, 교장선생님, 학교운영위원회 위원님들, 그의 부모님까지… 엄숙한 분위기 속에서 그를 퇴학시켜야 한다는 말이 오고 갈 때쯤 그의 담임선생님께서 무릎을 꿇으시며 "제 아이 제가 잘 못 가르쳐서 그랬습니다. 한 번만……. 한 번만 선처를 해 주시면 안 되겠습니까?"라는 말과 함께 그의 부모님도 무릎을 꿇으셨고 그는 마음 속에 무언가 복받쳐 올라 그 광경을 볼 수 없어서 밖으로 나왔다.

그 후 선생님의 도움으로 정학으로 마무리가 되었고, 학교를 바라보며 공원에 앉아 있을 때 담임선생님으로부터 전화가 왔다. "00야! 잘 지내고 있니? 네가 없으니 선생님이 허전하구나. 선생님은 한 번도 네가 밉지 않았어. 넌 정말 착한 아이인데 잠시 방황하는 거란다. 그러니 너무 속상해하지 말고 푹 쉬다 학교로 와라. 선생님이 기다리고 있으마." 라는 말을 간략히 하신 후 전화를 끊으셨다. 보통의 선생님이었다면 그는 이미 중졸의 학력으로 지내고 있을 것이다.

나중에서야 알게 된 일이지만 그가 말썽을 피울 때마다 담임선생님은 다른 선생님들에게서 손가락질을 받으시고 외면당하셨다는 걸 졸업 후 학교를 방문했을 때 다른 선생님께 들었다고 한다. 지금까지도 한없이 감사하고 또 감사한 선생님을 보며 그도 좋은 선생님이 되고 싶다는 꿈을 꾸게 되었다고 한다.

인간적인 모습의 교육자

교육학이 뭐냐고 물으면 '교육학은 인간학이다'고 말하는 사람도 있다. 비슷하게 말을 다시 하면 교육자는 무엇을 하는 사람이냐고 한다면 '교육자란 가장 인간적인 모습의 전형을 보여주는 사람이다'고 말할 수 있겠다.

어느 대학원생은 어렸을 때 그림그리기를 좋아했다. 그녀는 고등학교도 특목고인 예술고등학교에 진학하였다. 예술하는 아이들이 모여 있는 곳이라서 그런지 일반계 고등학교의 학생들보다 아이들 특성이 대체로 개성도 강하고 주장도 성격도 다 튀었던 것 같다.

그녀는 그다지 특출 나지도 않고 크게 문제를 일으키는 문제아도 아니었으며 그렇다고 공부와 그림을 열심히 하는 모범생도 아닌 그저 그런 중간 정도의 평범한 아이였다.

학창시절을 생각해 보면, 사고를 한 번씩 치는 아이들은 대부분 행동형 유형을 가진 아이들이 대부분이기에 사교성도 좋고 선생님들에게 친화력도 좋은, 까불기도 하지만 정도를 지키면서 예쁨도 받는 아이들도 있다.

규범적인 아이들은 말 그대로 그림도 열심히, 공부도 열심히……. 딱히 흠잡을 곳이 없다. 그러니 당연히 선생님들의 예쁨을 독차지하였다. 그럼 그녀와 같은 평범한 중간쯤 가는 아이들은……?

가끔 수업받기 싫고 실기수업도 받기 싫은 날 저 두 부류의 아이들과 같이 속된 말로 땡땡이를 쳤다고 하자. 혼나는 것은 배가 되어 돌아오고 실망과 잔소리, 부모님의 면담은 매번 그녀의 몫이었다.

그땐 정말 왜 자기만 그렇게 혼이 나야 하는지 이해가 되질 않았지만 자라서 아이들을 가르쳐보니 조금은 알 수 있을 것 같다고 말한다. 잘 다독이면서 이끌어나가면 잘 성장할 수 있지만 한 번 잘못된 선택을 하거나 비뚤어지면 돌이킬 수 없는 타임이 그녀 같은 타입이란 걸 알 수 있었다고 한다. 한참 사춘기 때에 그녀는 아슬아슬하였다.

인문과목 정규수업이 끝나면 보통 인문계 아이들은 야자라고 하는 야간자율학습을 하지만 예술학교는 레슨이라고 자기 전공별로 파트를 나누어 수업을 받는다. 그래서 일반계 학교에서는 담임선생님과 아이들의 유대감이 크지만 레슨선생님들 위주로 시스템이 돌아가는 예술고는 담임선생님의 역할이 그리 크지 않다.

고등학교 때의 그녀는 친구들과 어울리기 좋아하고, 자기주장이 세지 않은 친구들에게 잘 맞추어 주는 그런 성격이었다. 그녀 주위의 친구들은 행동형 스타일이 많아서 그녀는 쉽게 그들에게 휩쓸릴 수 있는 상태였다. 그들이 나쁘다는 건 아니지만 그런 그녀를 눈여겨보셨던 것일까? 그녀뿐만 아닌 모든 아이들에게 인격적으로 대우를 해 주고 수능을 앞두고 인문과목은 포기하고 실기에 전념했던 그녀에게 매번 문제집 풀이까지 해 주시며 조언과 상담을 아끼지 않으셨던 선생님. 인격형성에 좋은 책들과 선생님의 수많은 경험담들, 그리고 진심어린 말씀들까지 시간이 흘러도 기억에 남는다.

그녀의 학창시절을 돌이켜 보면 제일 학생들의 눈높이에서 바라봐주고 교육을 해 주신 선생님으로 기억하고 있다. 졸업한 후에도 동창들을 만나면 항상 빠짐없이 거론되는 선생님도 그분이셨다. 참다운 교육이 무엇이고 어떠한 자세로 교육에 임해야할지, 어떻게 아이들에게 다가가야할지 고민될 때 그 선생님을 떠올려보곤 한다고 말한다.

진심은 통한다고 본다. 교육자의 자태도 중요하지만 때론 인간 대 인간의 눈높이로 아이들에게 진심으로 다가가는 자세를 배웠다는 건 정말 값진 경험이었다고 한다.

학생의 적성과 관심분야를 파악해 주신 선생님

지금까지 그의 학창시절을 생각해 보면 떠오르는 선생님이 계시다고 한다. 초등학교 졸업 후 중학교에 입학하게 되면서 놀기에 빠져 헤어나지 못하고 있을 때가 있었다. 몇 년을 방황한 후 미술선생님의 관심과 사랑으로 올바른 길을 걸을 수 있게 되었고 또한 그의 적성에 맞는 그의 길을 인도해 주셨던 것이다.

미술을 하면서 다른 생각을 하는 일도 줄었고 시간낭비를 하는 일도 줄었다. 만약 그때 그 선생님의 지도와 케어 없이 대충 생활을 했었더라면 지금의 그 또한 없을 것이라고 말한다. 그 때의 자신을 생각하면 아찔한 순간들이 많았다고 한다. 어리고 상황파악이 정확히 되지 않는 그에게 그분의 조언과 가르침 하나하나가 그 당시엔 귀찮기도 하고 싫기도 했지만, 지금 와서 생각해 보면 정말 감사하다고 한다. 그에게 꿈을 주었고 지금의 그를 있게 해 주신 분이다.

그가 대학원 졸업 후 교사가 된다면 그분에게서 그가 받았던 것들을 아이들에게 베풀고 싶다고 한다. 시간이 흐른 뒤에 기억에 남는 선생님이 되고 싶다고 한다.

한 마디의 말에도 한 학생의 삶이 뒤바뀔 수 있다는 생각이 들었다. 학생의 적성과 관심분야를 빨리 파악하고 올바른 교육을 할 수 있는 교사가 되고 싶다고 한다.

진정한 강인함이란?

중국어교육과의 학생도 기억에 남는 선생님에 대해서 이야기한다. 대부분의 사람들은 기억에 남는 선생님을 떠올리면 학교 선생님을 말한다. 물론 초 · 중 · 고등학교를 거쳐 대학교 대학원을 다니면서 많은 선생님들에게 수많은 가르침을 받아 왔다. 기억에 남는 선생님은 너무도 많지만 좌절 속에서 멈춰버린 나약한 그녀를 이끌어 주시고, 사라져 버린 꿈들을 다시 되찾을 수 있도록 힘이 되어 주신 그녀의 선생님이 계시다.

사업을 하셨던 아버지가 IMF로 인해 부도가 났고, 그녀는 다니던 대학을 중도에 포기해야만 했다고 한다. 어린 시절엔 꿈이 많았고 그 꿈을 이룰 자신도 있었다. 아마도 그땐 부유한 환경에서 자란 탓에 세상이 만만해 보였을지도 모른다. 하지만 아버지의 사업이 부도가 남과 동시에 그녀의 꿈들은 산산조각이 되어 버렸다. 갑자기 세상 모든 것들이 싫어졌고 이젠 그녀에게 희망이라고는 없다고 생각했다.

이렇게 한 순간에 날아갈 꿈들이라면 안 꾸는 게 더 좋을 것 같았다. 지금 생각하면 그 때의 그녀의 꿈들은 모두 부모님의 도움이 있어야만 이룰 수 있는 꿈들이었기에 포기도 빨랐을 것이다. 이렇게 좌절하고 있던 그녀에게 꿈은 부모님의 힘이 아니라 그녀 자신의 힘으로 이뤄야 진정한 꿈을 이루는 거라고 말씀해 주신 선생님이 계셨다.

선생님과의 만남은 우연히 들어서게 된 중국어 학원에서였다. 선생님은 중국어 선생님이었다. 선생님의 생김새는 작고 마른 체격으로 나이는 어려보이지만 눈빛은 강인함을 느낄 수 있었다. 선생님은 항상 그녀의 이야기를 귀담아 들어주시곤 했다. 때때로 선생님의 날카로운 충고를 들었다. 한 마디 한 마디가 그녀에게는 힘이 되고 어둠 속에서 밝은 빛이 되어 그녀의 마음의 문을 열어 주었다. 선생님도 꿈을 꾸는 자에게만 희망이 찾아온다고 말씀해 주셨다. 나약하게 앉아만 있지 말고 두려워하지 말고 세상과 당당히 맞서라고 말씀하시며 지금 그녀가 현실에서 할 수 있는 것들을 다시 한 번 계획해 보라고 말씀하셨다. 순간 그녀 자신이 부끄러웠다고 한다. 자신이 누구인지 다시 한 번 생각해 보았다. 그녀가 어떻게 살아야 할지, 누굴 위해 사는 건지…… 문득 그녀가 서 있는 이 자리가 자기 자리가 아니라는 생각이 들었다. 이렇게 작은 회사에서 경리로 일하면서 살고 싶지 않았다. 아마도 그 순간 그녀는 선생님처럼 아이들에게 희망의 빛이 되어 주고 싶다고 생각했는지도 모른다. 그 때부터 조금씩 그녀 자신을 만들어 가기 위해 많은 노력을 했다. 선생님은 항상 그녀를 지켜봐 주셨다. 중국어를 배우면서 중국 유학도 준비해 나갔다. 좀 더 큰 세상에서 그녀 자신을 만들어 가고 싶어졌기 때문이다. 선생님은 변해가는 그녀의 모습을 보며 흐뭇해 하셨고 항상 응원해 주셨다. 그런 선생님을 보며 더 열심히 해야겠다고 다짐을 하곤 했다. 하지만 유학을 준비하던 과정에서 선생님한테 심하게 꾸지람을 들었던 일이 생각났다. 선생님께서 그녀의 공부환경과 경제력을 고려해 중국의 000대학을 소개시켜 주셨다. 그로부터 며칠 후 선생님은 수속이 어떻게 되어 가는지 물었다. 그녀는 아무 생각 없이 수속을 하려면 유학센터를 찾아야 한다고 말씀드렸다. 아마도 그날이 선생님한테 가장 심하게 꾸중을 들었던 날인 것 같다. 선생님은 "혼자서도 충분히 잘 해낼 수 있는 일들을 왜 굳이 남의 힘을 빌리려 하니? 남이 한다고 나도 하면 평생 남이 하는 대로만 따라가며 살겠지! 어렵게 가게 된 중국 유학을 처음 준비과정부터 네 스스로 준비해 보는 것도 뜻깊은 일이 될 거야. 어려운 부분은 선생님이 도와 줄 테니 네 힘으로 해

봐라.”하고 말씀하셨다.

10년이 훌쩍 넘어버린 지금도 힘이 들어 포기하고 싶고 나약해질 때면 선생님의 말씀이 떠오른다고 말한다. 선생님이 없었다면 지금의 내가 없었기에 선생님의 가르침이 더 값지고 소중하게 느껴진다고 말했다.

열정적인 선생님

필자가 박사학위 청구논문을 준비할 때 학생들에게 선생님 수업에 대한 자유응답 기술지의 하나로 ‘선생님이 좋고 공부가 잘 될 때는 언제냐’고 물어 본 적이 있다. 학생들의 대답은 약 36가지 정도가 나왔는데 그 중에서도 “수업을 할 때 졸리지 않도록 목소리의 톤을 조절하거나 활동적일 때”라고 답한 경우도 있고 “수업 중에 피곤해서 졸면 질책보다는 다정하게 어깨를 두드려 주면서 깨워줄 때”라고 답한 경우도 있었다.

학생들에게 관심과 사랑, 열정을 보여주는 선생님이 있었다. 일본어교육과에 다니는 이 학생에게는 고등학교 2학년 시기는 고3 시기와 다름없는 시기였다. 독서실, 학원, 인터넷 강의에 의존했던 시기였으니까. 특히 수학에 자신이 없던 그 시기에 선생님이 나타나셨다. 수학은 수준별 수업을 했는데 000 선생님이 그 학생 반 담당이었다. 키도 크고 까무잡잡한 피부에 머리는 반 정도 대머리였다. 이미지와는 다르게 무척 활발하신 분이었다. 목소리도 크시고 교실에 들어오시는 것부터 주의집중이 될 정도로 기도 세게 느껴졌다.

선생님은 담임이면서도 다방면에 활동이 많으셨다. 아침에 교문에서 등교지도도 하시고, 체육대회 때는 운동도 같이 하시고, 심판도 보시고, 언제 어디서고 학교에서는 선생님의 모습이 보일 정도로 분주히 움직이는 분이었다. 그렇기 때문에 그랬는지 그 학생은 선생님을 관심 있게 지켜보았다.

학교 수업에는 자는 애들과 노는 애들이 항상 있기 마련이다. 대부분의 선생님들은 자는 애들을 깨워 혼을 낸다. 노는 애들은 무시하기 일쑤였고 그게 당연하다고 생각했다. 하지만 000 선생님은 자는 애들 노는 애들 모두 챙기셨다. 자는 애들은 직접 그 자리에 가서 허리나 어깨를 주물러 주시면서 "이렇게 자면 나중에 디스크 걸려."라고 하면서 다독이며 깨우셨다. 노는 애들은 이름을 외워 별명을 지어 놀리듯 유머스럽게 이름을 부르며 달래셨다. 아이들은 기분 나쁘기는커녕 오히려 선생님을 따르는 것이었다.

선생님은 같이 하는 협동학습을 강조했다. 모든 아이들에게 관심을 갖는 모습, 다 같이 공부하는 이 선생님의 수업이 정말 좋았다고 한다. 무엇보다도 그녀가 000

선생님에게 빠진 이유는 선생님은 학원이나 인터넷 강의처럼 개념부터 응용까지 차근차근 핵심을 잘 가르쳐 주셨다. 또 어떤 문제의 질문이든 시원시원하게 대답해 줄만큼 준비가 철저했다. 선생님에게 신뢰가 생겼다. 선생님 수업이 재미가 있었다고 한다. 또한 선생님은 가르치는 것에 열정적이었다. 가르치는 것을 재미있어 하고 자신이 있어 하는 게 보였다. 그런 선생님의 수업은 공부할 마음이 생기고 할 수 있을 것만 같은 마음이 생겨서 수학 공부를 열심히 하게 되었다. 아니, 수학 공부만 하게 된 것 같다. 공부를 해서 질문거리를 만들어 선생님에게 찾아가서 귀찮게 굴었던 일도 생각난다.

지금 이 순간에도 선생님의 웃음, 건강한 모습이 떠오른다. 언제고 다시 찾아뵙고 싶은 선생님이라고 한다.

용기를 북돋아 준 선생님

사범대학에 진학하면서 더욱 생각나는 어렸을 적 선생님이 계셔서 소개하고자 한다고 한다. 이 학생은 늦둥이로 태어나서 어렸을 때 같이 놀 수 있는 형제 자매도 없었고, 그녀가 살던 곳에는 또래 아이들이 많지 않았기 때문에 혼자서 조용히 노는 시간이 많았다. 그러다보니 성격이 내성적이 되고 또래 친구들을 만나도 많이 어색해 하는 상황이 되었다. 또한 사람들이 많은 곳에서는 낯을 가려 말을 잘 하지 못했다. 그런 점 때문인지 부모님은 내성적인 그녀의 성격을 조금 더 사교적인 성격으로 바꿔보려고 많은 노력을 하셨던 것 같았다.

여러 유치원에 가보기도 하고 옆에서 항상 자신감을 불어넣어 줬지만 성격은 쉽게 고쳐지지 않았고 그렇게 초등학교에 입학하게 되었다. 초등학교에서도 역시 그녀의 이런 성격은 변하지 않았고 오히려 더 위축이 되었다.

그러던 어느 날 담임선생님께서 교내 구연동화대회에 참가하면 어떻겠냐고 말씀하셨다. 구연동화라면 많은 사람들 앞에서 이야기를 들려

주어야 하는데 반 친구들 앞에서조차 어려워하고 이런 그녀의 소심한 모습을 모르실 리 없는 선생님께서 갑자기 제의를 하자 당황한 나머지 얼떨결에 한다는 말을 했고, 그렇게 교내 구연동화대회를 나가기 위한 연습이 시작되었다. 매일 방과 후에 남아 선생님과 함께 구연동화대회 준비를 했고, 쉬는 시간마다 반 아이들 앞에서 연습을 하면서 점차 그녀의 모습은 변하기 시작했다.

물론 중간에 하기 싫다고 운적도 많았고 못나가겠다며 투정을 부리는 날도 있었다. 그렇지만 그 때마다 선생님께서는 화 한번 내지 않으시고 "00이가 이렇게 잘하는 줄 몰랐어. 선생님이 00이를 가르치면서 많은 보람을 느낀단다."라는 말을 하시며 그녀에게 용기를 주셨다. 그렇게 시간이 흘러 교내구연동화대회에 나가게 되었고, 대사를 잊어버리는 실수도 있었지만 결국 우수상을 수상하는 좋은 결과를 거두게 되었다.

물론 그 이후 그녀는 낯을 가리는 성격이나 소심한 성격이 완전히 없어지지는 않았지만 사람들과의 관계에서 여유와 자신감을 가지게 되었다. '나도 하면 된다'라는 생각으로 사람들 앞에서 말을 하는 선생님이라는 직업을 꿈꾸며 사범대에 진학하게 되었다.

그녀가 구연동화대회에 출전하지 않았더라면 선생님께서는 그녀보다 말을 잘 하는 아이를 시켰다면 그녀는 어떻게 되었을까? 15년 전의 수줍어하고 존재감이 없던 그녀에게 선생님께서 먼저 손을 내미신 기억은 너무나도 따뜻하게 자리잡고 있다고 말했다.

능력 있는 선생님도 좋고 효과적으로 교과를 잘 가르치는 선생님도 좋지만 무엇보다도 아이들을 가르치는 표면적인 역할에 머물러 있지 않고 진정한 소통을 하는 그녀의 초등학교 1학년 때의 담임선생님이 멋진 선생님이라고 말한다. 특히 그녀가 꿈꾸는 교사는 이런 점이 더욱 필요하다고 말한다. 아이들에게 먼저 다가가서 아이들의 부족한 면을 채워 주고 조그마한 일일지라도 자신이 스스로 해낼 줄 아는 아이들이 되게 해 주고 싶다고 말한다. '용기와 희망을 심어 주는 교사가 되자'라는 다짐 만큼은 현재에도 미래에도 그녀의 가슴 속에 길이 남아 있었으면 한다고 말한다.

교육과정에는 표면적 교육과정과 잠재적 교육과정이란 것이 있다. 교육부, 지역, 학교 등이 지정하고 학생이 선택해서 공식적으로 배우는 교과가 표면적 교육과정이고, 그러한 표면적 교육과정을 실행해 나가는 과정에서 교사로부터, 학생들 상호간에, 학생 자신 속에서 은연중에 배우게 되고 느끼게 되는 모든 것을 잠재적 교육과정이라고 한다. 표면적, 잠재적 교육과정 중 어떤 것이 더 학생에게 강력한 영향을 미치는지는 알 수 없지만 학생들은 은연중에 교사의 인성에 더 많은 감화를 받는 것 같다.

기대를 가져주는 선생님

교사는 단지 수업을 통해 지식만을 전달하고 학교 내에서 업무만을 담당하는 사람이 아니다. 무엇보다도 아이들에 대한 애정을 가져야 하는 것이다. 이러한 생각을 갖게 된 것은 그녀가 만났던 선생님들 중 한 분에 의해서였다고 한다. 그 선생님은 그녀가 고등학교 2학년 때 담임을 맡아 주셨던 000 선생님이다. 이 선생님은 교사가 되는 게 꿈인 이 학생에게 교사가 되면 학생들에게 어떠한 역할을 해야 하는지 깊은 인상을 주었다고 한다.

선생님은 그녀에게 피그말리온 효과에 의한 긍정적인 결과를 보여주었다. 그녀의 반 배정이 발표되자마자 학교 내에서는 이미 그녀가 속한 반이 '문제아 반'이 될 것이란 소문이 선생님들 사이에서 돌고 있었다. 또 그러한 이야기들은 선생님들끼리 쉬쉬하며 말하는 것이 아니라 그것을 그녀의 반 아이들이 충분히 들을 수 있을 만큼 교무실에서 이야기를 했다. 그리고 실제로도 그녀의 반이 1학년 때 각 반에서 공부를 소홀히 하던 아이들이 많이 배정되었다. 어느 날, 그녀가 속한 반 학생 하나가 그러한 이야기를 듣고 교실에서 아이들에게 전했다. 당연히 반 아이들은 선생님들에 대한 적대감이 커졌다.

000 선생님은 그녀의 반의 수업분위기가 좋지 않고 선생님들 사이에서 있는 이야기를 들었다는 것을 알고 조회 시간에 이렇게 말하셨다. "너희들도 들었겠지만 우리 반이 문제아 반이라는 소문이 돌고 있다고 한다. 하지만 나는 그렇게 생각 안한다. 너희들은 너희들 나름대로 중요한 것을 하고 있고 그것 때문에 수업에 집중하지 못하는 거야. 그게 지금 너희들한텐 중요하니까. 그건 잘못된 일이지만 너희들이 그렇다고 문제아는 아니다. 하지만 수업시간에 집중을 해 줬으면 좋겠다. 그럼 선생님한테도 너희들한테도 좋잖아. 서로 조금씩 노력하자. 나는 너희가 좋은 학생들이고 또 그렇게 되어 줄 거라 믿는다."

짧은 말이었지만 이 말은 대부분의 아이들의 태도를 변화시켰다. 아이들은 선생님의 기대대로 수업을 잘 들으려고 노력했고 좋은 성적들도 거둘 수 있었다. 그리고 또 하나의 이유는 선생님이 아이들에게 많은 관심을 가졌기 때문이다. 아이들과 친해지기 위해 요즘 유행하는 여러 가지 것들에 대해 관심을 가지고, 하려고 노력했다. 물론 수업도 재미있게 잘 하셨다. 이 시기에 선생님과의 상담에서 그녀는 교사가 될 마음을 굳혔던 것 같다고 한다.

지금도 그 때를 생각하면 마치 한 편의 성장 드라마를 본 것과도 같은 느낌이 든다고 한다. 문제아 반이라고 낙인찍혔던 반이 우등반이 되는 일은 쉬운 일이 아니지 않은가? 그래서 후에 그녀가 교사가 가져야 하는 자질들에 대해 생각할 때마다 000 선생님이 떠오른다고 한다.

바람직한 교사는 좋은 수업을 하는 것도 중요하지만 그보다도 아이들을 대할 때 항상 애정과 기대를 가져야 한다. 아이들은 어떤 교사가 그들에게 우호적이고 반대로 부정적인 감정을 가지는지 빠르게 파악한다. 조금이라도 자신에게 더 관심 있는 교사에게 더 예의바르게 행동한다.

교사는 편견이 없어야 한다고 생각한다. 아이들이 공부 쪽에 관심이 없다고 해서 그 아이들을 무시해서는 안 되고, 하나의 인격체로서 수용해야 한다. 여러 선생님들이 실수를 범하는 것을 학생이 보았다면 이는 그 학생들에게 부정적인 인상을 심어 준다. 학교에서 학생들과 지내다

보면 마찰이 없을 수 없다. 그렇지만 교사는 학생을 이해해 주는 사람이어야 한다. 이러한 교사의 노력을 한마디로 표현한다면 그것은 '사랑'이다. 아이들에 대한 사랑이 없이 단지 진학을 잘 시키는 것은 겉으로는 인정받는 일일지 모르겠지만 학생들 사이에서는 그 선생님이 인정받지 못한다. 그리고 그것은 교사에게는 의미가 없는 일이다. 교사는 아이들 사이에서 행복하며, 그 능력과 가치가 생긴다. 따라서 아이들과의 긍정적인 관계를 잘 해나가는 교사가 바람직한 교사이다.

또 다른 학생은 사범대에 진학한 후에는 종종 어떤 선생님을 존경하느냐는 질문을 받으면 주저 없이 중학교 2학년 때의 담임선생님을 언급한다. 그는 중학교에 다닐 때 가정형편은 저소득층으로 분류되고 공부보다는 방황의 길에서 헤매고 있던 시기였다. 성적으로 말하면 전교 석차는 중간 정도 하는 공부를 등한시 하는 학생이었다. 중학교 1학년 시절에는 그는 툭하면 싸움을 하고 결석도 자주 하고 방황하는 사춘기 시절을 보냈다.

그의 변화 계기는 중학교 2학년 때 000 담임선생님을 만난 후였다. 그 당시 선생님의 모습은 지금까지 겪어 보지 못한 선생님의 모습이었다. 선생님은 처음부터 그를 상담해 주셨다. 그는 이것이 그가 불우한 환경에 있으니 그러려니 하고 선생님에 대한 기대도 희망도 갖지 않았었다고 한다. 하지만 선생님은 담임선생님이었고, 국어선생님이었지만 그와는 별도로 친근하게 다가오셨다. 엄마 가게에 종종 찾아오셔서 학교에서의 그의 모습을 말해 주셨다. 그의 부정적인 면은 언급하지 않으셨다. 그가 학교생활을 열심히 하고 있고, 친구들과 잘 지낸다는 등 어찌 보면 상투적인 말들을 하셨다. 하지만 그는 이러한 선생님께 감사함을 느꼈다고 한다.

이전의 선생님들은 그를 문제아로 낙인찍어서 엄마와 통화를 했고 엄마의 근심을 불러일으켰다고 한다. 그는 학교도서관에 자주 갔다. 책은 별로 좋아하지 않았지만 담임선생님이 계신 도서관에 자주 찾아갔던 것이다. 아직도 기억이 난다고 한다. 중간고사를 잘 못 보았지만 담임선생님은 몇 십 등 앞으로 하도록 목표를 정해 주셨다. 공부하기는 싫었지만 선생님께 잘 보이고 싶은 마음에 선생님 목표치에 도달하려고 노력했다고 한다. 드디어 기말고사에서는 그 목표를 훨씬 상회하는 좋은 성적을 얻게 되었다. 어찌 보면 작은 관심, 작은 목표였다.

다른 아이들과 대등하게 관심을 주는 것 같지만 아주 미세하게 그만이 알 수 있는 관심을 주신 것이다. 그렇기에 그는 이러한 관심이 더욱 끌렸던 것 같다고 한다. 선생님의 말 한마디가 그에게 큰 깨달음을 주었다고 한다. “너는 다른 아이들과 다른 것이 아니라 특별한 것이다. 지금 네가 다른 아이들보다 조금 불행하다고 생각할지는 몰라도 이것은 미래를 더 행복하게 지내기 위해 하나님이 정해 주신 것이다. 미래가 당연히 행복할 것이 보이는데 지금 이 고통도 못 버티면 너는 후회하게 될 것이다. 00야! 힘내고 자주 연락하자”라는 말에 감동했다고 한다.

학생에게 지나친 관심이 아닌 작은 관심이 오히려 학생이 수용할 수 있고 다가가기가 수월할 것이다. 사춘기 정말 힘든 시기에 생활지도는 물론 학습에 있어서도 기대를 가져 줌으로써 그 기대에 부응하려고 노력해서 목표에 도달했을 때의 성취감은 자신을 다른 각도에서 보게 되는 계기가 되고 자존감 향상에도 기여하게 되는 것이다.

그도 또한 삶의 모토, 존경하는 교사상과 같은 000 선생님의 뒷모습을 바라보며 따라가고 싶다고 말한다.

피그말리온 효과(Pygmalion Effect)란 말이 있다. 교육심리학에서 심리적 행동의 하나로 교사의 기대에 따라 학습자의 성적이 향상되거나 행동이 변화하는 것을 말한다. 교사기대 효과, 로젠탈 효과, 실험자 효과라고도 한다. 사회학에서는 자성예언(자기충족적 예언)효과, 의학계에서는 Placebo effect, 행동과학 분야에서는 Hawthorne effect, 교육평가나 교육행정 분야에서는 Halo effect라고도 한다.

옛날 키프로스에 한 조각가가 살았다. (어떤 사람은 왕이었다고도 하던데 그게 중요한 것은 아니다.) 그의 이름이 피그말리온이었다. 그는 세상의 여자들에게 아름다움을 느끼지 못했고 아무 여자도 사랑할 수 없다고 생각했다. 그래서 그는 자신이 사랑할 수 있을 만한 아름답고 사랑스런 여인을 조각하기 시작했다. 꽤 오랜 시간이 흐르고 드디어 아주 아름다운 조각품을 완성했다. 그런데 그 여인의 조각이 완성되고 나서 그는 그만 그 조각과 사랑에 빠지고 말았고 하루 종일 그 조각만을 바라보면서 하루하루를 보냈다고 한다.

그러던 어느 날 사랑의 아픔에 시달리던 피그말리온은 아프로디테 여신의 신전(神殿)을 찾아가 자신의 사랑을 이루게 해 달라고 간절한 기도를 했다고 한다. 정말 터무니없는 소원이었을 것이다. 그렇게 말도 안 되는 소원을 빌고 집으로 돌아온 피그말리온은 슬픔에 젖어서 자신이 만든 조각을 꼭 끌어안았다. 이룰 수 없는 사랑을 안타까워하며! 그런데 이상한 일이 일어났다. 항상 차디차기만 했던 조각이 오늘따라 왠지 따뜻하게 느껴졌다. 그는 너무 놀라 한걸음 뒤로 물러섰고, 잠시 후 그녀의 입술에 키스를 했다. 그러자 한 가닥 따스한 기운이 그 조각의 입술을 통해 온몸으로 스며들더니 체온이 느껴지는 것이었다.

피그말리온은 기쁨에 넘쳐 그 여인상을 꼭 끌어안았고 잠시 후에는 심장의 고동 소리가 그의 가슴에도 느껴졌다. 피그말리온은 조각이었던 그 여인과 결혼해서 행복하게 잘 살았다고 한다. 무언가를 간절히 바라면 결국 그 소망은 이루어질 수 있을 것이다.

칭찬을 많이 하면 할수록, 더 많은 기대를 하면 할수록 더욱더 잘하는 동기를 제공하는 게 심리학에서는 피그말리온 효과(Pygmalion Effect)라고 한다. 교육학에서는 이보다 더 좋은 교육방법이 없다고도 한다. 칭찬, 격려, 신뢰, 인정, 애정, 사랑, 긍정, 확신, 믿음이 있는 곳에서는 모든 것이 변화되는 놀라운 경험을 하게 되는 것을 우리는 익히 알고 있다.

필자는 학급 아이들의 성적을 향상시키기 위해서 피그말리온 효과를 잘 적용한다. 학기 초에 학생들과 만나면 먼저 학생들과 인사를 나눈 뒤 "우리 반은 항상 성적과 인성이 가장 좋은 반이였어요. 그 이유는 나도 몰라요. 선생님 반은 지금까지 항상 그랬어요. 그렇다고 여러분에게 공부하라고 스트레스를 주는 것도 아네요. 자 1년 동안 서로 열심히 노력해 봅시다." 하고 말을 한다. 대부분의 아이들은 반신반의 하는 표정이다.

학기 중에 담임으로써 자율학습 임장지도를 하게 되면 학생들보다 조금 일찍 교실에 들어가서 자리에 앉아 뭔가 조용히 연구를 한다. 학생들은 교실에 오는 대로 조용히 자기 자리에 앉아 선생님을 따라서 공부를 한다. 이렇게 얼마 안 되는 아침 시간과 오후 시간에 시간을 충분히 활용할 수 있도록 환경을 조성해 준다.

학기 초에 상담을 실시한다. 학생들과 래포형성을 하고 충분히 공감을 한다. 아니 공감하는 마음을 학생들에게 보여 준다. 1차 고사 정도가 끝나면 고사 결과의 성적에 대한 면담을 실시한다. 거기서 필자가 학생들에게 꼭 하는 말이 있다. 그것은 그 학생들에 대한 기대를 갖는 말을 한다. 예를 들면, "넌 선생님이 보기에 이 성적이 최선을 다한 것 같지는 않구나. 선생님은 네가 최소한 평균 몇 점이 나올 것으로 생각했는데…… 좀더 노력해 보자. 그리고 필요한 것 있으면 선생님에게 언제고 와서 말해라. 다 도와 줄게." 이런 식으로 점수를 학생의 점수보다 높게 말함으로써 기대를 가져 준다. 그리고 다음에 성취 수준이 높아지면, "그럴 줄 알았어. 선생님은 네가 그렇게 해낼 줄 알았어." 이런 식으로 쩌는 표정을 지으며 칭찬을 아끼지 않는다. 그러면 학생들은 더욱더 노력하는 것 같았다. 1학기 말 정도 아니면 2학기 초 정도 되면 정말로 거짓말같이 학급 학생들의 성적은 거의 모두가 향상되어 있다는 것이 눈에 띈다.

기대를 거는 말과 학생의 성취나 노력에 대한 아낌없는 칭찬 그리고 교사의 모범, 이런 상황이 결합이 되면 학생들의 성적은 향상이 되는 것을 느낄 수 있었다.

전문성을 지닌 선생님

교사가 자기 전공 교과에 대한 전문성을 지녀야 하는 것은 당연한 일인지도 모른다. 그러나 이론상 그렇고 실제로는 학생들이 평가하기에 그렇지 못한 교사들도 많은 것 같다. 특히 자기 전공교과에 대한 내용은 물론이거니와 수업을 통해서 학생들에게 잘 전달하는 기술, 아니 기술을 넘어 예술의 경지에 있는 선생님들이 있다. 이런 분들은 소위 말해서 '수업을 잘한다. 실력 있다'라는 말로 표현이 되는 것 같다.

사범대에 다니는 학생이 고등학교 때였다. 고등학교에서는 전문교과이기 때문에 2학년이 될 때 문과 이과의 계열을 선택해서 과목선택형으로 가는데 이 학생은 세계지리를 선택하게 되었다고 한다.

첫 수업시간에 000 선생님은 지도를 그리셨다. 그가 생각한 지구상에 나타난 멋진 지도가 아니라 휘갈긴 울퉁불퉁한 못생긴 세계지도였다. 그러나 여기서 중요한 것은 이 웃기기만 했던 세계지도를 그가 자연스럽게 그리게 된 것이다.

000 선생님의 수업은 몰입도가 강했다. 한 마디로 핵심과 흥미가 똘똘 뭉친 축구공 같았다. 모난데 없는 둥근 공처럼 매끄러운 수업 진행

과 축구공의 무늬처럼 하나하나 짜 맞춰지는 퍼즐 같은 수업이었다. 그는 수업이 끝나면 복습을 하곤 했는데, 솔직히 복습할 것이 없었다고 한다. 이미 수업한 내용은 그의 머릿속에 들어 있었기 때문에 한 번 보기만 해도 기억이 났다고 한다. 그는 암기력은 좋은 편이 아니었다. 그래서 수업 내용을 이해하고 기억하는데 오랜 시간이 걸린다. 그러나 이 수업만은 뭔가 달랐다. 공부한 내용을 단어 암기하는 것처럼 외우려고 하지 않아도 머릿속에 들어가 있었다.

그 이유는 선생님께서 주신 수업자료에 답이 있었다. 선생님께서는 직접 만든 수업자료를 매시간 주셨다. 그는 이 수업자료를 지금도 가지고 있고 가끔씩 본다. 세월이 지났어도 보기가 편리하고 전문적인 정보들이 담겨 있다. 그러나 이 수업자료는 선생님의 수업을 듣지 않으면 활용할 수가 없었다. 왜냐하면 빈 칸이 있었고 선생님의 보충설명이 있어야 이해가 가능했기 때문이다. 또한 학습한 부분에 대한 실전문제가 있었다. 이 문제 풀이를 통해서 한층 더 깊이 있는 공부를 할 수 있었다. 선생님께서 주신 자료와 문제는 환상의 궁합을 나타냈기 때문에 다른 보충 자료가 필요 없었다.

그가 만난 세계지리 선생님은 서울의 스타강사보다 더 잘 가르치셨고 전문성을 지니고 계셨다고 한다. 선생님의 수업을 들은 학생들은 많은 노력과 시간을 들이지 않고도 1등급을 받을 수 있었고, 그도 그 중의 한 명이었다고 한다.

그런데 더 놀라운 것은 전문성뿐만 아니라 이 선생님은 민주적이고도 유머감각이 있으신 분이라는 것이다. 선생님의 체계적인 수업 진행으로 집중을 하지 않는 학생은 없었지만 가끔은 조는 학생들이 있었다. 그 때마다 선생님께서는 사탕을 주시거나 재미있는 이야기를 해 주셨다. 이 이야기들은 아무 관련 없는 내용이 아니라 전부 학습한 내용과 관련이 되는 내용이었다. 따라서 웃으면서 들은 이야기가 공부할 때 다시 재생이 되었다. 너무 신기했다.

세계지리란 과목은 그에게 자신감을 주었고 다른 과목을 공부할 때에 동기부여가 되는 과목이었다. 중심축 반응 훈련처럼 중심축인 세계지리로 인해 다른 과목에도 부수적으로 긍정적인 영향을 미쳤다.

다른 학생들이 그랬던 것처럼 그도 선생님을 존경하고 사랑했다. 선생님의 전문성을 지닌 수업과 더불어 쾌활하고 긍정적인 성격은 그가 공부하는 데 많은 도움이 되었다고 한다. 이처럼 선생님의 성격과 전문적인 수업방식은 그에게 긍정적인 영향을 미쳤고 기억 속에서 되새김질이 되는 분이라고 한다.

대화와 소통의 방법을 이용한 멋진 수업

어떤 학생이 사범대에 들어오면서 많은 것을 배우게 되었다. 교사의 역할, 자격, 수업 방법 등 교사의 길은 생각보다 쉽지 않은 것 같다고 느낀다. 때론 이 길이 그녀가 가고 싶어하는 길이 맞나 회의가 들기도 하고 잘 할 수 있을까 하는 의구심이 들기도 한다고 한다. 이렇게 지치고 회의적인 생각이 들 때 생각하는 것만으로도 힘이 되고 그녀에게 새로운 자신감과 힘을 넣어 주는 분이 000 선생님이라고 한다.

그녀가 고등학교 때 선생님은 국어과목을 가르쳤다. 선생님 수업은 항상 부드럽고 화기애애하다. 고등학교 시절의 그녀는 학업에 있어서 자신감이 많이 부족한 아이였다. 수업시간에 자신의 생각에 대해서 발표를 하거나 선생님의 발문에 답하는 것을 무척 곤혹스러워했다. 그렇기 때문에 수업시간에는 위축되는 모습을 많이 보였었는데 유일하게 모든 과목 중에서 오직 선생님의 수업에서만 부담 갖지 않고 편안한 마음을 가질 수 있었다.

선생님은 항상 조근 조근한 말투와 부드러운 목소리로 수업을 하신다. 부드럽고 듣기 좋지만 은은한 힘이 실려 있다. 수업이 시작되면 여러 학생들에게 오늘 배울 내용에 대해서 어떤 생각이든지 편안하게 말해보라고 하신다. 학기 초에는 부담스러운 선생님의 질문에 대답하는 학생들을 찾아보기가 어려웠지만 한 명 두 명 발표할수록 자신감을 심어주셨고 학기가 지나갈수록 누구나 발표하기를 원했다. 학생들의 대답이 있으면 선생님은 항상 긍정적인 반응을 보여주셨다. 수업에서 어긋난 대답을 하는 학생에게도 긍정의 반응을 통해 수업 관련 내용으로 대화의 방향을 은연중에 바꾸어 나간다. 이렇게 작은 긍정과 공감의 반응일지라도 학생들에게는 열정을 심어줄 수 있는 큰 힘으로 작용한다. 수업은 대부분 이런 식으로 대화와 소통을 하면서 이루어졌는데, 이런 식의 수업은 서로의 생각들을 들어보고 비교해 보게 함으로써 좀 더 넓은 사고를 할 수 있게 되었고 공부에 흥미를 가지게 되었다.

아주 작은 변화였지만 이것이 그녀를 지금의 교사의 길로 이끌게 하는 큰 힘으로 작용했다고 한다. 보통의 과목들은 항상 그녀에게 지식을 강요하고 시험의 압박으로 작용했다. 홍미가 있었던 과목이라도 시험을 위한 공부는 그녀를 지치게 했고 의욕을 잃게 만들었다. 수능을 봐야 하기 때문에 어쩔 수 없는 일이라는 생각이 들었고 앞으로 달려 나가는 방법만 배운 것 같았다. 하지만 000 선생님의 수업은 그녀에게 '국어'라는 과목의 맛을 알게 해 주었다고 한다. 시험을 위한 수업이 아닌 삶의 일부를 배우는 수업이었다.

진로에 대해 고민하고 있을 때 막연히 생각했던 교사의 꿈이 다시 꿈틀거림을 느꼈다. 선생님으로부터 배운 '국어'라는 과목의 기법으로 그녀도 앞으로 수많은 아이들에게 '삶'을 가르쳐 주고 싶다고 말한다.

생활 속 사소한 배려

그녀의 생각은 초등학교 5학년에서 멈추었다. 그녀가 초등학교 5학년 재학시절 담임선생님이 가장 멋진 선생님이었던 것 같다고 한다. 이 선생님은 '배려'를 몸소 실천한 선생님이다. 그녀는 '배려'라는 요소가 좋은 선생님이 되기 위한 가장 기본적인 원천이라고 보며 자신도 후에 교사가 되었을 때 필수적으로 갖추어야 할 요소라고 생각한다. 흔히들 '좋은 선생님'하면 사랑, 관심, 애정, 포용 등을 말하지만 이 모든 것의 바탕이 배려이다. 학생의 입장에서 학생을 먼저 생각하고 배려하는 마음을 가지면 학생을 사랑하게 되고 관심이 생기는 것 또한 자연스러운 현상일 것이다. 이러한 배려의 자세를 000 선생님은 생활 속에서 실천하신 분이다.

000 선생님은 그녀의 초등학교 시절 그녀의 학교에서 몇 분 안 계신 남자 선생님이었다. 아직 결혼도 하지 않으신 노총각으로 1교시 후 쉬는 시간이면 항상 1층 도로 옆에서 담배를 피우셨다. 그녀는 당시 초등학교 5학년의 어린 아이로 담배냄새를 무척이나 싫어했다. 하지만 000 선생님은 예외였다. 담배를 피우는데도 담배냄새가 나질 않았다. 복도에서 마주치면 선생님의 왼쪽 와이셔츠 주머니에는 항상 무엇인가 들어 있는 듯 볼록하게 튀어 나와 있었다. 그 이유는 구강청결제가 들어 있었기 때문이었다. 쉬는 시간에도 교무실이 아닌 교실에서 대부분의 시간을 아이들과 함께 했던 선생님은 혹시나 아이들에게 담배냄새가 날까 염려스러웠는지 수시로 구강청결제와 섬유탈취제를 사용하였다. 물론 이 역시도 학생들 앞에서는 사용하지는 않으셨고 당시 반장이던 그녀는 선생님의 차를 타고 학급 친구 병문안을 가다가 박하냄새의 비밀을 찾은 것이다. 이러한 안 보이는 배려로 학생들은 선생님과의 대화 시간을 무척이나 즐거워했던 것으로 기억한다. 그녀 역시도 선생님을 둘러싸고 웃으면서 떠들던 학생들 중 의 한 명이었다.

000 선생님의 '배려'는 이것뿐만이 아니었다. 체육시간이 시작되기 전과 후에 학생들은 체육복을 갈아입는다. 하지만 당시 그녀의 학교는 지어진지 얼마 되지 않아 탈의실이 따로 존재하지 않았다. 따라서 여학생들은 교실의 사물함 뒤편에서 갈아입었다. 그때 선생님은 교실에 들어오실 일이 생기면 지나가는 여학생을 불러 "미안한데, 혹시 우리 반 아이들 옷 다 갈아입었는지 확인 좀 해 주겠니?" 하고 부탁하여 확인을

하신 후 교실에 들어오셨다. 매번 학생들의 시간표를 외우시고 매너 있는 행동을 실천하시면서 실수라도 하지 않으려는 노력은 그녀의 어린 나이에도 가슴에 와 닿았다고 한다.

교사가 될 그녀에게 000 선생님을 생각하는 시간은 매우 유익했다고 한다. 솔직히 당시의 선생님들의 행동을 '배려'라는 단어로 인식하지는 못하였지만, 10년이 지난 지금도 000 선생님을 잊지 않고 '좋은 선생님'으로 기억하는 것은 선생님의 노력이 배려였음을 알게 되었다고 한다. 따라서 그녀 역시도 학창시절을 기억하면서 학생의 입장이 되어 배려하고 학생들의 가슴속에 좋은 선생님으로 남는 교사가 되길 희망해 본다고 한다.

나의 선장님

세상을 살아가면서 소중한 사람들과 인연을 맺는 것은 참으로 축복받은 일이라고 생각한다. 이런 생각에서 볼 때, 그는 정말 축복받은 삶을 살고 있다고 생각한다. 초등학교 6년, 중학교 3년, 고등학교 3년. 그리고 대학시절을 경험하면서 그에게 가르침을 주셨던 수많은 선생님들을 생각해 본다. 넘치는 사랑을 받으며 지금도 그때 추억을 떠올리면 눈앞에 선한 좋은 선생님들이 정말 많다. 짧지 않은 시간이었기 때문에 당시에는 너무 좋았던, 때로는 어렵고 불편하게 생각하기도 했었던 선생님들도 있었지만 지금에 와서 생각해 보면 여러 선생님들과 함께 보냈던 그 때의 시간들이 참으로 소중하게 느껴진다.

초등학교 4학년 때 담임선생님이었고 마침 그의 반을 처음으로 맡게 된 것으로 선생님의 첫 발령지이자 동시에 첫 제자들이었다. 그때 선생님과 진솔한 상담도 자주 했으며 선생님을 믿고 따르고 의지했다. 한 번은 수학 시험을 본 후 조용히 불러서 0점이 적혀 있는 시험지를 조심스럽게 건네주셨다. 말 안 해도 안다는 인자한 표정과 함께 학생들 앞에서 완벽한 모습만 보이고 싶어했던 그에게 창피 주지 않기 위한 선생님의 배려가 진심으로 느껴졌다고 한다. 그 후로 그런 선생님께 실망스러운 모습을 보이기 싫어서 스스로 수업 시간에 남들보다 더 열심이었던 것 같다. 아무리 공부 안하고 놀기 좋아하는 행동형의 학생들일지라도 선생님의 진실 된 교감을 인지하는 순간 달라질 것이라 생각한다. 소위 문제아라 불리는 학생도 선생님이 질책하기보다는 이해와 공감의 모습으로 다가갔다. 마음이 얼어서 풀리지 않을 것만 같았던 친구들도 선생님에게 마음을 연 것을 보면 마음은 마음으로 통하는 것이지 매를 든다고 해결되는 것은 아니라고 느꼈다.

수업시간에도 권위적인 지식 전달자로서의 역할보다는 생각하는 힘을 키우게 하는데 중점을 두었다. 학생이 중심이 되어 지식이 공유되도록 보조하고 촉진자로서 역할을 하였다. 한마디로 고기를 많이 잡아주는 것보다 고기 잡는 방법을 알려 주었던 것이다. 선생님의 책임감과 유대감을 끈끈하게 느낄 수 있었다고 한다.

그렇게 6학년이 되었을 때 다시 한 번 선생님과 같은 반으로 만나게 되었다고 한다. 지금도 선생님이 하신 말씀 중에 가슴속에 영원히 자리 잡고 있는 말은 "세상은 늘 도전하는 자의 것이다."라고 말씀해 주시면서 꿈을 크게 품고 살아가라고 하셨던 그 말씀을 잊을 수가 없다고 한다.

그 당시에는 어려서 몰랐지만 그렇게 6학년 졸업을 앞두고 있었을 때 선생님께서 떠나는 그들을 위해 전부터 이별을 준비하고 있었던 것 같았다고 한다. 타임캡슐이란 단지를 만들어서 자기가 하고 싶은 말과 꿈을 넣어서 20년 후에 열어 보기로 하고 학교 뒤편 땅 속에 묻고, 제자들과 함께 한 매 순간순간을 소중하게 추억하기 위해 비디오 촬영으로 영상에 남겼다. 그것을 하나하나 정성스럽게 CD에 담아 한 명씩 나누어 주는 모습을 보면서 그는 정말 존경하는 선생님으로써 본받고 싶다고 느꼈다고 한다.

아버지 같은 선생님

요즘 우리는 매스컴을 통해서 교권이 많이 추락한 안타까운 소식을 많이 접하고 있다. 이 과정 속에서 교사와 학생의 관계는 멀어지게 되고 심지어 학생들은 교사를 존경하지 않고 무시하는 경우까지 생기게 된다. 물론 이러한 교권추락의 원인은 학생과 학부모에게도 있지만 능력과 자질을 겸비하지 못한 교사의 잘못도 있다고 본다.

그는 교권추락의 과정 속에 있는 교사들처럼 실수하지 않고 그런 사건들을 타산지석으로 삼아 어떻게 하면 학생들에게 존경받는 훌륭하고 멋진 교사가 될 수 있을까에 대해서 곰곰이 생각한다고 한다.

그의 성장에 큰 영향을 끼쳤던 선생님 한 분이 떠올랐다. 그 선생님은 그가 중학교 때 2년 연속 담임선생님이었다. 학교에서는 호랑이라고 불릴 정도로 무서운 선생님이었다. 그가 처음 중학교에 입학해 이 선생님을 만났을 때 떠들었다는 이유로 첫날부터 선생님으로부터 매찜질을 당했던 기억이 난다고 한다. 그는 처음에 담임선생님이 무서웠지만 지속적인 상담을 통해서 이 선생님이 학생들에게 관심과 애정이 많은 분임을 알 수 있었다고 한다. 거의 2주에 한 번씩은 모든 반 학생들을 상담할 정도로 학생들에게 관심이 많은 분이었다. 이 선생님은 반 학생들이 중간고사나 기말고사를 보고 나서 학생들이 전의 성적보다 오르면 서울대학교 마크가 그려진 연습장이나 선물로 적절한 보상을 충분히 해 주셨다고 한다. 그 당시 담임선생님이 내리셨던 상벌효과가 그에게는 정말 큰 도움이 되었다.

이 선생님은 유머감각이 넘치셨던 분이다. 심지어 시험기간에는 학생들에게 모두 자신의 사진을 나눠주고 그 사진을 책상 위에 놓고 잠을 잘 때마다 보면서 공부하라고 하신적도 있었다. 또 학생들이 시험 기간에 공부를 하는지 안하는지 확인하기 위해 집에 직접 전화를 하겠다고 한 적도 있다. 그런데 믿거나 말거나 그 당시 시험 기간에 담임선생님의 전화를 받은 친구도 있었다. 이처럼 그의 담임선생님은 호랑이처럼 무섭기도 하였지만 한편으로는 유머감각이 넘치고 재미있는 분이었다. 무엇보다도 인간적인 정이 넘치셨고 학생들에게 적극적인 관심과 흥미를 가지고 사랑을 바탕으로 지도하셨던 모습이 떠오른다고 한다.

담임선생님과 함께 2년을 보내면서 인상 깊었던 일 중의 하나는 시험이 끝난 주말마다 학생들과 함께 등산을 했던 기억이 난다. 같이 산을 오르고 내리면서 평소에 서로 못했던 말도 많이 하고 더욱더 친해질 수 있어서 좋았다. 등산을 마치고 나서는 학생들과 함께 목욕탕에 가서 제자들을 한 명 한 명씩 직접 등도 밀어 주시면서 아버지같이 좋은 이야기도 많이 해 주셨던 것이 기억난다. 목욕을 다 마치고 나면 학생들을 식당에 데리고 가서 자장면을 사주시곤 했던 기억이 난다.

이처럼 그의 중학교 1, 2학년 때의 담임선생님은 겉보기에는 무서운 분이셨지만 마음 속은 정말 정이 넘치고 따뜻했고 학생들을 많이 사랑하신 분이다. 교사가 학생들에게 당근과 채찍을 어떻게 하면 잘 활용할 수 있는지에 대한 본보기가 되신 분이다.

미래에 그가 현재 가슴 속에 품은 교사의 꿈을 이룬다면 그도 담임선생님처럼 학생들에게 적극적인 관심과 사랑을 가지고 학생들을 지도할 것이라고 한다. 그리고 무엇보다도 유머감각을 겸비하여 쉽고 재미있는 수업을 하는 유능한 선생님이 되겠다고 다짐한다고 한다.

스타강사가 아닌 훌륭한 경영자

요즘 우리 사회는 가면 갈수록 빠르게 변하는 학생들의 새로운 문화를 접한다. 특히 스마트폰으로 인해 아이들은 게임뿐 아니라 여러 가지 정보들을 손쉽게 접한다. 이렇게 노출된 정보들로 인해 예전처럼 순수하기보다는 조숙한 편이다. 이런 시대적 배경에서 본다면 어떤 선생님이 좋은 선생님이라고 할 수 있을까?

우리나라 교육상황을 비추어 볼 때, 좋은 교사는 훌륭한 경영자가 되어야 한다고 생각한다. 요즘 학생들 대부분은 학교보다는 인터넷 강의나 과외, 학원 등 사교육에 많이 의존한다. 보다 좋은 수업을 바라고 많은 정보를 원한다. 학교 선생님보다는 스타강사를 원하는 것이다. 학교 선생님이 실력이 없는 것일까? 아니다. 단지 수준이 다양한 아이들이 한 반에 모두 모여 있고 같은 교육과정을 따라야 하기에 학원 강사처럼 강의에만 집중할 수 없는 것이다. 표면적으로 볼 때는 학생들에게 좋은 강의만 해 주면 되는 것처럼 보인다. 하지만 학생들의 진정한 마음은 그게 아니다. 입시로 인해서 정신적으로 많이 힘들어 하고 고통을 받는다. 또 무엇을 해야 될지 몰라서 갈팡질팡하기도 한다. 전보다 아는 것도 많고 조숙하지만 여리다. 이런 학생들을 위해서 교사는 상담자, 인도자가 되어야 한다. 수업시간에 수업을 할 때는 집중적으로 수업을 하되 경험을 토대로 인생을 살아가는데 무엇이 필요한지를 조언해 주는 게 더욱 중요하다고 본다. 교사는 학생들과 허심탄회하게 말할 수 있도록 분위기를 형성해서 학생들의 진솔한 이야기를 경청하고, 공감하고 반응을 해 주며, 마음을 잡지 못하는 학생들에게 안정감을 줄 수 있어야 한다.

교사는 학생들과 친밀도를 높이기 위해 최근 트렌드도 많이 알아야 하고 학급활동을 방해하는 요인들에 대해서 통제력을 갖춘 카리스마도 가져야 한다. 또한 학생들이 어떤 유형의 학생인지 개개인의 성향을 잘 파악하고 그에 맞춰 지도해야 한다. 상담기술, 카리스마, 최신 트렌드, 유머감각 등 교사는 갖춰야 할 자질들이 많다. 그만큼 교사는 학생들을 진정으로 이끌고 관리하기 위하여 스스로가 멀티플레이어가 되어야 한다.

좋은 선생님이란 학교에서 학습내용을 잘 전달하는 것은 말할 것도 없고 변화하는 사회상에 맞추어 다양한 학생들의 특성을 이해하고 끊임없이 노력하고, 지금 그가 바라고 추구하는 교사상에 맞는 선생님이 되도록 노력해야겠다고 한다.

그는 친구들 사이에서 언제나 좋은 담임선생님을 만나는 아이로 통했다. 학교생활에서 많은 시간 이야기를 나누고 대면하는 담임선생님들께서 교사란 직업의 좋은 본보기가 되었기 때문이다. 특히 그가 꿈을 이루기 위해 가장 많은 도움을 받은 선생님은 고등학교 1학년 때의 담임선생님이다. 고등학생이 되고 첫 상담을 하면서 선생님과의 거리가 좁혀졌다. 그리고 진로에 대한 확신을 갖는 든든한 발판을 만들 수 있었다.

최근 졸업한 지 꽤 많은 시간이 지나서 모교에 찾아가 뵙게 된 선생님은 그 당시 그가 어떤 고민을 하고 있었는지부터 시작해서 누구와 친했는지까지 전부 기억하고 계셨다. 이런 선생님의 학생에 대한 관심과 이해야말로 좋은 선생님의 기본이면서도 가장 중요한 덕목이라는 것을 그 스스로가 학생의 입장에서 느끼면서, 지금도 그 안에서 훗날 선생님이 되었을 때의 롤 모델로 자리하고 있다고 한다.

칭찬과 격려를 잘 하신 선생님

고등학교 졸업 후 가끔씩 받는 질문 중의 하나는 '너한테 은사가 있니?' 라는 질문이다. 그럴 때마다 항상 '당연하지!' 라고 말한다. 그녀에게는 초등학교 4학년 때 담임선생님이 계시기 때문이다.

초등학교를 졸업한지도 많은 시간이 지났는데 지금까지도 그녀의 마음 속에 소중하게 자리하고 계시는 은사님을 회상하니 웃음이 나기도 하고 한편으론 가슴이 아리아리하다. 10여 년 전의 선생님에 대한 기억을 잊지 않은 것을 보면 그녀를 길러 주신 진정한 은사님임을 확신한다.

어린 시절 그녀는 내성적이고 자신감이 없었다. 초등학교 저학년 때는 랜덤으로 시키는 발표가 두려워서 앞에 앉은 친구의 등 뒤로 숨으려고 애쓰던 그녀였다. 하지만 지금의 그녀는 다른 사람 앞에서 자신 있게 의견을 말할 수 있다. 이렇게 변하기까지 가장 도움을 많이 주신 분은 바로 000 선생님이다.

3월 2일에 처음 만나게 된 선생님은 디지털 카메라로 학생 개개인의 사진을 찍어 주셨고 그 사진 밑에 각자의 다짐을 써서 코팅을 해서 나누어 주셨다. 그녀의 다짐은 '발표를 잘하자'였다. 지금 와서 생각해 보니 아침마다 냉장고에 붙어 있는 그 사진을 보면서 다짐하던 모습이 떠오른다. 000 선생님을 만나기 전에는 다른 선생님들은 수업시간에 하는 발표를 너무 당연하게 생각했다. 두근거리는 심장을 견뎌가며 발표를 해도 어떠한 칭찬과 피드백도 받지 못했기 때문에 발표는 여전히 두려운 존재였는지도 모른다. 하지만 000 선생님은 아주 사소한 것을 발표하더라도 아낌없는 칭찬을 해 주셨다. '00아, 오늘 발표 참 잘했어. 이렇게 발표를 하니까 얼마나 예쁘니?'라는 말은 4학년 때의 일기장에 적혀 있는 문구이다. 학생을 사랑하고 존중해 주는 모습을 보면서 또 아낌없는 칭찬과 격려를 해 주신 000 선생님은 바람직한 교사이심이 틀림없다고 생각한다.

학생의 장점을 최대한 살려 주고 학생 자신이 무엇을 잘하는지 깨닫게 해 주는 교사 또한 참된 교사이다. 어렸을 때부터 그림을 그리고 꾸미는 것을 좋아했는데 그것이 그녀가 가지고 있는 큰 장점인줄 몰랐다. 방학숙제로 제출한 가족신문과 체험학습 보고서를 보시고 군에서 열리는 보고서 쓰기대회에 나갈 것을 권하셨다. 결과가 좋아서 도 대회에서 최우수상을 받게 되었다. 평소에 자신감이 없던 그녀에게 이 상은 정말 큰 자신감을 갖게 해 주었고 자기가 진정으로 좋아하는 일이 무엇인지를 깨닫게 해 주었다. 학생의 사소한 부분 하나 하나까지 관심을 가져 주시면서 잠재적인 능력이 발휘될 수 있도록 도움을 주신 선생님의 배려에 다시 한 번 감동을 느낀다고 한다.

어느 날은 점심시간 전에 청소를 했는데 밥을 빨리 먹고 싶은 마음에 자신도 모르게 들고 있던 빗자루를 다른 친구에게 주고 급식실로 뛰어갔다. 그러한 그녀의 잘못된 행동에 000 선생님은 반 학생들 전체를 교실로 다시 부르셨고 그녀의 행동에 따끔하게 혼을 내셨다. 그날 일기에 '선생님은 나를 많이 싫어하시는 것 같다'라고 적었는데 그 다음 날 선생님께서는 '00이를 사랑해서 그런 거야'라고 적어 주셨다. 그것을 보는 순간 선생님을 미워했던 마음은 눈 녹듯이 사라졌고 그 친구에게 가서 진심으로 사과했다. 만약 그 상황에서 그녀의 바람직하지 못한 행동을 바르게 잡아 주지 않았더라면 그녀는 잘못된 삶을 살고 있을지도 모른다. 성숙하지 못한 생각을 가지고 잘못된 행동을 한 그녀를 바로잡아

주심에 감사드린다고 한다.

000 선생님처럼 학생을 아껴 주고 존중해 주며 칭찬해 주고 꿈을 심어 주고, 학생을 올바른 길로 인도하는 참된 교사가 되기 위해, 또 화살같이 빠르게 날아가는 시간 속에서도 그녀의 가르침을 소중하게 생각해 줄 제자가 있기를 기대하며 참된 교사가 되기 위해 최선을 다 할 것이라고 한다.

사랑과 관심으로 이끌어 주신 선생님

그가 지금껏 만났던 선생님들 중 가장 기억에 남는 선생님은 중학교 2학년 때의 담임선생님이라고 한다. 비록 그분은 영화 '죽은 시인의 사회'에 나오는 키팅 선생님처럼 유별나고 특별했던 선생님은 아니지만 어린 그의 마음에 언제나 포근한 웃음을 주는 자상하고 따뜻한 선생님으로 남아 있다. 그는 학창시절 아버지의 직업상 전학을 자주 다녔는데 중학교 때도 전학을 하게 되었다고 한다. 내성적이어서 어색해하는 그를 선생님은 전학 온 학생들끼리 집에도 같이 가게 하는 등 여러 가지로 배려를 해 주셨다.

선생님은 훌륭한 성품으로 철없고 질풍노도의 시기였던 그의 반 학생들에게 많은 영향을 끼쳤다고 한다. 선생님의 특별했던 학급경영 방식으로 기억되는 점은 바로 학생들의 생일 챙겨주기였다. 선생님은 학급 학생들의 생일을 매달 직접 챙겨 주셨다고 한다. 말하자면 종례시간에 모월이 생일인 학생들을 모두 호명해서 학급 전체가 다 같이 생일 축하를 해 주도록 하는 당시 그의 반만의 특별한 문화를 만들어 주셨다고 한다.

사실 대부분의 생일은 자신이 친한 아이들만 파티에 초대하기 때문에 친하지 않은 아이들은 누구의 생일에도 초대받지 못하고 소외를 받는 경우가 많았다. 하지만 선생님께서 만드신 생일파티에서는 어느 누구도 소외받는 학생이 없었다고 한다. 이는 학생들 사이에 차별이 없는 동시에 서로를 축하해줄 수 있는 심성까지도 길러줄 수 있는 좋은 방법이 되었다. 또 한 가지의 중요한 점은 선생님께서 학생들 개개인에게 직접 생일 편지를 써서 나누어 주셨던 것이다. 그 편지 속에는 평소에 선생님께서 학생들을 관찰하고 느꼈던 감정과 더불어 선생님의 진심이 담긴 내용이었다. 사실 학생들에게 일일이 편지를 쓰는 것이 쉬운 일이 아니다. 비록 몇 줄의 짧은 글이지만 선생님께서는 한명 한명에게 정성을 들여 축하의 편지를 써 주셨고 그들은 그 속에서 선생님의 관심과 사랑을 느낄 수 있었다고 한다. 이러한 사소한 것들이 지금 그들에게 많은 영향을 끼치는 것 같다고 말한다.

그의 인생에서 000 선생님과 같이 훌륭한 선생님들이 있기에 현재 그가 교사의 꿈을 키울 수 있는 게 아닌가 생각해 본다고 한다. 이러한 모습들을 본보기로 그가 교단에 설 때에는 학생들의 기억에 남을 수 있는 교사가 되도록 노력할 것이라고 한다.

교사는 자신의 전공 분야에 대해서는 타의 추종을 불허할 만큼의 전문성을 갖추어야 한다고 생각한다. 또한 학생을 한 인격체로 존중해 줘야 하며 교사라는 직업은 단지 돈을 벌기 위한 수단이 아닌 사소한 행동 하나하나에서도 학생의 인생을 변화시킬 수 있다는 생각을 가지고 사명감 있게 교직을 수행해야 한다. 좋은 교사는 본인의 기본 마음가짐에서 출발한다고 본다.

숨어 있는 학생까지 이끌어 주신 선생님

그는 학창시절에 낯가림이 심하고 소극적인 성격 탓에 친한 친구들 몇 명하고만 친하게 지내는 학생이었다. 선생님들하고도 친밀한 관계를 유지하지 못했으며, 학교 수업이나 공부에 대해 뚜렷한 목표의식도 없었다. 때문에 한 번도 선생님들과 진지한 이야기도 나눠 본 적 없고 조용하고 눈에 띄지 않는 학생이었다.

그가 중학교 때 일본어에 관심을 갖기 시작했는데 점차 흥미가 많아지면서 가장 좋아하는 과목이 된 것이다. 다른 과목은 집중이 잘 안 되고 오로지 일본어만 열심히 공부하기 시작했다.

그 후 고등학교에 입학했다. 고등학교에서 1학년 때부터 야간 자율학습을 하기 시작했다. 야간 자율학습 때나 수업시간에 다른 과목 공부는 잘 안 하고 일본어를 주로 공부했는데 이를 별로 좋게 보지 않은 선생님들은 그의 수업태도가 좋지 않다고 담임선생님께 말을 했다. 평소 말수가 적었던 그였기에 선생님도 크게 신경을 안 썼다. 그러던 어느 날 담임선생님과 처음으로 긴 대화를 나눴다.

선생님은 그가 처음으로 좋아하게 된 과목에 대하여 칭찬을 하시며 그의 이야기에 귀를 기울여 주셨다. 하고 싶어하는 공부를 막고 싶지 않으시다는 선생님은 발전하는 모습을 보고 싶다고 기대를 해 주셨다. 선생님과 약속을 했다. 일본어 자격증 취득과 다른 과목의 공부도 병행해서 해나갈 것 등이었다. 한 가지만 하기에는 다소 무리가 따른다고 하시고는 다른 과목과 병행해서 공부를 하면 좀 더 시너지 효과가 있을 것이라는 것이었다. 그래서 그는 선생님과 약속을 하고 3년 동안 1년에 한 번씩 자격증을 취득하고 결과를 보여드렸다. 선생님께서는 그에게 자신 있게 할 수 있는 것을 더 믿어주셨다. 일본어 경시대회나 대학 특기자 전형 등을 소개해 주셨다.

소극적이고 무기력하게 보냈을 학창시절, 학생의 말을 주의 깊게 들어 주시고 같이 고민해 주는 단지 그때 뿐이 아니라 꾸준히 학생을 관찰하며 진보를 응원해 주셨다. 선생님은 다른 학생들 앞에서도 그의 칭찬을 아끼지 않으셨다. 우월한 것 하나 없다고 생각하고 항상 의기소침했던 그가 자신 있게 반 친구들 앞에서 제2외국어를 발표하게 되고 덕분에 친구들도 그의 성격에 대해서 오해했던 게 풀리게 되고 다가오게 되었다고 한다.

숨어 있던 학생까지도 발견해서 칭찬과 격려를 해 주셨는데, 그 덕에 그는 서서히 활발하고 자신 있는 성격으로 바뀌게 되었다. 고등학교 이후로 오늘까지도 선생님의 칭찬과 격려 덕분에 그는 활발하게 생활하는 학생이 되었다고 한다. 교사가 진심으로 나타나지 않는 학생들에게 먼저 다가가고 소통을 한다면 학생들도 그 선생님을 믿고 따르고 의지하게 되는 것 같다.

꿈을 갖도록 도와주신 선생님

그가 생각하는 바람직한 교사상은 책에 나온 것들과는 다소 다르다. 책에는 해당 전공 분야에 대한 전문적 능력을 갖춘 사람, 투철한 교육관과 사명감을 가진 사람, 수업에 대한 긍지와 보람을 느끼는 사람, 순수한 교육애를 가진 사람 등등 여러 종류의 바람직한 교사상들이 열거되어 있다. 하지만 그는 위에 열거한 것들도 중요하지만 무엇보다도 바람직한 교사상은 학생들을 항상 믿어야 하며, 학생들을 차별해서는 안 되며, 학생들과 공감을 해야 한다고 생각한다.

친구들과 어울려 놀기 좋아했던 그는 중학교 3학년이 되어 고등학교를 가야 될 시기에 성적이 너무 안 좋았다. 선생님께서 이 성적으로는 인문계에 가는 것은 무리이니 특성화고 쪽으로 권유를 하셨지만 그는 부모님이 무조건 인문계를 가라고 해서 안 될 각오를 하고 인문계에 원서를 넣었다.

그가 진학한 인문계 고등학교는 공부를 할 수 있는 분위기가 조성되지 못한 학교였다. 학생들은 물론 선생님들 대부분이 공부에 대한 열의가 없었고, 시간 때우기 식이 대부분이었다. 이 학교에서는 공부를 할 만한 학생들과 그렇지 못한 학생들로 반을 나누어서 수업을 한다. 한마디로 차별을 한다. 공부를 좀 하는 반은 모든 선생님들이 무시도 하지 않고 수업도 성심성의껏 한다. 하지만 대학 진학에 관심이 없었던 학생들이 모인 반은 수업은커녕 매시간마다 체육시간을 주거나 자율학습을 하도록 하는 게 일반적이었다. 그렇게 그는 공부에 열의도 없는 상태에서 대학진학이라는 것을 포기한 채 2년이라는 시간이 흘러버렸다.

집에서는 그를 대학에 보내기 위해서 고액과외를 시켜 주었다. 하지만 공부에 열의가 없는 상태에서 받는 과외는 시간 때우기 식으로 수업을 받았다. 그렇게 2년이 흐르고 3학년이 되었다. 2년을 미친 듯이 놀다보니 그는 도대체 무엇 때문에 고등학교에 다녀야 하는지 의구심이 들었다. 또한 과외를 받아도 오르지 않는 성적에 부모님은 실망을 하셨다. 3학년 담임선생님과 처음 만났고 면담을 하게 되었다. 선생님께서 그에게 꿈이 뭐냐고 물으셨고 그는 대답하지 못했다.

고등학교 2학년이 지날 때까지도 구체적인 꿈이 없었다. 그냥 돈을 많이 벌고 싶다는 막연한 생각 뿐이었다. 선생님께서 크게 야단을 치실 줄 알았지만 "나도 네 나이 때엔 꿈이란 게 없었었단다." 하셨다. 그처럼 노는 것을 좋아하셨고 공부하는 것을 지겨워했었다고 말했다. 그래서 그는 물었다. "선생님도 저처럼 공부 안하던 때가 있으셨어요?" 라고. 선생님께서는 "당연히 나도 사람인데 네가 지나온 생활을 이미 나는 수십 년 전에 느껴 보았단다."하고 말씀하셨다. 그 나이 때는 꿈만 가지면 못할 게 없다고 말해 주셨다. 젊기에 마음만 단단히 먹고 노력을 한다면 본인이 원하는 모든 것을 다 이룰 수 있을 것이라고 말해 주셨다. 그러면서 담임선생님께서 자신의 얘기를 해 주셨다.

선생님은 꿈이 교사였지만 집안 형평이 좋지 못해서 대학에 갈 형편이 되지 않아 막노동을 하셨다고 했다. 그렇게 번 돈으로 사업을 하셨다고 했다. 첫 사업에 망해서 선생님 부인과 아이들을 처가에 보내 놓고 선생님 혼자서 3, 4년을 막노동을 해서 번 돈으로 다시 사업을 하셨다고 했다. 이미 바닥까지 내려가 봤던 사람으로서 전혀 두려울 게 없었다고 했다. 그렇게 열심히 일을 해서 두 번째 사업에서는 크게 흥하셨다고 했다. 그렇게 번 돈으로 집도 사고 그 사업을 같이 했던 사람에게 대표이사 자리를 넘겨 주고 선생님은 대학에 진학했다는 것이다. 그때 나이가 34세였다고 했다. 34세에 대학에 진학해서 현재의 선생님이 되었다고 했다.

그 선생님이 그에게 이런 말씀을 하셨다. 선생님은 고등학교 때 공부를 하고 싶어도 가정 형편 때문에 손수 돈을 벌어가며 공부를 했지만, 그는 선생님과정반대의 삶을 살고 있지 않느냐고 말해 주셨다. 그러면서 그는 해낼 수 있을 것이라고 믿는다고 하셨단다.

고등학교에 진학해서 선생님으로부터 이렇게 따뜻한 격려를 받아본 것이 처음이었으며, 담임선생님께 잘 보이고 싶어서 선생님 담당 과목을 가장 열심히 공부해서 중간고사, 기말고사에서 만점을 받았다고 했다. 그렇게 생활해서 자신감을 얻어 대학에 진학할 수 있었다고 했다. 만약 고등학교 3학년 때 이 담임선생님을 만나지 못했더라면 그는 아마 현재의 자기가 없었을 것이라고 했다.

이렇듯 그가 생각하는 바람직한 교사상은 학생들 입장에서 생각을 해 주며 공감을 해 주면 학생들도 선생님께서 진심으로 걱정을 해 주고 챙긴다는 것을 느끼게 될 것이고, 또한 할 수 있다는 믿음을 가지고 응원을 해 준다면 그 기대에 부응하기 위해 열심히 할 것이라는 생각을 해 본다고 한다.

목적 있는 삶을 살게 한 선생님

지나친 입시경쟁, 높은 성취만이 의미를 가지며 교육이 수단화되어 버린 채 외재적 목적에만 치중되어 있다면서 언론 매체에서는 연일 교육의 문제점들을 집중 조명하여 보도하고 있다. 물론, 이러한 일들이 일어난다는 것을 부정하지는 않는다. 하지만 자극적인 내용들만이 살아남는 언론의 보도 상황에서 이러한 성급한 일반화의 보도는 참교육을 실천하며 묵묵히 교단에서 일하는 전국의 선생님들에게 커다란 무기력만을 주지는 않을까? 이러기에 개인적인 경험을 이야기하며 선생님들에게 다시 한 번 파이팅을 말해 주고 싶다고 한다.

몇 년 전 대한민국의 거의 모든 학생들이 그러하듯이 인생의 갈림길에서 선택을 해야 하는 고3 생활의 시작이었다. 오후 4시 30분에 정규수업이 끝나고, 6시 30분 까지 보충수업을 들은 후, 다시 7시 30분부터 11시까지 자율학습을 해야 하는 빡빡한 일정 속에서 그의 꿈을 좇을 수 있었던 선생님을 만나게 된다. 대게 고3 학생들은 3월 전국 모의고사가 치러지면 담임고사와 면담을 하기 된다. 면담에서 "넌 꿈이 뭐냐?" 라는 질문에 "역사 선생님이에요"라는 대답을 한 후, 돌아온 선생님의 말은 " 네 성적은 현실적으로 어려울 것 같다. 사범대는 많이 힘들 것 같다. 내가 네 꿈을 위해 뭘 도와줄 수 있을까?" 였다. 교사라는 꿈을 너무도 이루고 싶었던 19세의 당돌함이었을까? 선생님의 말끝에 "역사교사가 꼭 되어야 합니다. 자율학습 분위기가 너무 시끄럽습니다. 그 시간에 독서실에서 혼자서 공부할 수 있게 허락을 해 주세요." 라는 당돌한 부탁을 하게 되었고, 전교생 모두가 특별한 사정이 있지 않는 한, 야간 자율학습을 강제적으로 해야 하는 학교의 방침 상 그의 부탁은 그 하나를 허락한다면, 빠지고 싶어하는 다른 아이들 또한 허락해 줘야 하는 선생님의 입장에서 곤란한 부탁이었다.

하지만, 예상 외로 "입학 성적은 좋은데 공부를 안했구나. 그렇게 하고 싶다면, 한번 해 보라. 대신에 다음 4월 모의고사에서 3월 모의고사보다 성적이 떨어진다면, 다시 야자에 들어오고, 한 달 동안 주번을 해야 한다." 라는 말에 "네, 선생님" 하고 나온 다음 날부터는 독서실에서 공부를 시작했다고 한다. 이후, 평일 내내 새벽까지 공부를 하고 주말까지도 공부를 한 덕인지 한 차례도 성적이 내려가지 않고 계속 올라가게 되었고, 이후 그는 장학금까지 받으며 대학 역사교육학과에 진학가게 되었다고 한다.

매달, 모의고사 후 담임선생님과의 개인 면담에서 선생님의 말은 단 한 가지였다. "믿었다. 다음 모의고사에서는 점수를 더 올려서 선생님이 다른 선생님 앞에서 목에 힘 좀 주고 다녀 보자." 이 한 마디였다고 한다. 이 말 한 마디가 혼자 독서실에 앉아 공부를 하던 아이에게 길다면 긴 8개원간의 입시 준비에서 든든한 지원군이 되어 나름대로 성공적인 끝맺음을 하게 해 준 것이다.

고등학교를 졸업하고 몇 년 후에 스승의 날 모교를 방문했다. 그리고 고3 때 담임선생님을 만나서 여쭤 보았다. "선생님, 그 때 왜 제 부탁을 들어 주신 거예요?" 라는 이 질문에 선생님은 "넌 할 수 있을 거 같더라. 하고자 하는 사람한테 내가 해 줄 수 있는 건 옆에서 격려해 주고 칭찬해 주는 것이 교사로서의 역할이지 않을까? 이미 다 큰 녀석들을 강압적으로 누르려고만 한다면, 오히려 반항 심리에 더 안할 것 같더라고……." 이 간단한 대답에 "난 과연 어떤 교사가 되어야 할까?" 라는 고민을 가지고 있던 그에게 해결의 실마리를 주었다고 한다.

지금의 그는 교사가 되기 위한 임용시험을 앞두고 있다. 대학에서 교직 과목을 들을 때면 교육학 교수님들은 첫 시간에 "교육이 무엇입니까?" 라는 질문을 꼭 하신다. 교육에 대한 정의는 사람들마다 학자들마다 다양한 답이 나올 것이다. 전인적 변화, 사회화 등을 위한 인간 행동의 계획적인 변화란 말이 꼭 나온다. 이렇듯 교육의 정의가 다양하다면, 그가 스스로 경험하고 옳다고 생각하는 교육이란 학습자의 잠재 가능성을 밖으로 끌어 내어 최대한 발현시켜 주는 것……. 이를 위해서 교사가 우선적으로 해야 할 일은, 학생들이 진정 이루고자 하는 목표를 향해서 달려 나갈 수 있는 힘이 바로 칭찬이지 않을까? 물론, 뛰어난 학습지도 실력도 가지고 있어야 하겠지만. 교사에게 있어서 학습지도 기술, 교육자로서의 품성, 사무관리 등 모두 중요하다. 그 무엇보다도 중요한 건 학생들과의 관계 속에서 공감해 줄 수 있고, 편견 없이 아이들을 수용해 주며 진정성 있는 말 한 마디 건넴으로써 아이들 스스로 목표를 향해서 숨겨져 있던 가능성을 발현해 내는 환경을 조성해 주는 것, 그것이 진정한 교육이지 않을까?

잠재적 교육과정 하에서 꼭 사회적으로 높은 성취만을 내는 사람들은 아니지만, 각자의 목표를 향해 달려 나가는 인간을 만들어 내는 교육을 실천하고 있는 선생님들이 전국 각지에 자리하고 있는 이 사회에서 교육은 아직까지 '안녕하다'라고 그는 생각한다고 한다.

교단 별곡

05

1. 저마다 훌륭하다

새 학기가 되면 H 교사는 마음이 설렌다.

올해는 어떤 아이들과 한 해를 보낼 것인가를 생각하면서 흥분한다.

왜 그럴까?

그건 해마다 박사님들만 가르치기 때문이다.

"철수는 매일 일기를 재미있게 잘 쓰고, 민주는 총알 날아가듯 빨리 달리고, 성민이는 박사님처럼 아는 것이 많고……. 아이들 모두는 저마다 훌륭하다."

선생님이 예쁜 꽃 이름을 불러주듯이 달리기 박사님! 만물박사님! 제각기 잘하는 분야를 넣어 박사님이라고 부른다. 오늘도 H 교사는 일기를 잘 쓰는 철수에게 "일기박사님!"이라고 부르자 철수의 얼굴에서는 만족스러운 미소가 흐른다. 타고 난 저마다의 소질을 더 잘 할 수 있도록 반질반질 기름칠을 해 주는 선생님이 있기에 교사와 학생 사이에는 평화의 강이 흐른다. 아마도 못하는 것을 꼬집어 혼을 내면 주눅이 들어 의기소침할 수 있을 텐데…….

놀랍게도 반 아이들 모두가 박사님들이다.

H 교사는 학창시절에 음악점수는 최고, 수학점수는 꼴찌였다. 학생으로 살아남을 수 있었던 소중한 음악교과였다. 그 시절, 눈꺼풀이 풀리고 졸음이 어김없이 찾아오는 5교시에 친구들에게 잠깨는 약처럼 노래를 불러 주던 학급가수 H 교사는 저마다의 좋은 점을 인정할 줄 아는 교사로 성장하였다.

다시 들어도 참 좋은 말,

'저마다 훌륭하다!'

2. 눈앞의 한 계단

시골 학교에서 근무하던 시절에 30여 명 전교생에게 첫해에는 리코오더를 그 다음 연도에는 오카리나를 가르쳤다. 그 중에서 3학년 남자아이 한 명이 유독 진도를 따라오지 못하였다. 연습곡 1번에서부터 느릿느릿 거북이걸음 같고 소리는 삑백, 운지는 제멋대로……. 또래 도우미를 옆에 두고 도와주도록 하였으나 여전히 음이 정확하지 않은 기괴한 소리가 참 독특하기만 하였다.

어느 날, 왼손 운지 연습곡 8마디 곡인 '비행기' 노래를 하루에 2마디씩만 연주하도록 가르쳤다. '미레도레 미미미' 여기까지 통과하면 스티커를 하나 붙여 주고 활짝 웃으며 "합격!" 이라고 크게 소리를 높여 외쳤다. 그 다음 날에는 '레레레 미미미' 오늘은 여기까지…….

"합격!" 날마다 2마디씩 "합격!" 외치는 선생님도 스티커를 받고 돌아가는 그 아이도 즐거웠다.

2마디 연습이 시작된 지 4일째 되는 날, 처음부터 마지막까지 한 곡을 모두 연주하였다. 그 첫 곡은 8마디로 이루어진 바로 '비행기!' ♬~

전교생에게서 박수받고 선생님에게선 칭찬을 듣고, 이제는 나도 한 곡은 연주 잘한다는 야심 찬 얼굴…….

'좋아, 00야! 저 멀리 꼭대기를 바라볼 필요 없어.

넌 바로 눈앞의 한 계단을 오르면 되는 거야!

그러면 어느 새 꼭대기까지 올라서서 야호, 소리칠 수 있어.'

그 후로 '눈앞의 한 계단' 교육법은 그 아이와 비슷한 상황에서 잘 통했다. 작은 목표의 거듭되는 성공이 주는 기쁨과 보람을 아는가? 앉아 있는 아이를 일어서게 하고 걷게 하고 달리게 하는 힘이 되는 '눈앞의 한 계단' 실천해 보면 참 좋다!

3. 일이 즐겁다!

아침 8시,

내 자동차가 교문을 통과하는 시간이다. 사랑어린이 교사와 눈인사로 마주하고 향기로운 꽃이 만발한 목서를 지나면 태극마크가 선명한 학교 건물과 기분 좋게 만난다.

'언제보아도 학교 건물이 참 예뻐, 내 맘에 쏙 들어!'

빨간 벽돌 위에 커다란 태극무늬가 출근하는 나를 반겨 주는 아침,

제일 먼저 내 가방 속에 들어있는 연한 하늘색의 업무 수첩을 꺼내 본다. 그 수첩은 건망증의 도우미, 소중한 친구 같은 물건인지라 수첩 겉장에 내 명함을 투명 테이프로 꼼꼼하게 붙여 놓았다. 내 머리에 담아 있는 기억을 또 하나 기록해 둔 보조 장치라고나 할까. 이제 우선순위대로 내가 할 일은 진행형이 되어 행진하기 시작한다. 교실에서 아이들 수준으로 재잘거리고 서로 부대끼면 어느덧 해가 높아지고 아이들이 썰물처럼 빠져 나가 고요한 시간이 되면 또 다시 업무 수첩은 나의 친구처럼 가까이서 나를 돕기 시작한다. 작은 글씨가 깨알처럼 쓰여 있는 날은 일상의 기쁨이 더 크다. 하루는 24시간이지만 날마다의 가치의 무게는 다르기 때문이다.

"나는 일이 즐겁다. 지금 내가 하는 일이 너~무 좋다."

교무실 스피커를 통해 울려 퍼지는 퇴근 멜로디가 시간을 알려 준다.

'어, 벌써 5시가 되었네.'

일단 하던 일을 멈추고 창밖을 바라보면서 양팔을 높이 뻗고 기지개를 쭉! 펴 본다.

'아, 시원해!'

업무 수첩에 적어 놓은 일들의 리스트를 보고 마무리된 일은 줄을 길게 그어서 표시하고 미처 끝내지 못한 일은 다음 날짜에 다시 기록하여 둔다.

그리고 토익 유명강사 김대균의 마무리 멘트를 스스로에게 유쾌하게 날려 본다.

'오늘은 여기까지…….'

4. 늦은 가을이 되어야 풍성한 수확

톡 터져 나온 주먹 알밤,
가지마다 휘어지게 열린 노오란 홍시,
황금 물결의 넓은 들판.
구름 한 점 없는 푸른 가을 하늘,
여리지만 아름답게 흔들거리는 코스모스…….
아, 가을이 되면 풍성한 수확을 할 수 있어 너무~ 좋다.

교사가 한 해의 열매를 거두는 시기는 언제일까?

2학기 종합학습 발표회가 열리는 그때쯤이라고 해야 하는지 아니면 2월 생활통지표를 각 가정에 보내주는 때라고 말해야 할지 정말 애매하다.

3월에 농부가 씨앗을 뿌리듯 학급 경영 계획을 내놓고 여름방학이 지나 가을이 되어 낙엽 흩어지고 겨울이 되어 얼음이 얼면 이제 곧 학급 아이들과 헤어져야 할 시간이 다가옴을 체감한다.

지금은 10월 21일,

올해 내 열매가 되어준 명준(가명)이가 있어 참 감사하다. 교과서도 펴지 않은 채로 책상에 멍하게 앉아 있고 숙제는 해 올 생각이 전혀 없으며 아침 독서 활동시간에는 빈 책상에 낙서만 해 대던 아이, 명준이만을 위한 학습지를 제작하여 가정으로 보냈다. 내 도장 꾹! 찍고 엄마 도장 받아오라는 당부를 했다. 3줄 일기장을 쓰기로 약속했다. 첫 번째 줄은 명준이의 글, 둘째 줄은 선생님의 글, 셋째 줄은 엄마의 글로 채웠다. 명준이는 그 일기장을 소중하게 여겼다.

그러던 2학기 어느 날, 명준이가 엄마에게

"엄마, 우리 선생님 나 수학 가르치시다가 쓰러지시겠어. 보약이라도 드셔야 하는데……." 라며 걱정을 하더란다.

"명준아, 수업시간에 열심히 잘 따라해 주는 것이 보약이란다."

'어쩜, 그런 말을 하다니…….'

교사는 이 맛에 산다!

느낌 아세요?

5. 오답 노트

"오늘 숙제는 수학시간에 풀었던 학습지의 틀린 문제를 오답 노트에 정리해 오는 거야. 왜 틀렸는지 다시 잘 풀어 보도록 해요."

수학시간에 틀린 문제는 오답카드 또는 오답 노트에 다시 풀어 보도록 하여 틀린 문제를 되짚어 보게 한다. 그리고 오답카드와 오답 노트는 수학 도우미들과 함께 점검해 보도록 또래 협력학습을 실시한다.

이때 활약하는 수학 도우미들은 학기 초에 수학 성적이 우수한 학생 5-6명 미리 뽑아 놓는다. 작은 별 모양의 도우미 스티커로 보상하면서 친구들의 수학문제를 돕도록 하는데 그 효과는 대단하다.

교사가 잘 관찰해 보면 우선 자기네들이 쉽게 소통하는 언어를 사용하여 도와주는 모습을 볼 수 있다. 도움을 받는 학생은 생각보다 쉽게 배우고 도와주는 학생은 친구에게 그 문제의 유형에 관하여 설명해 주면서 탄탄한 수학 실력이 쌓인다.

교사는 모둠을 조직해 주고 도우미를 관리하면서 성적이 상, 중 그룹의 학생을 해결하고 하 그룹인 학생들, 즉 도우미로 해결이 안 되는 학생 몇 명을 가정학습과 연계하여 지도하게 되면 학생들 수학성적의 Gap을 많이 좁힐 수 있다.

사실, 교사인 내게 매년 사용하는 작은 교단 수첩은 수학의 오답 노트와도 같다. 작고 큰 실수들, 다시는 그렇게 말하거나 행동하고 싶지 않은 일들을 기록해 놓는다. '내가 왜 그렇게 했을까?' 잊지 말고 실수를 되풀이하지 말자고 적어 보는 것이다. 왜 틀렸는지 다시 짚어 보는 수학의 오답 노트처럼 나를 고쳐 나가는 시간은 참 귀하고 소중하다. 나는 시간이 갈수록 지금보다 더 좋아질 것이다. 그것이 나에게 희망의 노래가 되어 실수가 많아 진짜 별로인 자신의 모습에 기죽지 않고 오늘도 감사하며 기뻐하며 살게 해 준다.

수학 오답 노트를 만들어 다시 풀어 보면

수학 실력이 좋아지고

인생의 오답 노트를 만들어 기록하면
나의 삶이 갈수록 나아진다.

6. 합창제자

교육청에 출장을 가서 초등교육과에 들렀더니 젊은 아가씨가 반가운 얼굴로 다가왔다. 내 앞에 서더니 인사를 꾸벅한다. 일단 고개를 숙여 인사에 답하고 얼굴을 바라보자 "꽃 잔치 벌렸네, 꽃 잔치 벌렸네~" 노래 한 대목을 부른다. 순간, 웃음이 픽! 하고 터졌다.

1998년이었던가?

합창경연대회를 나가기 위해 맹렬히 연습을 거듭하던 그 노래를 부르는 합창 제자를 교육청에서 갑자기 만난 것이었다. 세월이 흘러 성숙한 여성이 된 제자가 합창부로 활동하던 이야기를 재미나게 털어놓았다. 그 시절에는 아침자습시간에 30분, 점심시간에 30분, 수업이 끝나면 1시간씩 매일 연습을 해도 그저 좋은 시절이었다.

날마다 "꽃 잔치 벌렸네, 꽃 잔치 벌렸네~"로 시작되는 노래를 하루에 2시간씩 몇 개월이나 연습했으니 오죽했으면 나를 보자마자 자동판매기처럼 그 노래가 저절로 나왔을까? 하하하!

그 시절, 3월 초에 일단 60명 정도의 합창부를 선발했다. 그리고 대회 출전곡을 선정하고 음색, 가사전달, 리듬표현, 소리 보내는 방향 맞추기, 음폭 조절하기 등 한 마디 한 마디에 정성을 다하다 보면 한 곡을 다듬는데 상당한 시간이 걸렸다.

'꽃 잔치' 노래를 연습했던 그 때에는 고음처리가 아주 강조되는 노래였기에 전체적으로 모이는 시간에는 단원 모두가 곡의 화음을 맞추는데 주력하고 개인지도는 쉬는 시간 10분을 활용했다. 오전 쉬는 시간에 7~8명 개인지도가 가능했다. 입에서 단내가 풍기도록, 코에서는 뜨거운 콧김이 느껴지도록 열심히 지독하게 합창을 지도했다. 해마다 좋은 성적이 내 자신에게 흐뭇한 성공감을 안겨 주었지만 아이들에게 묻고 싶다.

"너희들도 나처럼 합창시간이 좋았니?"

"아니요!" 대답할 것 같다.

"왜?"

"노래를 막 부르라고만 하셨잖아요!" 라고 대답할 것 같다.

세월이 흘러 교사로서 철이 좀 들어 생각해 보니 심미감을 가지고 음악을 느끼도록 학생들을 안내하지 못하고 그저 내 목표에 열중하면서 열심히만 가르쳤다.

'그래도 얘들아, 내가 뿌린 음악의 씨앗에서 어디쯤에 싹이 나고 열매 맺고 있을 거야. 난 그렇게 생각해!'

7. 여고 은사님의 제자 사랑

여고를 졸업하고 30년이 훌쩍 지나간 하늘은 높고 바람 선선한 가을날, 여고 은사님과 만남의 시간을 가졌다. 친하게 지낸 친구 K여사와 H여사도 뜻밖의 만남에 싱글벙글하였다. 점심상을 함께 나누며 여고시절로 시간을 돌려 보니 마음에 묻어 놓았던 이야기들이 마구 쏟아져 나왔다.

40대 초반에 만났던 은사님이 70세가 넘은 할아버지가 되었는데 그 많은 세월의 바람 앞에 조금도 닳아지시지 않은 꿋꿋함과 청결한 마음에 이끌려 시간가는 줄 모르고 선생님의 이야기 속으로 풍덩 빠져들었다. 아직도 제자들의 마음을 빼앗는 강의(?)의 비결은 양서를 한 달에 20만원도 넘게 구입하고 꾸준한 독서를 통한 마음 가꾸기에 있는 듯했다.

시간이 흘러 누군가를 부르는 호칭에 대한 대화 도중에 내 '호'를 선뜻 지어 주셨다. 정말 순간적으로 제자의 간청에 의한 일이었지만 선생님께서는 마치 마음에 제자의 모습을 그려놓고 계신 것 같았다. 단 두 자로 만들어진 '호', 나의 이미지와 너무 잘 어울린다고 친구들은 손뼉을 치며 좋아해 주었다. 이름대신 허물없이 불러도 좋은 그런 소중한 '호'가 생기니까 제일 먼저 남편에게 자랑하고 싶은 생각이 들었다.

'부탁이 있는데 이제 여보~ 라고 부르지 말고 00라고 불러 주세요.'

그런 상상만으로도 너무 즐거웠다.

장소를 옮겨가며 이야기는 계속되고 선생님께서는 느낌으로 이제 헤어져야 할 시간이라고 여기셨는지 중절모를 쓰셨다. 아직도 제자들에게 해 주고 싶은 말이 남아 있는 듯 보였는데 일어서자고 하셨다.

"너희들이 이렇게 밝은 모습으로 사는 게 너무 좋구나."

오늘의 만남을 마무리하는 말씀이셨다. 울리는 목소리보다 선생님의 눈만 봐도 알 수 있는 그 마음!

'선생님, 저도 알아요.

제자 잘 되라고 비는 그 마음을 잘 알고 있답니다.

열심히 잘 살게요. 선생님!'

8. 초임 시절의 나! 새로운 만남!

교대 2년을 졸업하고 학교에서 5분만 걸으면 동해바다가 시원하게 보이는 6학급의 아담한 학교에 첫 발령을 받았다. 금빛으로 반짝이는 모래사장이 너무 예뻤고 출렁이는 파도가 훤히 보이는 아스팔트 도로는 스무 살 꿈 많은 내 마음을 자꾸 설레게 했다.

태어난 후 처음으로 멀리 집을 떠나 이불보따리 두 개와 작은 가방 두 개를 들고 나와서 그렇게 설렘이 가득했던 초임생활, 첫 번째 교실은 벽 하나를 사이에 둔 교장실 바로 옆이었다.

일주일이 지났을까?

아이들이 모두 떠나고 조용한 교실에 교장선생님께서 찾아오셨다.

"○선생, 목이 많이 아프지? 목소리를 조금만 낮추면 덜 피곤할거야."

차분하고 다정한 억양으로 말씀해 주셨다. 어찌나 따뜻한 느낌이 확~! 들던지 네! 라고 대답하고 그 기분에 취해 잠시 조용히 서 있었다. 그 당시 곧 정년퇴임을 앞두고 계신 할아버지 같은 교장선생님께서 스무 살 교사가 너무 어린애 같아 보이셨나 보다. 그 후에 감기가 걸려 콜록 거릴 때 바로 학교 앞에 한약방에 가서 한약 세 봉지를 지어 오셔서

"약을 달여서 꼭 짜 마시면 감기가 나을 것이니 잘 챙겨 먹어요. 집 떠나 몸이 아프면 서럽지." 라고 말씀해 주셨다.

그 후에도 이런저런 일로 교장선생님과 마주하면서 평소 교사들의 존경을 한 몸에 받으시는 이유를 잘 알 수 있었다. 말하지 않아도 사람에게서 풍기는 훈훈함은 마치 추운 겨울날 따뜻한 난로 옆에 있는 것 같은 온기라고 할까?

그런데 어느 날 교육청에 가셔서 그 어떤 일에 대하여 언성을 높여가며 강력하게 항의를 하셨다는 말을 동료로부터 전해 들었다. 그 일은 금세 소문이 났다.

"아니, 왜죠? 한 번도 화내는 모습을 본 적이 없었기 때문에 믿을 수가 없네요." 내 말을 들은 동료는 살짝 미소를 지으며 말했다.

"사실 교장선생님께서는 교육청의 불합리한 일처리에 대한 사항이 발견되면 그냥 대충 넘어가는 법이 없습니다. 그런 면에서는 아주 단호하신 분입니다."

1984년, 지금으로부터 30년 전의 교육청은 그 위세가 대단했던 시절이었다. 지금과는 분위기가 사뭇 달랐다. 일선학교를 지휘, 감독하는 기관으로 장학사님들이 학교를 방문하는 날은 초비상이 된다. 그런 분들이 근무하는 교육청에 가서 큰 소리를 치며 잘잘못을 따지는 행동만으로도 또 한 번 교장 선생님을 생각하게 했다. 다들 교육청에 좋은 이미지를 주려고 조심 또 조심한다던데……. 암튼 초짜 교사인 나는 우리 교장 선생님께서 자상하고 따뜻한 성격으로 직원들을 살펴주시고 한편으로는 엄격함과 단호함으로 상부 기관을 꾸짖을 수 있는 용기를 가졌다는 두 가지 면을 모두 존경했다. 솔직히 말하자면 교장 선생님을 저 하늘의 별처럼 높이 우러러 보았다.

그렇게 작은 학교에 4명의 여교사가 있었다. 결혼했지만 이혼한 50대, 결혼 10년차 정도의 40대, 결혼을 앞두고 열애 중인 20대 후반, 그리고 스무 살 초임교사. 그 중에 20대 A 교사는 늘 생글생글 웃음으로 첫 인사를 하는 것이 매우 인상적이었다.

"○ 선생, 안녕하세요? 오늘도 좋은 날 되세요!"

늘 먼저 인사하는 습관이 몸에 배이신 분 같았다. 그리고 맡은 아이들에게 부드러운 언어를 사용하는 모습이 보는 이에게 편안함을 주었다.

"그래, 어쩌다 싸우게 되었는데……, 아이고 저런 많이 다쳤네. 약 좀 바르자……. 그래 그랬구나!" 옆에서 그 선생님이 하는 말을 듣고 있으면 자상한 배려에 울다가도 뚝! 그칠 것 같았다. 다른 사람을 이해해 주는 말로 마음을 어루만질 수 있는 선한 말을 사용하고 있어서 바라볼수록 좋은 언니였다.

40대의 S 교사는 자신의 할 일을 손에 들고 앞으로, 앞으로……. 묵묵히 걸어가는 성실한 일꾼 같았다. 주변의 누구의 일에 상관하지 않고 그저 자신이 해야 할 일을 끝내고 시간이 좀 남으면 늘 가지고 다니는 뜨개질 실로 목도리도 짜고 조끼도 짜면서 하루를 보냈다. 그 분위기 때문에 다가가서 뭐라고 말을 걸기에 조금 부담스러웠다. 상대방이 어떤 말을 건네면 단답형의 응답이 대화의 연결을 방해할 정도였다. 그리고 모두가 모여서 차라도 마시는 날에는 주로 다른 사람의 말을 듣고 자신의 말을 아끼는 편이었다. 말이 많으면 실수가 많다는 점에서 어떤 면으로는 이런저런 말을 마구 쏟아 놓으며 실수하는 것보다는 훨씬 낫다는 생각을 지금 살짝! 해 본다.

50대의 K 교사는 한 마디로 심술꾸러기 같았다. 누가 작은 일이던 큰일이든 기뻐할 일이 생기면 그런데…….라고 서두를 꺼내 당사자의 단점을 콕콕 찍어대며 말했다. 마치 사람들이 갖고 있는 단점을 골라내는 기계처럼 말을 했다. 말소리도 얇고 커서 카랑카랑하게 들렸다. 어느 해 10월에 군내 예능경연대회에 참가하기 위해 합창을 함께 준비했다. K 교사는 자신의 재능과 상관없이 합창부를 맡았는데 그 이유는 합창대회에서 입상을 하면 담당교사에게 어떤 혜택이 주어지는 것 같았다. 해마다 학생이 반주를 했다는데 내가 부임을 하자 반주를 해달라고 해서 협조를 하기로 했다. 하루에 약 1시간 30분 정도 연습을 했는데 학생들에게 호통을 치니까 예쁘게 노래 불러야 할 학생들의 목소리가 주눅 들어 점점 더 기어들어가는 것처럼 들렸다. 대회가 가까이 왔을 때 대학시절 음악반 출신이었던 내가 조금 더 적극적으로 합창 지도를 도왔다. 그리고 우리 둘은 조금 친한 사이가 되었다. 많은 시간을 열심히 노력했기 때문에 우리 합창부는 경연대회에서 좋은 성적을 거두었다. 은상! 우리 둘은 조금 더 가까워졌다. 그래도 50대의 동료교사가 마음으로는 조금 두려운 대상이었다. 남 앞에서 그런데……. 하면서 내 단점을 말할 것 같아서 그런 생각이 들었다.

초임지에서 두 명의 남교사, 20대 후반의 K 교사와 40대 중반의 P 교사를 만났다. K 교사는 정의의 사도였다. 대학 시절에 데모 주동자였다는 말도 들렸다. 그 말을 입증하기라도 할 것 같은 작은 사건 하나가 있었다. 학교 건물은 아담한 2층 건물이었는데 운동장에 서 있는 나를 보고 6학년 학생들이 내 이름 석 자를 크게 불렀다. 내가 학교 건물 2층 창문으로 보이는 그 학생들의 얼굴을 바라보자 더 크게 내 이름을 소리쳤다. 이제 막 부임한 여교사가 쉬워 보여서 그랬는지, 아니면……. 암튼 잠시 후 그 광경을 보게 된 K 교사가 갑자기 천둥 같은 고함을 치며

"너 이 ○○들 다 내려와, 빨리 내려와!"

잠시 후 6학년 남학생들이 운동장에 쭉 한 줄로 K 교사 앞에 섰다. 그 학생들은 정의의 사도 K 교사의 훈계를 귀가 따갑게 듣고 운동장을 몇 바퀴 돌았는지 모르지만 심하게 벌을 받았다. 감히 선생님 이름 석

자를 부른 무례함을 용서할 수가 없다고 얼굴이 뻘겋게 달아오른 얼굴로 말씀하시던 모습을 생각하니 지금은 웃음이 저절로 나온다.

P 교사는 가정에 충실한 조용한 경상도 사나이였다. 학급에서도 무난하고 학교 업무에도 그저 편안함이 넘치는 무뚝뚝한 경상도 남자, 2년 동안 함께 근무하면서 화내는 모습도 긴장하는 모습도 없이 늘 변함없는 모습을 보여 주었다. 호탕한 웃음이 아니고 아무 소리 없이 빙긋이 웃는다. 어떤 일에도 잘 화내지 않고 쉽게 요동하지 않는 잔잔함이 동료를 평안으로 인도했다.

30년이 지나서야 좋은 분들을 많이 만나 행복한 초임시절을 보냈다는 생각을 하다니……. 나이 오십이 넘으니 철이 드나보다.

좋은 선생님은 잊힌 뒤에 마음 속에 남아 있는 모습

06

I

「논어(論語)」 위정(爲政)편에 보면 이런 말이 있다.

'배우기만 하고 생각하지 않으면 얻음이 없고, 생각하기만 하고 배우지 않으면 위태롭다(學而不思則罔 思而不學則殆)'.

이 말은 배움의 중요성과 어떻게 가르쳐야 하는가를 함축하고 있는 말이다. 학습자가 배우되 그것에 대하여 생각하지 않으면 얻음이 없고, 생각하되 그 일을 배우지 않으면 삶이 편안하지 못하고 위태롭다는 것이다.

교육은 그것이 어떻게 말하여지든 간에 궁극적으로는 실천을 전제로 한다. 사람의 교육적인 인격의 모형은 '든 사람', '된 사람', '난 사람'으로 분류될 수 있다. 이 세 가지의 인격의 모형은 각기 별개의 것이 아니라 상호 관련되어 있다. 사람은 앎이 들어 있어야 하고, 그것을 생각하여 되는 것이고, 되어 있어야 뛰어난 사람이 되는 것이다. 즉 사람은 널리 배워서 앎을 축적하고(든 사람), 그 앎을 생각하고 반추하며(된 사람), 배운 대로 실천할 때(난 사람) 비로소 인격이 완성되기 때문이다. 그래서 배움에 있어 「중용(中庸)」에서 말하기를 '널리 배우고(박학; 博學), 깊이 물어(심문; 審問), 신중히 생각하고(신독; 愼獨), 분명하게 판단하여(명변; 明辯), 독실하게 실천하는(독행; 篤行) 것' 이라고 하여 이 중 하나라도 폐지하면 공부하는 것이라고 할 수 없다고 하였던 것이다.

그렇다면 우리 교육의 실상은 어떠한가. 배우되 생각하지 아니하고 판단하지 않은 채 실천에만 옮기려 하니 그 실천의 결과가 아름답지 못한 비교육적인 결과를 초래하고 있는 것이다.

널리 배우기는 하여 '든 사람'이 된다고는 할 수 있으나 그것을 곱씹어 깊이 사려함이 없으니 '된 사람'이 되지 못한 채 '난 사람'이 먼저 되려고 하니 배웠으되 공부를 하지 않아 결국 교육받았으나 배우지 못한 것이 되고 가르치지 않는 것이 되고만 지금 자본주의 시대의 우리 교육의 실상이라고 할 수 있다.

II

지금의 우리 교육은 '난 사람' 만을 만들기 위한 집합소이다. 물론 가르침의 최종목적은 '난 사람'을 만드는 것일 수도 있다. 문제는 '난 사람'에 이르기 위해서 반드시 수반되어야 할 '된 사람'의 과정이 생략된 데 있다. 그러다 보니 '된 사람'을 위한 가르침도 '난 사람'을 우선 목적으로 하기 때문에 파행적으로 이루어진다. 그것을 우리는 중등교육의 현실에서 '입시위주의 교육'이라고 한다. 진학을 위한 입시위주의 교육은 교육의 기능적인 측면에서 보면 외현적으로 타당한 논리이다. 그러나 이와 같은 입시위주의 교육이 주체와 객체가 전도되어 사회적 일탈인 아노미현상을 일으킨다고 하는 점에서 입시위주의 교육이 교육적이지 못하다는 비난의 주요 교육적 의제로 자리잡은 것이다.

이러한 입시중심의 교육은 교육의 본질을 송두리째 망각시키고 있다. 상급학교 진학을 위한 교육의 기능적 수단이 교육의 본질로 인식되고 있는 대한민국의 교육적 열풍은 고등교육인 대학진학률이 86%라는 세계 최고의 교육열로 통계가 잡혀 있고, 세계 최강국인 미국의 오바마 대통령도 한국교육의 우수성을 세 번씩이나 극찬한 것은 교육에 대한 자긍심을 넘어서서 거만하리만치 우쭐감을 갖게 한다. 그러나 미국의 오바마 대통령이 3일 정도만 우리나라에 와서 우리교육의 현실을 직시한다면 과연 한국교육이 우수하다고 그렇게 말할 수 있을까? 어쨌든 세계 최고의 교육적 민도를 자랑할 만큼 우리 국민이 쏟아붇는 사교육비 또한 단연 세계 으뜸이다.

OECD기준에 비추어 보면 공교육비 부담률은 다른 국가에 비해 매우 열악하지만, 사교육비 지출은 연간 30조원을 상회하는 그야말로 사교육시장의 천국이 우리 대한민국으로 세계 최고를 자랑하고 있다. "억울하면 출세하라"는 부모세대의 한 맺힌 절규가 어떻게 해서든 자녀들을 '난 사람'으로 만들고자 하는 끊임없는 욕심은 자녀를 학교만으로는 부족하여 사설 학원으로 과외로 토끼몰이 하듯 내몰고 있다.

학원과 과외의 수업은 입시준비를 위한 요령을 단기간 내에 알려 준다. 실제로 시험을 보면 학원과 과외를 통해 공부한 것이 더욱 유익하게 작용된다. 그러다 보니 학교 수업보다 학원과 과외 수업이 더 공부처럼 느껴진다. 학원과 과외 수업이 '난 사람'이 되는 지름길이 되는 것이다. 학교에서 하는 수업은 학원과 과외 수업보다 더 못하게 느껴진다. 학교 선생님은 학원과 과외의 족집게 선생보다 실력이 없다는 생각이 든다. 학원과 과외 수업을 통하여 '난 사람'이 될 수 있는 지름길이 열려 있으니 학교는 별로 소용이 없어 보인다. 선생님이 학교 수업을 통하여 가르쳐 주는 내용은 이미 학원에서 과외에서 선행학습으로 배운 것으로 진부하고 빤한 내용이다.

새벽부터 밤늦게까지 학원에서 공부하느라 힘들고 과외 받느라 지쳤기 때문에 학교 수업시간에는 쏟아지는 졸음을 참을 길이 없다. 학교

수업은 부족한 잠을 보충하는 수면시간이다. 수업시간에 잔다고 나무라는 선생님은 학생들 입장에선 정말 잼뱅이다. 학원과 과외 선생님보다 입시를 위한 요령을 알려주지 못하는 선생님의 꼰대 같은 잔소리가 정말 싫다. 학력을 인정받아야만 상급학교에 진학할 수 있는 제도만 없다면 학교는 오기 싫은 곳이다. 이처럼 제도권의 공교육은 학생들에게 효용성이 없는 곳이 되고 말았다. 학생은 있으되 제자는 없고 교사는 있지만 스승은 없다. 교실은 있지만 교육이 이루어지지 않는다. 그러다 보니 '교실붕괴'라는 말이 생겨났고, '공교육의 위기' 라는 말이 학교교육부재론의 당연한 명제처럼 사용되고 있다. 편협적인 '든 사람'의 교육은 '주입식 교육', '암기 위주 교육'이라는 말로 덧칠해져 있으며, 사려하며 깊이 생각하도록 하는 '된 사람'의 가르침이 제외된 채, '난 사람'만을 위한 교육은 늘상 사회로 하여금 인격을 창조하고 인성을 함양해야 한다는 백가쟁명(百家爭鳴)의 주장만을 늘어놓게 한다.

'난 사람'의 교육만을 위한 압축적 성장의 교육은 우리 사회로 하여금 출세 일변도의 삶만을 지향하게 하여 경쟁에서 승리만이 살길이고, 남을 배려하고 존중하는 것은 아득히 먼 옛날 소크라테스의 주장일 뿐, 그 마저도 입으로만 옹알거리는 지식이 되고 말았다. 소크라테스는 나의 덕성의 함양과 발현을 위하여 지식을 가르쳐야 한다는 지덕합일(知德合一)을 말했지만, 지금의 지식교육은 인간의 덕성을 깨뜨려 '너 자신을 알라'라는 명제가 무색하게도 '남보다 앞서라, 그것만이 살길이다.'는 자신도 모른 채 무조건 남보다 앞서야 한다는 상대를 이기고 보자는 식의 치열하고 욕심에 허덕이는 수단을 배울 뿐이다.

결국, 사람이 되고자하는 수단으로서의 교육은 인간의 선한 본성으로서의 역량을 발휘하게 하는 본연의 목적과는 다르게 악마 머피스트펠러스가 흔쾌한 웃음을 짓게 하는 '교육적 악(惡)'의 모습을 키우고 있을 뿐이다.

III

경쟁적이고 압축성장적인 입시위주의 교육이나 스펙 쌓기를 위한 지금의 교육적 풍토는 좋은 대학에 진학하는 사람이 훌륭한 학생이고, 그런 학생을 길러낸 선생님이 유능한 선생이며 그 학교가 명문학교로 불러지고 있다.

오직 '난 사람'만을 지향했던 교육의 결과로 우리나라의 최고의 명문대학이라 일컫는 서울대학교를 졸업하고, 미국의 우수한 대학이라고 평가되는 하버드대학을 유학하여 사법 시험에 합격과 국회의원까지 당선된 그야말로 '난 사람'의 선두에 있었던 한 인사는 그 '난 사람'의 지위를 이용하여 기업들로부터 부패와 비리의 뒷돈을 받았다가 그 사실이 만천하에 드러나자 한강에 투신자살하여 화려한 '난 사람'의 삶을 비극적으로 마감하였다. 이것이 경쟁과 출세지향주의의 교육이 낳은 한국교육의 자화상이다. '된 사람'의 교육을 제대로 받고 '난 사람'이 되었다면 과연 그 인사는 비리와 부패를 저질렀을 것이며, 비극적인 결말을 가져오는 삶을 살았겠느냐 하는 점이다. 우리는 가르치고 배우는 데 있어서 반드시 '된 사람'의 사람됨의 교육을 유념해야 한다.

공자(孔子)는 '유교무류(有敎無類)'라고 하였다. 이 말은 교육이 이루어진 뒤에는 모든 사람의 인성이 다 선(善)해진다는 뜻으로 '든 사람'이 되기 위한 교육을 의미한다. 즉 사람의 인성은 원래 선한 것이나 기질과 습성에 오염되어 악(惡)하게 된 것인 즉, 군자(君子)인 교사의 가르침이 있고난 뒤에는 선한 인성과 악한 인성의 무리로 분류되는 것은 온당치 못하다는 것이다.

교육은 결국 인성의 본원을 회복하는 것으로 '된 사람'의 교육에 역점을 두고 있는 것이다. 따라서 좋은 교사란 '된 사람'의 가르침을 실천하는 사람이다.

IV

지금 우리 교육의 실상이 '난 사람'만을 지향하는 수단적 · 기능적인 교육에 매몰되어 있다고 하더라도 교육의 한편 어디에선가 '된 사람'의 가르침과 배움을 묵묵히 실행하는 선생님과 학생이 있기 때문에 그나마 비교육적인 현실에서 가녀린 명맥으로 교육의 참모습이 이어지고 있어 교육의 본질적인 정체성이 살아있는 것이다.

나는 20여 년 동안 제도권 교육에서 학습자의 입장으로 배워 왔다. 흔히 하는 교육처럼 '난 사람'을 지향하는 교육일변도 속에서 나도 입시위주의 교육으로 주입식과 암기위주의 공부로 대부분 배움의 시절을 보냈다. 그 동안 나에게 가르침을 주신 선생님들을 헤아려 보면 40여 분이나 된다. 그 선생님들 덕분에 지금의 내가 있다는 것을 부인하지는 않는다. 그러나 대부분의 선생님과 교수님들에게서 무엇을 배웠는지는 잊혀 거의 기억이 나지 않는다. 다만 잊혀 있지만 마음 속에 남아 있는 선생님, 마음 속에 뭔가 형언할 수 없는 오로라의 영롱함처럼 내 가슴을 꽉 채우고 있는 그 느낌이 남아 있어 훈습(訓習)에 젖은 마음이다.

초등학교 4학년 때 담임이셨던 신상진 선생님은 이름과 모습만이 기억날 뿐 그 시절이 가물가물하지만 회상해보면 선생님의 가르침의 방식은, 지금 나도 가르치는 입장에서, 선생님의 가르침이 여전히 마음 속에 남아 내가 학생을 가르치고 지도하는 자양분의 토대로 자리잡고 있다.

신상진 선생님은 그 당시의 여느 선생님들과는 달리 일방적이고 주입식으로 가르치지 않으셨다. 항상 발표를 강조하시며 학생들이 발표를 잘할 수 있도록 격려해 주셨고 각 분단별로 가르치는 내용의 주제나 문제를 주고 기초도야를 위한 설명을 해 주어 학생들끼리 서로 상의하고 토의하여 문제를 해결하도록 하셨다. 어느 학생이 틀린 답을 말하고 우물쭈물하며 발표를 해도 화를 내시거나 잘못된 점을 지적하시는 일이 없었다. 틀린 답과 맞지 않은 발표를 해도 항상 그 학생의 관점에서 왜 그렇게 생각했느냐고 묻고 그 생각의 합리적인 면을 칭찬해 주며 다시 생각해 보도록 하셨다. 지금 생각해 보면 학생들의 개성을 존중하면서 칭찬을 해 주는 협동학습으로 가르침을 행하신 것이었다.

그 때의 우리는 모두 활기에 차 있었고, 서로 재미있게 어울려 놀고, 무엇이든 열심히 하는 반 아이었던 것으로 기억된다. 지금은 일반화되었지만, 그 때 신상진 선생님은 반 학생들의 장점을 찾아내 모든 학생들에게 선생님 이름으로 상장을 주셨고, 상품으로 연필 2자루씩을 주셨던 기억이 난다. 그랬기 때문에 종합성적에서는 학생 간에 차이가 있었지만 개별 장점의 능력에 있어서는 차이가 없었다. 공부를 잘하는 아이는 아이 대로 서로 인정을 해 주었고, 장점의 능력을 가진 아이는 공부 잘하는 아이 만큼 서로 칭찬을 해 주었기 때문에 모두 격의 없이 어울리고 사이좋게 놀았다. 그러다 보니 요즈음 국가사회적인 문제까지로 비화된 학교폭력인 집단따돌림 같은 현상은 찾아볼 수가 없었다. 다른 학년 때의 동창들은 다 기억하지 못해도 이 때의 같은 반이었던 4학년 동창들은 30여 년이 다 되어가는 지금에도 거의 다 기억에 남는다. 그들 면면은 각 분야에서 '난 사람'이 되어 '된 사람'으로서의 역할을 하며 잘 살아가고 있을 것이다. 신상진 선생님의 '된 사람'을 지향하는 가르침이 4학년 우리 반 학생들 마음 속에 남아 있는 것은 결코 우연이 아니다.

또 다른 선생님의 가르침으로 마음 속에 남아 있는 분은 고등학교 1학년 때 담임이셨던 김준연 선생님이시다. 선생님은 학창시절 내가 제일 좋아했던 과목인 영어담당 선생님이셨다. 항상 교사의 권위를 앞세우기보다는 학생의 눈높이에 맞추시려고 노력하셨던 선생님, 방과 후에도 학생들을 위해 개인적인 시간을 기꺼이 할애하시며 지도에 열의가 많으셨던 선생님이시다. 김준연 선생님의 밝고 인자하셨던 모습이 떠오른다. 고등학교 수업은 직접적으로 대학입시와 직결되어 있었기 때문에 말 그대로 주입식 암기식의 입시위주의 교육이었다. 아침 일찍 0교시 수업, 야간 보충 자율학습 등으로 몇 시간 집에서 잠자는 것을 제외하고는 학교, 그리고 학원가를 전쟁터처럼 전전긍긍하며 다녀야 했다. 한참 피어날 아름다운 꽃봉오리 같은 여고생의 얼굴들이 공부의 스트레스로 인해 푸석푸석한 모습들이었다.

이런 우리들에게 밝게 웃으며 공부할 수 있는 여건을 만들어 준 분은 우리 담임선생님이셨다. 선생님은 분단별 또는 과목별로 관심과 흥미가 일치하는 학생들을 구조화하여 그룹스터디를 할 수 있도록 하였다. 당시 입시준비가 절대 지상명령인 인문계고등학교 수업상황에서, 입시준비도 충족시켜 주면서 하고 싶은 공부를 공동주제로 삼아 서로가 멘토의 역할을 하여 토의하며 탐구수업을 하게 하셨다. 물론, 정규 수업시간은 아니고 야간 자율학습시간을 통하여 이루어진 선생님의 독특한 학습지도 때문에 우리는 정규 수업시간 보다 야간 자율학습 시간을 더욱 기다렸으며, 그 시간에 탐구되고 토론되어 얻어진 흥미 때문에 오히려 정규 수업시간에 더욱 집중할 수 있었다. 2학년으로 진급하면서 그런 그룹스터디는 할 수 없었지만 1학년 때 같은 반 학생들은 3년 뒤 모두 대학별 능력에 따라 진학을 하였다.

학생들의 마음을 헤아리고 작은 생각을 바꾼 선생님의 가르침의 방식이 우리들을 크게 변화시켰던 것이다. 좋은 선생님은 지식을 잘 가르치는 것보다는 공부를 스스로 할 수 있게 안내하고 촉진해 주어 '든 사람', '된 사람', '난 사람'을 모두 충족시켜 주는 선생님이다.

V

대학을 졸업하고 나는 내 전공분야에서 가르치는 일에 종사하다가 공부를 더해 볼 요량으로 교육대학원 석사과정에 진학을 하였다. 교직관련 과목수업인 '교육의 역사적 기초'를 수강하는 2학기였다. 어느 교직 과목보다도 교육사의 과목은 교육의 역사와 사상을 배우기 때문에 내용도 어렵고, 공부할 내용도 많아서 나에게는 무척 어렵게 느껴지는 과목이었다.

그런데 그 과목 담당 교수님께서는 그 어려운 과목을 편안하고 수월하고 쉽게 강의를 해 주셨다. 마치 우리가 그 시대에 살고 있는 느낌을 갖게 하면서 교육의 역사적 사실과 그 안에서 명멸했던 교육의 사상과 철학의 흐름을 잘 이해 할 수 있도록 소탈하면서도 품격 있게 풀어 나가셨다. 교과의 내용과는 다르게 그 교수님이 하신 말씀은 아직도 내 가슴 구석 저편에 메아리 같은 울림으로 남아있다.

"가르침은 내 마음을 다하는(盡己之心) 성실함으로 임해야 만이 배우는 사람의 마음을 이끌어 갈 수 있습니다. 배우는 사람의 마음이 온화한 바람에 풀잎이 일렁이듯 소리 없이 훈습(訓習)에 젖는다면 그때 비로소 교육이 시작되는 것입니다. 이것이 가르치고 배우는 길을 함께 가는 사제동행(師弟同行)의 시작입니다."

가르치는 자의 자세가 어떠해야 하는지를 일깨워 주는 평범한 진리의 조용한 외침으로 나는 정신이 퍼뜩 들었다. 가르치는 자의 스승은 다름이 아닌 배우는 학생이라는 의미를 함축한 말이었다. 그 교수님은 이제 나와 같은 대학에서 학생을 가르치고 계시는 이용길 교수님이시다. 교수님께서는 교육자로서의 '된 사람'의 모습으로서 어떻게 가르쳐야 하는지를 일깨워 준 것이다.

이용길 교수님과의 인연으로 만나 뵌 분이 지금 현 정부의 국정지표로서 창조경제의 이론적 토대를 제공한 대한민국의 창조교육의 창시자인 학창(學創) 이종록(李鍾祿, 1921~) 박사님이시다. 학창 이종록 선생님께 개인적으로 창조교육이론을 직접 듣고 배우는 과정에서 가르침의 진정한 모습은 학창 선생님 같아야 한다는 감동을 받을 수밖에 없었다. 학창 선생님의 가르침은 당신이 주도하는 것이 아니었다. 주어진 주제를 놓고 누가 어떤 논리를 펼치거나 주장을 하여도 그것에 대한 평가를 전혀 하지 않으셨다. 오히려 발표하는 사람에게 궁금한 것을 끊임없이 묻고 또 묻기를 계속하며 학습자에게 교수자가 배우는 자세를 보였다. 학창 선생님의 질문을 통한 가르침은 배우는 사람으로 하여금 자연히 더 많은 연구를 하게 만들었고, 거기엔 항상 온화한 미소를 띤 학창 선생님의 격려와 칭찬이 따랐다. 학창 선생님과 같이 공부해 보지 못한 사람은 그 의욕이 그득 넘치는 공부의 평온함을 알지 못한다. 이용길 교수님의 '사제동행'은 학창 선생님으로부터 계승된 교사론임을 충분히 짐작하고도 남았다. 이용길 교수님은 학창 선생님의 창조교육이론을 계승하여 발전시킨 제자이시다. 새 정부가 들어서면서 2013년 대한민국 언론사들은 이용길 교수님의 창조교육이론의 계승 발전의 공적을 인정하여 '2013 대한민국 미래를 여는 인물대상(교육인 대상)'을 수여하였다.

나는 이후 학창 선생님의 창조교육이론을 연구하고자 원광대학교 대학원 교육학과 박사과정에 진학하였다. 과정 중에서 교수님들로부터 많은 공부를 하게 되었다. 나의 지도교수님은 손충기 교수님이시다. 돌이켜보면 나는 선생님 복이 참으로 많은 사람이다. 교육학과에 여러 교수님들이 계시지만 그 중에서 손충기 교수님을 지도교수님으로 만난 건 나에게 행운이었다고 생각한다. 논문학기가 되어 학창 선생님의 이론을 연구하여 박사학위 논문으로 제출하였다. 그 때 손충기 교수님께서는 논문작성 과정을 꼼꼼하고 자상하게 지도해 주셨다. 나의 부족함이 많았음에도 어떤 꾸지람이나 호통 한 번 없으셨다. 없는 듯 조용한 그림자처럼 언제나 온화하게 격려해 주시며 세심하게 지도해 주셨다. 그 온화함 속에는 감히 범접할 수 없는 부드러운 카리스마를 지니고 계셨다. 나로 하여금 절대 게으르거나 요령을 피울 수 없게 하셨다. 부드러움으로 엄한 채찍을 들고 서 계신 것이었다.

손충기 교수님의 그러한 지도 덕분에 나는 학창 선생님의 창조교육 이론 분야에서 최초로 교육학 박사학위 논문을 쓴 영예를 얻었다. 손충기 교수님의 지도를 받으면서 학자로서 '든 사람'의 가르침은 이런 것이구나. 라는 것을 새삼 깨닫게 되었다. 대학교수로 임용되던 해 포근한 봄날 나의 지도교수이신 손충기 교수님께서는 교수로서 학자로서 가야 할 길을 전자우편(이메일)을 통하여 일러 주셨다. 교수로서 강의할 때, 사람과의 관계, 강의를 준비할 때, 연구를 함에 있어서, 교수로서의 삶 등에 대해 말씀해 주시며 좋은 교수에 대해서도 말씀하셨다.

> "훌륭한 교수, 좋은 교수는 타고나는 성향과 주변에서 그렇게 만드는 환경의 영향도 클 것이나, 스스로의 노력에 의해 자기가 만드는 것이라고 생각합니다. 꼭 그런 교수가 되기를 바랍니다. 그래서 학생들이 훗날 오래도록 기억해 주는 좋은 교수가 되세요."

뜻밖에 교수님의 메일을 보고 얼마나 감동했던지, 교수님의 따뜻한 제자사랑의 마음이 묻어났던 그 말씀들을 아로새기며 대학교단에 선지 어느덧 다섯 해가 지났다. 그 시간이 찰나처럼 엊그제 같은데 손충기 교수님께서 벌써 정년을 맞이하신다고 한다. 나는 손충기 교수님께 많은 것을 배우고 지도를 받았다. 앞으로 세월이 더 지나면 그것들은 모두 잊힐 것이다. 교수님의 가르침도 잊히고 교수님의 정년도 세월 속에 묻혀 갈 것이다. 그러나 그 모든 것이 잊힌 뒤에도 마음 속에 남아 있는 그 무엇이 교수님의 진정한 가르침이다.

좋은 선생님은 잊힌 뒤에도 마음 속에 남아 있는 모습인 것이다.

계절은 잊힌다 해도 흔적은 남아 있는 것처럼…….

배 움

07

아이야, 너를 통해 배운다.

언제부터였을까? 정확한 기억은 아니지만 아마도 초등학교 4학년 무렵부터였던 것 같다. 그 때부터 나의 꿈은 한결같이 선생님이었다. 당시에는 선생님이 되어서 무엇을 어찌해 보겠다는 다부진 목표는 없었지만 막연히 선생님이 되어서 아이들을 가르치는 일을 하고 싶었다. 그래서 가끔은 동생들 모아 놓고 마루에 놓인 다듬잇돌 위에다 길에서 주워온 활석으로 글씨를 써 가며 공부를 가르치는 선생님 놀이를 즐겨했던 기억도 어렴풋이 떠오른다.

그리고 10여 년의 세월이 흘러 나는 초등학교 교사가 되었다. 내가 처음 발령받은 곳은 고창의 한 조그마한 초등학교였다. 전교생이라고 해봐야 몇 명 되지 않는 분교였다. 처음 교실에 들어서던 날, 나를 바라보던 그 초롱초롱한 눈망울이 지금도 엊그제 일 인양 눈에 선하다. 공부라고는 학교에서 나에게 배우는 것이 전부였던 아이들, 수업이 끝나도 해가 지도록 운동장에서 공을 차고 고무줄놀이에 시간 가는 줄 모르던 그 아이들도 이제는 삼십 줄에 접어들었을 것이다.

지금 생각하면 의욕만 앞서고 아이들에 대한 이해와 요령이 부족해서 본의 아니게 아이들을 힘들게 했던 경우도 많았지만 그 어느 때보다도 아이들을 사랑하고 열정을 가지고 아이들을 지도했던 때도 바로 그 때가 아니었나 싶다.

이후로 15년을 해마다 새로운 아이들을 만나고 헤어지며 교단에서 보냈다. 나로서는 지금 뒤돌아보아도 후회하지 않는 잘 한 선택이었다고 자부하며, 교단에서의 삶 또한 행복한 시간들이었지만 나를 스쳐간 많은 아이들에게 나는 과연 어떤 선생님 이었을지, 지금 그 아이들은 나를 어떤 선생님으로 기억하고 있을지 생각하면 왠지 모를 아쉬움이 밀려온다.

수많은 아이들이 나를 거쳐 갔지만 유난히 내 기억에 남아 있는 아이가 있다. 내가 세 번째로 부임한 학교에서 만났던 그 아이는 부모로부터 물려받은 유전적인 요인으로 인해 두뇌에 이상이 있어 또래 아이들보다 학습이 현저하게 뒤질 뿐 아니라 부모로부터 제대로 돌봄을 받지 못해 옷차림도 늘 지저분한데다가 말투 까지 어눌해서 반 아이들이 모두 짝이 되기를 싫어하는 아이였다. 그때 그 아이는 5학년이었지만 제 이름 석 자를 쓰는 것 외에는 글을 모르는 아이였다.

당시는 아직 학교 급식을 하지 않던 때인지라 아이들은 모두 도시락을 싸 가지고 와서 교실에서 점심을 먹었지만 그 아이는 엄마가 도시락을 싸주지 못해서 점심 때면 학교에서 걸어서 10여 분은 족히 걸릴 집까지 걸어가서 점심을 먹고 오곤 하였는데, 가끔은 점심을 먹은 뒤 그대로 낮잠에 빠져서 학교에 오지 않아 애를 태우기도 하였다. 지금 같았으면 전화해서 당장 오라고 하면 간단할 일이지만 당시 그 아이의 집에는 전화기가 없어서 그런 날이면 누군가 우리 반 아이 하나가 그 집까지 뛰어가서 단잠에 빠진 그 아이를 깨워서 같이 학교에 와야만 했었다.

그해 봄, 가정방문 기간을 맞아 우리 반 아이들 집을 돌아보던 중 그 아이의 집에도 가본 적이 있다. 우리 반 아이들이 그 아이의 집이라고 내 손을 이끄는 곳은 넓은 과수원 한쪽에 위치한 다 쓰러져가는 작은, 그야말로 오막살이 집이였다. 아직 추위가 가시지 않은 이른 봄이었던 탓에 그 아이의 집은 마치 비닐하우스처럼 온통 비닐로 둘러싸여 있었다. 그 곳에서 만난 그 아이의 가족들의 모습이 내 마음을 참으로 무겁게 했다. 나이보다도 훨씬 늙어 보이던 검게 탄, 고단한 삶의 무게가 그대로 느껴지는 왜소한 체격의 아버지, 자기 자신도 제대로 건사하지 못하는 듯 보이는 어머니, 우리 반 아이와 같은 뇌 이상으로 인해 중학교도 가지 못하고 특별히 하는 일 없이 집에서 빈둥거리는 오빠! 누구도 아이에게 적절한 보살핌을 줄 사람이 없어 보였다. 그런 아이에게 나는 무엇을 어떻게 해 주어야 할까 돌아오는 내내 발걸음이 무거웠던 기억이 생생하다.

가정방문을 다녀온 뒤, 수업시간이면 늘 몽롱한 시선으로 창밖을 바라보던 그 아이를 나는 날마다 방과 후에 남겨 두고 혼자 나머지 공부를 시켰다. 어떻게든 내가 맡은 동안 한글이라도 알게 해 주고 싶어서 이것저것 자료를 준비하고 쉬운 낱말부터 한 글자 한 글자 한글을 가르치기 시작했다. 빨리빨리 가르쳐서 줄줄 글을 읽는 모습을 보고 싶은 내 마음은 아랑곳없이 진도는 더디기만 했다. 오늘 열심히 '어머니'를 가르치고 같이 연필을 손에 잡고 글씨를 쓰게 하면 그 아이는 마치 그림을 그리듯 한 글자 한 글자 열심히 따라 했다. 그런데 문제는 그 다음 날이면 전날에 그토록 열심히 했던 것들을 다 잊어버린다는 것이었다. 전날 혼자서도 잘 썼던 글자를 다음날이면 언제 배웠냐는 듯 깨끗이 잊어버리니 도무지 가르치는 보람을 느낄 수가 없었다.

뇌에 이상이 있는 아이니 그러려니 하면서도 나도 모르게 너무 답답해서 혼을 내기도 하고 화를 내기도 했다. 그럴 때면 소처럼 순박한 그 아이 눈엔 눈물이 고이고 표정은 자신이 무슨 큰 잘못이라도 저지른 듯한 미안함이 묻어났다.

낱말 하나를 가르치는 데도 몇 번의 반복이 필요했다. 도무지 앞으로 나아가지 못하는 한글 공부에 점차로 지쳐 가던 나는 그만 포기하고 싶었지만 날마다 수업이 끝나도 집에 가지 않고 남아서 어눌한 말투로

"선생님 오늘은 뭐 배워요?"

하는 그 아이 때문에 나는 한글 가르치기를 그만 둘 수 가 없었다. 그러기를 몇 달을 반복하니 이제 혼자서도 쓸 수 있는 낱말들이 몇 개씩 생기기 시작했다. 유치원에 다니는 아이들도 다 알만한 쉬운 낱말 이였지만 혼자서 글자를 쓰는 그 아이의 때 묻은 손이 그렇게 이쁘고, 삐뚤빼뚤 쓴 글씨가 그렇게 신기하고 대견할 수가 없었다.

그렇게 하루하루 더딘 한글 공부를 해가던 어느 여름날, 한글 공부까지 마치고 집에 갔던 그 아이가 헐레벌떡 교무실로 달려왔다. 마침 직원 석회가 있는 날이어서 동료 선생님들이 모두 자리에 앉아 계셨는데 그 아이는 노크도 없이 교무실 문을 벌컥 열더니 내게로 와서

"이거 선생님 혼자만 먹으세요."

하며 뭔가를 내밀었다. 그것은 작은 복숭아였다. 아마도 그 아이의 아버지가 이웃집의 일을 거들어 주고 얻어온 것 같았다. 그 아이의 작은 손에도 쏙 들어갈 만한 작은 복숭아 하나를 내 손에 넘겨 주고 그 아이는 다시 한 번

"꼭 선생님 혼자 먹어야 돼요."

라고 말하고는 부끄러운 듯 서둘러 뛰어 나갔다.

그 작은 복숭아 하나를 내게 주고 싶어서 집에 갔다가 다시 학교까지 달려왔을 그 아이의 마음을 생각하니 코끝이 찡해 왔다.

그러다 1학기가 지나고 긴 여름 방학 끝에 2학기가 되었다. 여름 방학 동안 집에서 공부를 봐줄 만한 분이 없기 때문에 걱정스런 마음으로

2학기 첫 한글 공부를 시작했다. 역시나 배운 낱말도 거의 다 까맣게 잊어버려서 한글 공부를 새로 시작해야만 했다. 그래도 1학기와 달라진 점이라고 하면 가뭄에 콩 나듯 교과서 속에서 아는 글자를 찾아 내는 아이의 기특한 모습과 그 아이를 대하는 우리 반 아이들의 태도였다. 더럽고 냄새가 난다며 짝이 되는 것도 싫어했던 아이들이 스스로 그 아이의 한글 선생님이 되어주겠다며 쉬는 시간이면 그 아이를 데리고 앉아 한글을 가르쳤다. 어쩌다 저희들이 말하는 글을 그 아이가 제대로 쓴 날이면 아이들은 박수를 치며 맘껏 그 아이에게 칭찬 세례를 베풀곤 해서 바라보는 내 마음을 흐뭇하게 했다.

우리 반 아이들 덕분에 한글 공부에 좀 더 흥미를 붙여 가다 보니 어느새 2학기도 저물어 긴 겨울 방학이 찾아 왔고 이듬해 봄 나는 인근 학교로 전근을 가게 되었다.

학교를 옮기고 새로운 아이들을 만나 그곳에서 또 분주한 삶을 사는 동안 어느새 내 머릿속에서 그 아이는 서서히 잊혀져 갔다. 문득문득 생각날 때면 학교는 잘 다니는지, 글은 읽게 되었는지 궁금한 마음도 있었지만 시간이 흐르는 동안 그런 궁금증마저도 서서히 사라져 갔다.

그렇게 한 해가 지나고 다음 해 5월 어느 날, 스승의 날을 얼마 남겨놓지 않은 때였던 것 같다. 그 동안 나를 스쳐갔던 아이들이 보내 준 몇 통의 편지 속에서 보낸 사람 이름에 그 아이의 이름이 적힌 편지 봉투 하나가 내 눈에 들어왔다. 너무 반갑고 기쁜 마음에 단숨에 편지 봉투를 열고 편지를 읽어 내려갔다. 예쁜 편지지에 깔끔하게 써 내려간 그 아이의 편지! 이것이 정말 몇 년 전 나와 한글 공부를 하던 그 아이의 편지인지 의심이 들 정도였다.

어느 새 중학교 1학년이 되었다는 그 아이는 초등학교 5학년 담임이었던 나를 잊지 않고 있었고, 나와 함께한 한글 공부 시간을 기억하고 있었다. 그때 선생님과 한글을 공부하지 않았으면 지금처럼 이렇게 편지도 쓸 수 없을 것이라는 말과 함께 변변치 못한 선생에 대한 감사함이 진하게 묻어나는 그 아이의 편지를 읽어 내려가다 보니 나도 모르게 가슴이 뭉클해지고 눈물이 고였다.

나와 함께 한글을 공부할 당시만 해도 글을 배우는 것이 도무지 더디고 힘들기만 하더니 어느새 이렇게 예쁜 글씨로 편지까지 쓰다니 너무 대견하고 기특하다는 생각이 들었고, 한편으로는 기다려 주면 이렇게 잘 할 수 있는 것을 그 때는 빨리 글을 알게 해 주고 싶은 나의 욕심과 성급함으로 그 아이를 많이 힘들게 했었구나 하는 미안한 생각이 밀려 왔다.

열심히 공부해서 선생님처럼 훌륭한 사람이 되겠다던 그 아이! 그 아이는 내게 교육에는 열정도 필요하지만 학생을 믿고 느긋하게 기다려 줄줄 아는 인내도 필요함을 깨닫게 해 주었다.

지금쯤 그 아이도 서른을 훌쩍 넘긴 나이가 되었을 것이다. 그 아이는 어디서 무엇을 하며 살고 있을까? 어쩌면 결혼해서 한 가정을 이루었을지도 모르겠다.

오늘따라 순박한 그 아이의 미소가 그리워진다.

선생님께 배웠습니다.

며칠 전 초등학교 동문 체육대회에 다녀왔다. 내가 초등학교 6년을 보낸 모교 교정에서 이루어진 동문 체육대회! 교정 곳곳에 묻어 있는 어린 시절 추억이 반갑게 달려와 날 맞아주었다. 세월의 흐름을 감당할 수 없었던 듯 우리가 공부하던 건물은 새로운 2층 건물로 바뀌었고, 운동장 가장자리에 서 있던 어린 나무들은 어느 새 듬직한 덩치를 자랑하고 있었다.

하나 둘 모여드는 사람들 속에서 왁자한 탄성이 터진다. 마치 퍼즐 맞추기를 하듯 어린 시절, 기억 속의 친구와 흰머리 희끗한 중년의 친구 얼굴을 견주어 가며 하나하나 친구들의 이름을 맞추어 갔다.

"네가 누구더라?"

"야, 너 그대로다. 옛날 얼굴이 그대로 있네!"

네가 누구냐고 물어 놓고도 친구가 말하는 이름 석 자에 금방 옛 얼굴을 찾아 내고는 연신 탄성을 질러대는 친구들 옆에 서 있노라니 어느 새 우리는 30여 년 전으로 돌아간 듯한 착각에 휩싸였다.

면 소재지에서도 한참 떨어진 작은 시골 학교! 그곳에 내가 잊을 수 없는 선생님 한 분이 계셨다.

내가 그 선생님을 처음 만났을 때 선생님은 지금 내 나이쯤 되셨던 것 같다. 당시 나에게 선생님은 무엇이든 다 알고 있는 분, 무엇이든 다 잘 하시는 분이였다. 어린 시절을 떠올려 보면 그 당시만 해도 모든 선생님은 어린 제자들의 눈에 다 그렇게 비쳐지지 않으셨을까? 하는 생각이 든다. 음악시간이면 오르간을 치시며 노래를 가르쳐 주시던 선생님의 굵은 목소리가 지금도 생생하다. 그 때는 별다른 교수매체가 없었던 시절이라 우리는 선생님의 범창을 따라 부르며 노래를 익힐 수밖에 없었다. 선생님은 음악시간 외에도 틈만 나면 오르간을 치시며 우리들에게 동요를 가르쳐 주셨다. 오빠생각, 과수원길, 반달 등 선생님께 배운 노래들이 지금도 귀에 쟁쟁하다. 선생님은 붓글씨도 참 잘 쓰셨다. 서예

시간이면 아이들의 손을 잡으시고 한 획, 한 획 글씨 쓰는 법을 가르쳐 주시던 생각이 난다.

내가 기억하는 선생님은 참 칭찬을 많이 해 주신 분이셨다. 아이들 하나하나의 특성을 다 파악하시며 저마다 긍정적인 면을 찾아 칭찬해 주셨다. 어떤 아이는 공부를 잘해서, 어떤 아이는 노래를 잘해서, 또 다른 아이는 마음씨가 좋아서 선생님께 칭찬을 받았다. 아마도 우리 반 아이들은 모두가 이런저런 이유로 다 칭찬을 받아보았을 것이다. 선생님의 칭찬은 지금 생각해 보면 조금 과장된 면이 있었다. "역시, 똑똑한 ㅇㅇ는 달라."

선생님은 참 따뜻한 분이셨다. 당시만 해도 시골인지라 가까운 곳에 목욕탕도 없고 지금처럼 집집마다 보일러도 없던 때라서 아이들은 겨울이면 잘 씻지 못해서 손등이 트고 피가 나곤 했다. 그래서 선생님은 숙직실 연탄불로 데운 물을 수대에 담아가지고 오셔서 그런 아이들 손을 따듯한 물에 불리시고 깨끗이 씻어 주시고 바세린을 듬뿍 발라 주셨다. 당시만 해도 선생님은 하늘처럼 높고 어렵게만 느껴지던 우리였기에 우리들의 때를 씻어 주시던 선생님의 손길이 너무 황송하기만 했다.

더 추운 겨울이면 우리 반 중앙엔 커다란 갈탄 난로가 놓였고 점심시간이 가까워져 오면 그 난로 위에서는 우리들의 도시락이 모락모락 김을 내며 데워졌다. 위, 아래 있는 도시락의 위치를 수시로 바꿔 주지 않으면 금세 숯덩이가 될 우리 도시락을 고르게 데워 주시기 위해서 선생님은 족히 서너 번은 도시락의 위치를 바꿔 주셨던 것 같다. 그 덕분에 우리들은 반찬이라고는 김치나 멸치조림이 전부였던 소박하기만한 도시락을 맛있게 먹을 수 있었다.

한번은 선생님이 우리 집에 가정 방문을 오신 적이 있다. 그 때는 선생님도 차가 없으시던 때라 학교에서도 가장 먼 동네에 있던 우리 집까지 걸어오시려면 아마도 40분은 족히 걸어오셨을 것이다. 그 때까지는 너무 멀어서 한 번도 우리 집에 가정방문을 오신 선생님이 안 계셨기 때문에 나는 처음으로 우리 집에 오신 선생님을 보고 너무 놀랐다. 마침 집 앞 텃밭에서 일하시던 어머니는 선생님이 오셨다는 소리에 흙 묻은 손을 씻을 새도 없이 달려오셨고 별달리 대접할 게 없던 어머니는 미숫가루 한 대접을 상에 담아 내셨는데, 선생님은 그 미숫가루 한 대접을 맛나게 드시고는 부모님들에게 내 칭찬을 한참을 늘어 놓으셨다. 그 때까지만 해도 내성적이고 소극적인 탓에 별로 두드러질 것도 없는 나였는데도 선생님의 입에서 쏟아지는 칭찬은 우리 부모님들의 피곤한 어깨를 으쓱하게 해드리고도 남음이 있었다.

자신감과 용기! 그것은 그날 선생님이 내게 주신 선물이었다. 선생님의 이러한 선물은 그 후로도 1년 내내 이어졌다. 자신감이 없어 모기소리 만한 발표에도 박수를 쳐주시고 칭찬해 주시는 선생님 덕분에 나는 앞에 나가서 발표하는 것을 좋아하는 아이가 되었고 늘 수줍어 뒤로 물러서기만 했던 나를 학급 회장에 이어 전교 회장에 도전할 수 있는 용기를 주었다. 4남매의 장남으로 부모님의 기대가 커서 늘 칭찬보다는 꾸중을 듣고 자란 내게 선생님의 칭찬과 격려는 그 무엇보다도 힘이 되었고 새로운 나로 발돋움하는 계기가 되었다.

교사가 된 뒤로 나는 문득문득 그때 그 선생님의 모습이 떠올랐다. 요즘처럼 날씨가 싸늘해지면 우리들의 도시락을 데워 주시고, 우리 손등의 찌든 때를 씻어 주시던 그 따스한 모습이 선명하게 떠오른다. 자신감 없고 소극적이던 시골 아이들을 큰 사랑으로 품으시고 격려와 칭찬을 아끼지 않으시던 그 모습 속에 내 모습을 비추어 보며 좋은 스승의 모습은 어떤 것일까 생각해 본다.

아저씨 누구세요?

모처럼 대전에 출장을 갔다가 업무가 조금 일찍 끝났다. 갑자기 전주로 내려오는 길에 어떤 의미 있는 시간을 갖고 싶었다. 휴대폰에 주소록을 열어 가나다순으로 몇 명을 눈여겨보다가 문득 대전에 살고 있는 초등학교 제자가 생각이 났다. 그 아이는 지금 통화가 된다면 만날 수도 있을 것 같다는 생각이 들었다.

이 아이를 졸업시킨 후 얼마나 시간이 흘렀을까를 생각하며 전화번호를 눌렀다.

"여보세요, 인혜니?"

그 다음 말을 하기도 전에 높은 소프라노 목소리가 들려왔다.

"어머머머, 선생님, 선생님, 배추머리 선생님이시죠~!!"

반갑게 전화를 받으리라고 기대하긴 했지만, 너무너무 반가워하기에 내가 조금은 더 놀래기도 했다. 나는 선천적인 곱슬머리이기에 배추머리 선생님이라는 별칭이 있어서 아이들과 더 가깝게 지낼 수도 있었다.

"인혜야 오래간만이구나, 건강하게 잘 지내지?"

"네~ 물론이죠, 선생님, 선생님은요?"

자기 말은 잠깐 하더니 오히려 나의 건강을 되물었다.

"나도 물론 건강하게 잘 지내지. 너는 어떻게 지내니?"

이 아이는 한국교원대학교 초등교육과를 졸업하고 대전에 있는 초등학교에서 교사로 근무하고 있었기에, 같은 교직의 길을 걸어가는 제자로 공감대가 형성되어 있었던 것이다.

"예, 저도 잘 지내고 있어요."

"저도 아이들에게 일기의 중요성을 가르칠 때 선생님께서 하셨던 것처럼 제가 초등학교 때 쓴 일기장을 아이들에게 보여주며 설명을 하곤 한답니다."

내가 6학년 때 가르쳤던 그 아이, 지금은 교사가 되어 아이들을 가르치고 있는 그 아이의 이야기가 내 마음을 뭉클하게 했다.

초등학교 시절, 그 당시만 해도 학용품 아껴 쓰기의 일환으로 공책 윗부분의 여백이나 표지 안쪽의 빈 공간까지 밑줄을 긋고 공책으로 사용하던 어려운 시절 이었다. 나는 일기장을 다 쓰고 나면 그 뒤표지를 얇게 펼쳐서 그곳에까지 일기를 쓰곤 했다. 또 다 쓴 일기장 여러 권을 붙여서 책처럼 보관했었다. 어느 날 국어 시간에 일기쓰기 지도를 하면서 그 일기장을 아이들에게 보여주며 수업한 적이 있었는데 13년의 세월이 지난 지금까지도 그것을 잊지 않고, 자신 또한 자기반 아이들에게 같은 방법으로 가르치고 있다고 하니 말만 들어도 기분이 좋았다.

"그랬구나~!"

"내가 오늘 대전 출장 왔다가 업무가 조금 일찍 끝났는데 잠깐 얼굴이라도 볼 수 있을까?"

"물론이죠! 선생님, 어디에 계신지만 알려 주시면 당장 달려 갈게요."

우리는 그렇게 13년이란 긴 세월을 껑충 뛰어넘어 반가운 만남을 가졌다. 그런데 이게 웬일인가? 이 아이가 결혼할 남자 친구를 소개시켜 주고 싶다며 중학교에서 근무하는 준수한 남선생님과 같이 나온 것이다.

가까운 식당에 들어가 저녁을 같이하며 지난 세월 살아온 날들로 이야기꽃을 피웠다.

교원 대학교에서 석사 과정을 하고 있고, 초등학교에서 4학년 담임을 하면서 즐겁고 명랑하게 생활하는 이 친구의 모습을 보면서 정말 멋지게 성장했음에 감사했고, 지금도 나를 생생하게 기억하고 있다는 것에 더욱 감사했다.

13년 전 익산에 있는 전교생 60명의 작은 학교를 처음 방문했을 때의 일이다. 그 때가 2월 중순쯤이었을 것이다. 고창에서 근무하다가 익산으로 발령을 받았는데 통근이 어려워 함열읍에 자취방을 얻었다. 짐을 싫어 나르기 위해 아는 분의 트럭을 빌려서 이삿짐을 정리하고, 시간적 여유가 있어서 그 트럭을 이용해 학교에 찾아갔었다. 2월 학기가 진행중인지 아이들이 작은 학교에 가득했고, 청소하는 아이들이 분주히 움직이고 있었다. 운동장에 차를 주차하고 현관으로 들어서려 하는데 어떤 아이가 이렇게 질문을 하는 것이다.

"아저씨 누구세요?"

"응? 난 교장 선생님을 잠깐 만나러 왔는데."

트럭을 타고 와서 그런지 이곳에 발령받아서 오게 된 선생님이다. 라고 말하기엔 조금 어색해서 그냥 교장선생님을 만나러 왔다고 말을 해버렸다.

맹랑한 그 녀석은 교장실로 안내를 해 주기까지 했다. 그리고 3월 2일에 그 학교에 부임을 했고, 6학년이 된 그 아이의 담임이 된 것이다. 그 아이의 심정이 어땠을까? 13년이 지난 지금도 첫 만남에서 선생님이라고 부르지 못하고 아저씨라고 불렀다는 것에 대한 미안함을 이야기하곤 한다.

얼마 전에는 첫 아이 백일잔치를 한다고 하여 하얀 원피스를 하나 택배로 보내 줬더니 지금까지 입혀 본 옷 중에 제일 예쁘다며 사진까지 찍어서 카톡으로 보내왔다.

아저씨로 만났다가, 선생님으로 만나고, 이제는 한 길을 가는 교육동지가 되었다.

이제 내가 가르친 제자가 같은 교직의 길을 걸어가고 있다는 보람이 이 아이를 생각할 때마다 기쁨으로 다가온다. ♥

'있는 그대로 존중해 주기'는 너무 어려워!!

08

'있는 그대로 존중해 주기'는 너무 어려워!!

"선생님! 저 합격했어요."
"아 그래? 정말 축하해!. 나한테도 알려줘서 고마워."

수시모집에 합격한 아이의 전화다.

"이거 선생님께 제일 먼저 전화 드리는 거예요."

처음 그 아이가 나한테 왔을 때 그 아이는 세상에 대한 불만이 많은 것처럼 보였다. 예의 없게 행동하지는 않았지만, 나와 눈도 마주치지 않았고, 손에 닿는 종이마다 끊임없이 연필로 꾹꾹 눌러가며 속도를 내어 의미 없는 선을 그어댔다. 연필심이 종이를 득득 긁는 소리는 책상과 맞닿아 더 크게 들렸다. 어느 날은 내가 책상 위에 종이를 치워 놓으면 신문지를 가져다가 신문지를 까맣게 만들어 놓았다. 세상에 대한 분노처럼 보였고, 집중을 잘 못하였다.

보다 못해 내가 물었다.

"너 불만 있니?"
"아니요."
"그럼 네가 지금 연필로 계속 긁고 있는 것은 어떻게 생각해?"
"저 원래 수업시간에도 그래요."

'수업시간에도 그래요.' 라는 그 아이의 말이 '저는 저 자신에 대해 잘 몰라요.'라고 하는 것 같았다.

이 아이와 함께 어떻게 함께 작업을 해 나갈까 심히 걱정스러웠다.

집의 평면도를 그리면서 이 아이에 대해 이해하게 되었다.

"처음 살았던 집을 그려야 해요? 아니면 기억나는 집을 그려야 해요?"

"처음 살았던 것으로 기억나는 곳을 그려봐."

그 아이가 살았던 집은 꽤 컸다. 집 크기로 보아선 어린 시절을 불우하게 보냈을 것 같지 않았다. 그러나 그 아이가 그린 집에 대한 설명을 들으면서 나는 당혹스러웠고, 그런 내 마음이 들키지 않도록 애를 써야 했다.

"잘 기억나진 않지만, 여기가 애들이 있었던 방이고요. 여기는 원장 선생님 방이에요."

"원장 선생님……."

"어렸을 적에 엄마가 저랑 동생을 맡겨 놓고 갔대요. 아빠가 우리를 찾기 전까지 여기에 살았어요. 지금은 잘 기억나지 않지만 한번 가보고 싶긴 해요."

표정을 감추려고 애쓰면서 마음 속으로 내가 괜한 걸 물어 봤구나 하며 그 아이에게 미안함마저 들었다. 그 아이를 있는 그대로 보고 있지 못했다는 것을 알았다.

아빠가 일하러 간 사이 엄마는 아이 둘을 고아원에 맡기고 재혼을 했고, 아빠는 이 아이들을 찾아 여기저기를 헤맸다고 한다. 위로 오빠가 하나 있는데, 어디에 사는 줄 모르고, 동생은 보호관찰을 받고 있는 중이었다. 상담자인 내가 다행스럽게 여겨진 것은 전국을 헤매며 아이들을 찾아낸 아빠가 계셨다는 것이다.

"그래, 그런 속에서도 잘 컸구나. 쉽지 않은 얘기를 나를 믿고 해줘서 고마워."

그 일이 있었던 후 그 아이는 나에게 마음의 문을 열었다. 아니, 내가 그 아이를 색안경을 끼고 보지 않게 된 것인지도 모른다. 어른들이 아이들을 공부시킬 때 '공부해서 남 주느냐?' 라는 말씀을 하신다. 그러나 이 아이는 '공부해서 남 주자!'를 삶의 모토로 삼고 사회복지학을 선택했다. 나와 함께한 작업이 사회복지학을 선택하는 계기가 되었다고 했다.

아이를 존중하는 마음, 학생을 있는 그대로 보아주고, 경이로운 마음으로 바라봐 주는 것이 교사가 학생에게, 상담자가 내담자에게 할 수 있는 최선이 아닐까…….?

'내가 너를 위해서 무엇이 옳은지 알고 있다'는 생각으로 내 기준으로 아이를 변화시키려고 하면 아이들은 더 '삐뚤어질 테다' 하고 행동하는 것 같다. 그런 아이들을 보면서 나는 그 아이에게, 그리고 그 아이를 어찌하지 못하는 나 자신의 미비함에 화가 나기도 한다. 어느 정도 개입을 해야 하는지 판단이 늘 선명하지 않다. 지금도 그 '적당한 정도'를 고민하며 다양한 아이들을 만난다.

나의 좋은 선생님

09

'선생님으로서 어떻게 수업을 진행할까?, 어떻게 아이들을 대해야 하나?'

'친근하면서도 엄격한 카리스마를 갖춘 교사가 되고 싶다.'

학창시절이 너무 길다고 느끼며 학생이라는 신분을 벗어나는 날만 기다렸던 순간이 있었다. 사범대학에 진학하여 교생실습을 나가며 나에게 교사라는 타이틀은 어울리지 않는다고 단정짓던 시절도 있었다. 그러나 이제는 너무도 익숙한 소리여서 길을 가다가 "선생님!"이라는 소리가 들리면 뒤를 돌아본다. 그리고 나를 부르는 목소리가 아님을 알았을 때의 창피함에 웃으며, 처음 "선생님!"이라고 불렸을 때 어색해 하고 부끄러워하던 14년 전의 내 모습을 떠올리곤 한다. 대학을 졸업한 지 13년, 어느덧 나는 「리더십 있는 교사가 되는 법」에 대해 고민하고 있다. "선생"이라는 이름을 하나 더 얻었다는 기쁨으로 잊고 있었던 학창시절을 돌아본다.

리더를 뽑는 선생님

1월 반장, 2월 반장……. 요즘 초등학교에서는 월 반장 제도를 운용하고 있는 것 같다. 나의 학창시절에도 새 학기가 시작되는 3월과 9월이면 언제나 한 학기 동안 우리 반을 이끌어갈 반장을 뽑았던 기억이 난다. 저학년인 1, 2학년 때는 담임선생님께서 공부 잘하는 모범생을 임시 반장으로 지정하시고 일주일 정도 지난 뒤에 반장선거를 하면 임시 반장이 실제 반장으로 뽑히곤 했고, 중학년인 3, 4학년에 올라가서는 지난해에 반장을 해봤던 사람이 임시 반장이 될 확률이 높았으며 그러면 또 그 임시 반장이 실제 반장이 되기도 하고……. '아! 선생님들은 공부 잘하고 선생님 말씀을 잘 따르는 모범생 반장을 좋아 하시는구나…….' 고학년이 되어 이런 생각을 할 즈음 친구들과 good teacher와 bad teacher에 대한 이야기를 나누기 시작했다.

"너는 어떤 선생님이 좋아?"
"음……. 너는?"
"공부로 차별대우 안하는 선생님."
"그래, 맞아, 맞아."

나의 되물음에 이어진 친구의 대답……. 초등학교 3학년 때 친하게 지내다가 6학년이 되어 다시 만난 친구가 단짝이 되어 내게 한 질문이다.

줄반장을 여러 번 맡았을 뿐, 학급의 회장, 부회장, 반장, 부반장은 나와는 거리가 멀다고 생각했었는데, 부반장 후보에 내 이름이 올라왔다. 부반장이라는 책임감을 피하고 싶었던 나는 다른 후보가 되기를 간절히 기도하며 그 친구의 이름을 적었다. 그러나 6학년 1학기, 나보다 공부를 잘하는 여학생들이 4~5명이나 더 있었음에도 불구하고, 나는 여자 부반장이 되었다. 나는 면학 분위기보다는 재미있고 즐거운 학급 분위기를 조성하고 싶은 반장이었기에 선생님이 원했던 반장, 부반장은 누구였을까를 궁금해 하며 '우리 선생님은 꽤 재미있는 선생님이시구나.'라는 생각을 하였다. 그렇게 '선생님들은 공부 잘하는 모범생 반장'

을 좋아한다는 내 생각에 차츰 변화가 오기 시작했다. '여자 부반장'은 여러모로 부담스러운 자리였으나 나는 꽤 그 일에 책임감을 가지고 있었고 내심 우리 반에서 중요한 사람이 된 것 같은 기분에 들떠 중 · 고등학교 시절 최근 어느 드라마에 나왔던 대사 같은 말을 하며 친구들과 농담을 즐기곤 했다.

"나, 부반장 했던 여자야~~ㅎㅎㅎㅎ"

초등학교 1학년 때 우리 담임선생님께서는 정말 공부 잘하고 선생님 말씀을 잘 따르는 모범생 반장을 원하셨던 것일까? 초등학교 1학년 때 반장이 있었는지……. 사실 이것은 기억이 나지 않는다. 하지만 2학년 때, 예쁘고, 공부 잘하고, 키 크고, 이름이 특이했던 여자 반장이 아직 기억난다.

이제 교사의 위치에서, 나는 그 시절 담임선생님의 입장이 되어보고 싶다. 어쩌면 선생님은 수업시간에 자연스럽게 면학분위기를 조성하는 반장으로 인해 학급구성원들이 학생의 역할을 잘 수행할 수 있기를……. 덧붙여 그의 유능한 리더십으로 인해 학급구성원들이 친밀감과 협력을 도모할 수 있기를 바랐을 수도 있다.

"K는 K라서 예쁘고, Y는 Y라서 예쁘다." 대학시절 은사님께서 리더십의 색깔이 조금 다른 두 선배에게 해 주셨던 말씀이다. 교육학을 전공하며 학생들의 개성이 제각기 다르듯이 학생들 모두 그들에게 맡겨진 반장의 임무를 각각 자신의 방식으로 소화할 것이라는 배움을 얻었다. 그렇지만 아직 배움이 부족한 탓인지 성적이 상위권이며 급우들에게 영향력을 행사하는 모범생 반장을 원하는 내 마음의 선생님이 거울 속에서 미소를 짓는다.

좋은 선생님의 조건

교육학을 전공하며 학창시절 우리들의 철없던 행동으로 인해 당황하셨을 선생님의 얼굴을 떠올릴 때가 있다. 그럴 때면 창피함으로 얼굴이 빨개지는 나를 발견하곤 한다. 대학을 졸업한 후에는 능숙한 직업인이 되는 데에 너무 집중한 탓인지 good teacher & bad teacher라는 용어는 마치 누군가가 나를 '선생님'이라고 처음 불러줬을 때 느꼈던 어색함으로 다가왔다.

내가 만난 good teacher들을 떠올리기 시작했다. 곧 여러 선생님들이 떠올랐으나 bad teacher에서 다시 생각이 멈추었다.

'나는 이런 선생님이 좋았다.' '좋은 선생님은…….' 생각의 방향이 바뀌었다. '나는 이런 선생님이 싫었다.' '싫은 선생님…….' 좀 더 많은 생각들이 떠오르기 시작했다. 또 다시 기억을 더듬어 본다.

중학교 입학 후 좋은 선생님과 싫은 선생님에 대한 나의 성향이 더 뚜렷해졌다. 그 중 하나는 "친구 같은 선생님"은 good teacher, 손바닥을 세게 때리는 선생님"은 bad teacher였다.

중학교 1학년, 학기 중에 영어 선생님이 갑자기 바뀌었다. 우리는 "우리 반을 담당하는 선생님만 바뀌느냐."며 불만에 차 있었다. 여학교에 처음으로 부임하신 것 같은 총각 선생님은 첫 시간부터 쪽지 시험을 보기 시작했다. 즐거웠던 영어 시간이 악몽으로 변하는 순간이었다. 초초하게 다음 시간을 기다리는데 영어 시간에 틀린 숫자만큼 손바닥을 맞았다는 옆 반 아이의 정보에 우리는 잔뜩 겁을 먹기 시작했다. 4~5개쯤 틀린 것을 예상한 나는 내 손으로 손바닥을 때려보며 나름 예행연습도 해 보았으나 정말 피하고 싶은 순간이었다. 수업이 시작될 무렵 거짓말처럼 배가 아파왔다. 짓궂은 여학교에 부임한 총각 선생님이 준비하신 기선제압용 방법일 수도 있겠다고 이해하게 될 무렵 나는 고등학생이 되어 있었고, 대학원을 다니며 왜 배가 아팠는지도 뒤늦게 이해할 수 있게 되었지만, 당시에는 체벌을 피하고 싶은 생각으로 머릿속이 가득차서 아무 생각도 나지 않았다. 그런데 행운인지 불행인지 첫 번째로 나간 아이를 때리는 선생님의 모습에 배가 더 아파오기 시작했다. 사실 약간의 꾀병도 있었지만 그렇게 나는 만점을 맞은 3~4명과 함께 우리 반에서 영어 선생님의 체벌을 피한 아이가 되었다. 순간의 위기를 모면했지만 그로 인한 창피함으로 인해 하루 이틀은 깊은 고민을 했던 것 같다. 그러나 그 후로 새로 오신 영어 선생님은 우리에게 어떠한 체벌도 가하지 않으셨고, 다정한 선생님이 되어 주셨으니 배가 아팠던 것은 어쩌면 나에겐 행운이었다는 생각이 든다.

시간이 흘러 교생실습을 나간 모교(OO중학교)에서 영어 선생님을 몇 번 스쳐 지나쳤는데 교무실에서는 뵙지 못하였다. 점심시간에 식당에서 몇 번 지나쳤던 기억이 있어 아마 여고로 전근을 가신게 아닌가하는 생각을 했었던 것 같다. 실습 일정에 바쁘다는 핑계로 바로 옆 학교인데도 찾아뵐 생각을 못했던 것이 죄송스럽다. 그 후로 또 10여 년이 흘러 이제 우연히 만나게 된다 해도 선생님의 얼굴을 알아볼 자신이 없다. 또 한 번 죄송스러운 마음이 고개를 들지만 그 때의 감사함을 전하고 싶은 마음에 그날의 일을 추억으로 떠올려 본다.

사랑 · 긍정의 힘

10

1. 칭찬의 힘

"칭찬은 고래도 춤추게 한다."는 말이 있다.

칭찬은 위로와 격려를 통하여 상대방의 바람직한 행동을 장려하고 자긍심을 가질 수 있도록 돕는 일 외에도 그 상대방의 태도를 변화시킬 수 있는 큰 힘을 가졌다.

칭찬은 가정, 학교에서 아이들의 용기를 북돋아 주고 좋은 길로 안내해 주는 역할을 한다. 칭찬은 서로가 스트레스를 받지 않고 즐거운 마음으로 접근하여 인간행동을 적극적으로 변화시킬 수 있는 훌륭한 교육기재로 이미 검증된 바 있다. 칭찬은 인간의 자존심을 향상시켜 사회 구성원으로서 또한 인간관계에서도 자기 자신뿐만 아니라 타인에게도 도움이 된다는 말이다.

어렸을 때, 아버지께서는 내가 끓여 드린 국을 좋아하셨다. 내가 국을 끓여 드릴 때마다 아버지께서는 "우리 둘째 딸이 끓인 국이 최고로 맛있다." 하시며 늘 칭찬을 하셨고, 난 칭찬을 듣는 기쁨에 더 맛있는 국을 끓이기 위해 노력하였다.

어른이 된 지금 그 국이 진짜 맛있었는지에 대해서는 확신이 없지만 그 때 아버지께서 해 주시던 칭찬이 조그마한 나의 생각과 행동에 변화를 주었다는 것은 잊히지 않는다.

나에게 있어, 그런 소중했던 경험이 밑거름이 되어 교육 현장에서 학생들을 칭찬하며 아이들에게 쉽게 다가서는 나의 모습을 볼 때면 아버지의 사랑의 가르침에 감사함을 느낀다.

2. 칭찬이 만든 자아실현

칭찬은 자존감을 향상시킬 뿐 아니라 자기계발의 기회를 제공하여 자아실현에 도움을 준다.

어릴적 할머니의 장구 가락에 동네 어르신들이 흥겨워 춤을 추시면 친구들과 재미삼아 어른들의 춤을 따라 추곤 하였다. 어린 나이에 할머니들이 추시는 춤이 신기해 보이기도 하였지만 칭찬해 주시는 할머니 말씀에 칭찬을 더 듣고 싶어서였다. 자연히 초등학교에 다니면서도 사람들 앞에서 노래하고 춤출 기회가 있었고 그럴 때면 다른 사람들 앞에 나서는 것이 때론 쑥스러웠지만, 나의 모습을 보고 좋아하고 즐거워하는 사람들을 볼 때면 부끄러움도 어느덧 기쁨과 설렘으로 바뀌어 더 열심히 하였던 기억이 있다. 이런 나의 모습을 지켜보시던 담임선생님께서 무용에 소질이 있다고 특별활동 시간에 무용부 활동을 해 보는 것이 어떻겠냐고 제안하여 무용을 시작하게 되었다. 돌이켜 생각해 보면, 동네 어르신들의 여가 활동에 참여하는 기회를 통해서 나의 재능이 무엇인지 알게 되는 계기가 되었고, 나의 소질과 재능을 알아보고 건네신 담임선생님의 그 말씀 한 마디가 내 인생의 커다란 전환점이 된 것이다.

참고로 그때 받았던 칭찬과 격려가 동기가 되어 난 대학에서 한국무용을 전공하였고 졸업 후 교단에서 아이들을 가르치는 교사가 되었다.

3. 생활교육과 실천교육은 가정교육에서부터

최근 학교교육활동에서 노작 활동이 많이 강조되어 운영되고 있다. 과거 노작교육은 실과 시간(현재의 기술·가정) 및 체육 시간, 미술 시간 등

실생활 경험 수업으로 운영되었다. 그러나 오늘날의 교육은 지식위주의 단순한 지식을 이해시키고 암기하는데 치우쳐 아이들로 하여금 문제해결 능력을 떨어트리고 창의적이고 개성적인 사고를 저해하는 요인으로 작용하고 있었다. 이에 대한 반성적 사고와 노작교육이 인간의 뇌 발달에 중핵적인 역할을 하고 있다는 새로운 학설에 따라 학교교육활동(교과활동, 창의적 체험활동 등)에서 노작활동의 중요성이 새롭게 강조되고 있는 것이다. 노작교육은 실습과 실험을 과학적 실천과 연계하여 설명하고, 여기에서 습득된 지식이 생활의 창조, 생활문명의 발달에 중요하다는 사실을 증명한다는 주장에 따른 것이다.

40대 이상 어른들은 대부분 어렸을 적 노작에 대한 경험이 있을 것이다. 나 또한 예외는 될 수 없다.

아버지는 유달리 자식에 대한 사랑과 애착이 많으셨으나 어려서부터 역할에 대한 책임감을 키워 줘야 한다고 하시면서 6남매 각자에게 집안일을 분담해 주셨다. 언니는 막내 남동생 돌보기, 여동생은 콩나물 물주기, 난 엄마 일손 도와드리기, 오빠와 남동생에게는 텃밭 상자 만들기 등의 역할을 주셨다. 특히 목재소를 운영하셨던 아버지는 오빠와 남동생에게 텃밭에 필요한 상자를 직접 만들도록 톱질하는 법, 못질하는 법, 끌칼 사용법 등을 알려 주셨다.

아버지는 늘 맡겨진 일이 끝난 후에는 일하는 방법이나 소감을 묻곤 하셨다. 이는 일을 부리기 위함이 아닌 생활 속에서 지혜를 배우고 익히도록 하기 위함이셨다.

일하는 것보다 노는 게 좋았던 어린 나이라 때로는 맡은 집안일에 대해 불만과 짜증이 많았지만 지금 생각해 보면, 아버지의 그런 가르침은 살아가는데 큰 재산이 되었고 또한 자신의 일을 소중히 여기는 책임감을 갖게 하고 책을 통해 경험하지 못하는 또 다른 희열과 행복을 알게 해 주셨다. 그 가르침의 영향으로 난 주어진 일에 대해 끝까지 책임을 다하는 현재의 나를 만들 수 있었다.

4. 회귀(回歸)

교단에 선지도 어언 26년째

good teacher, bad teacher(좋은 교사, 나쁜 교사)

교사라면 한 번쯤 생각해 볼 만한 주제이다.

그러나 난 아직도 이 단어에 머뭇거리곤 한다.

과연 난 좋은 교사라 할 수 있을까?

어떤 교사가 좋은 교사일까?

수업을 잘하는 교사가?

인성교육을 잘하는 교사가?

인기가 많은 교사?

어떤 관점을 가지고 판단을 해야 할까?

누가 판단을 해야 할까?

교사가?

학생이?

학부모가?

세월의 무게가 더해질수록 드는 생각은 인간을 대상으로 교육한다는 것은 정답이 없는 신비함이고 영원한 과제라 생각한다.

대학 갓 졸업 후 부푼 꿈을 안고 교단에 서서 거침없이 나의 열정을 뿜어대던 그 때를 생각해 보면, 방법적인 면이나 일의 절차를 제대로 알지 못하고 그저 이게 최선이려니 하고 오로지 아이들을 위해서 "내 한 몸이 부서져도 좋다."라는 맘으로 밤낮을 가리지 않고 열심히 살았던 것 같다.

그때의 풋풋함을 다시 느끼며 나를 다시 바로 세우고자 한다.

나의 첫 부임지는 시골의 남녀공학 종합고등학교였다.

부임 1년 후부터 실업계 학급의 담임을 맡았다. 반 학생들과 생활하면서 느낀 점은 실업계라는 사회적 편견에 학생들은 자신감이 많이 부족하였다. 그러다 보니 능동적이고 적극적으로 학교생활에 임하는 학생들이 적었고, 단합된 학급의 모습을 찾아보기도 어려웠다. 그래서 이런 학생들에게 꿈을 찾아 주고자, 학생들에게 자신들의 생각이나 장래의 꿈, 특기, 관심 분야를 글로 적어 보게 하였고, 이것을 서로 공유하도록 하였다. 처음 시작할 때는 많은 학생들이 글 쓰는 것 자체에 대해 거부감이 많았지만 아무도 귀 기울여 주지 않던 자신의 이야기를 할 수 있다는 것과, 자신과 비슷한 고민을 하고 있는 친구들의 이야기를 들으면서 학생들은 서로 간에 마음의 문을 열기 시작하였다. 그러자 학급활동은 학생들 자발적으로 이루어지기 시작했고, 학급 신문의 발간으로 이어졌다. 학급 신문의 발간은 학생 스스로 자신의 내면을 들여다 볼 수 있는 기회였고, 자신 미래에 대한 계획도 설계하고 소개할 수 있는 능력이 향상되었다. 이 또한 교사인 나에게는 학생들의 마음을 이해할 수 있는 계기가 되었다. 당시에 실업계 3학년 학생들의 꿈은 금융계 취업이었다. 하지만 학생들과 상담을 하면서 대부분의 학생들이 금융계 취업 준비를 어떻게 해야 하는지를 모르고 있다는 것을 깨달았다. 학생들에게 도움을 주고자 고민하던 중 우선은 취업에 관련된 서적을 구매하여 내가 먼저 틈틈이 공부하기 시작했다. 그리고 학생들을 대상으로 점심시간이나 방과 후에 취직에 필요한 대화법, 일반 상식, 면접 시 유의사항, 자세, 올바른 복장과, 자기소개서 작성법 등을 교육하였다. 실업계 학생 중에도 대학 진학을 희망하는 학생들이 있었다. 그래서 대학 진학을 희망하는 학생들을 모아, 방과 후에 특별반을 개설하여 인문계와 동일한 교과 수업과 자율학습을 실시하였고, 밤늦게까지 함께 공부하였다. 꾸준히 지도한 결과 실업계 학생들의 대학 진학률은 인문계 학생들 못지않게 높아졌고 학생들이 대학을 진학해서 기쁘기도 하였지만, 소극적이고 위축되었던 모습에서 벗어나 학생들 스스로 자신감 넘치는 삶을 설계하는 모습에 보람을 느꼈다.

3월 새 학기,
새 학기가 되면서 아이들은 "우리를 가르칠 선생님은 누굴까?"
"우리 담임선생님은 누가 될까?"가 아이들의 최대 관심사이다.
나 또한 아이들에게 존재감으로 인정되는 교사가 되고 싶어한다.
즉, 수업을 잘하는 교사
지식보다 지혜를 가르치는 교사
사랑을 실천하고 가르치는 교사
옳고 그름을 분명히 가르치는 교사
잘못한 것을 집어내기보다 잘한 것을 찾아 칭찬하는 교사

어떤 한 기준으로 평가하지 않고 다양성을 인정하는 교사
말보다 행동으로 실천하는 행복한 교사가 되고 싶다.
이제 다시 식은 열정의 바퀴를 돌리고자 한다.

좋은 교사가 만드는 행복한 학교

11

1

학교가 신음하고 있다. 행복하다고 말하는 학교 교사를 보기가 힘들어졌으며 많은 교사가 전례 없이 학교를 떠나고 있다. 명예퇴직을 희망하는 교사가 늘고 있고, 여건이 된다면 지금이라도 학교를 떠나겠다는 중견교사도 많다. 연금제도에 대한 불안한 심리의 반영이라는 지적은 아주 작은 핑계거리에 불과하다. 오늘날 한국 사회가 안고 있는 수많은 병리 현상이 그대로 학교에 나타나고 있고 그 폐해를 고스란히 학교가 떠맡고 있는 실정이다. 양극화, 가족해체, 경쟁 스트레스, 물신주의, 공동체 붕괴, 학벌 사회 구조 등 셀 수 없을 만큼 많은 구조적 문제가 학교를 짓누르고 있다. 학교는 이미 전쟁터나 마찬가지이며, 그 전장에서 수많은 병사들이 부상을 입어 들것에 실려 나가고 있는 형국과 다를 바 없다. 사정이 이러함에도, 우리 사회는 교육과 관련한 모든 책임을 학교에 묻고 있다. 누구든지 실수할 수 있는 법이고, 학교를 지배해 왔던 통념과 관습을 하루아침에 바꿀 수 없는데도 학교는 비난과 조롱의 대상이 되고 있고, 마치 교사가 개혁의 걸림돌이라도 되는 양 공격을 멈추지 않는다. 과거 관공서에서 있을 법한 민원이 학교에도 봇물처럼 쏟아지고 있으며 학교가 안팎으로 시달리고 있는 현실이다.

2

그러다 보니 외형적으로 학교가 멀쩡해도 구성원들이 겪고 있는 스트레스는 적지 않다. 교사와 학생, 학생과 학생, 학교와 학부모, 교사와 관리자 간의 관계가 악화일로에 있으며 특히 도시 소재의 거대규모 학교일수록 이러한 경향은 더욱 두드러진다. 이러한 현상은 어제 오늘의 일이 아니다. 신학년 초에는 수업시수와 교무업무분장을 가지고 살풍경한 일들이 심심치 않게 학교에서 일어나고 결국 사람 좋은 교사, 관리자와의 인간적인 관계 때문에 뿌리치지 못한 교사가 어쩔 수 없이 특정 업무를 맡게 된다. 3D 업무로 정평이 나 있는 부장이나 담임교사를 찾지 못해 머리가 아프다고 호소하는 교장과 교감 선생님들도 많다. 어쩌다 학교문화가 이런 지경에 이르렀는지 탓하는 것은 문제 해결에 그리 도움이 되지 않는다. 세상일이 다 그러하듯이 이미 복잡성 회로에 학교도 갇힌 게 분명하며 원인을 탐구하는 일은 분명 의미 있지만 책임을 묻는 것은 별개의 문제로 봐도 좋을 듯하다. 피아를 식별하듯이 갈등구조를 설정하는 것은 학교에 해롭기 때문이다.

마냥 실의에 빠져 슬퍼할 수만은 없기에 학교의 모습에 고민하는 것은 나쁘지 않다. 무엇이 학교를 이렇게까지 바꿔 놓았을까? 학교는 이런 혼란과 비애에서 벗어나기 힘들며, 학교는 외부의 변화 없이는 자체적으로 달라질 수 없고 실패는 학교의 불가피한 운명일까?

3

그런데 문제가 간단치 않다. 당장 수업에 들어가면서 교사들이 겪는 고충은 이만저만이 아니다. 수업을 시작하기 전에 수업이 성립할 수 있는 조건을 만드는 것, 그조차도 쉽지 않은 지경에 상당수 학교는 이르렀다. 교사로서의 자기정체성이 크게 흔들리고 있는 것이다. 불과 십수

년 전까지만 하더라도 교실에 들어가면 모두가 조용히 했고, 수업에 집중하지 못하는 한두어 명만 지속적으로 통제하면 수업상황은 크게 문제가 되지 않았다. 지금처럼 '배 째라'라는 식의 학생은 거의 없었다. 문제의 원인이 어디에 있든 교사들은 많은 에너지를 불필요한 일에 쏟아붓고 있으며 이 과정에서 지쳐 가고 있다. 교실에 들어가기가 두렵다고 호소하는 교사들이 늘고 있으며 학교에 따라 사정과 양상은 다르겠지만 이 상황을 통제하지 못하는 학교가 있을 것으로 추정된다.

어떻게 풀어야 할까? 여기서 동료성을 떠올려 본다. 즉 공동체성의 회복을 말하고 싶다. 현재의 학교 모습은 유감스럽게도 공동체는 상당부분 무너졌고 그 회복은 더디게 진행되고 있다. 찬란했던 공동체적 역사는 이제는 박물관에서나 찾아야 하는가? 학교를 살리는 좋은 교사의 역할로 동료성을 살리고 실현하는 방안을 모색해 보자.

동료성을 크게 세 가지 측면에서 언급하고자 한다. 먼저 동료 교사들을 고립시키면 안 되는데 학교에는 능력이 부족하고 열정이 떨어지며, 도덕적 감수성이 부족한 교사가 있을 수 있다. 이런 교사들조차 학생들이나 학부모들로부터 비난과 공격의 대상이 되도록 방치하는 것은 온당치 않는데 이를 온정주의의 발로가 아닌 다른 시각으로 살펴보자. 세상의 어느 사회나 조직에는 뛰어난 사람이 있는가 하면 그렇지 않은 사람도 있기 마련이다. 순위를 매겨 줄을 세우면 끝에는 누군가가 차지할 수밖에 없다. 판단은 상대적일 수밖에 없고, 불편하지만 이런 세상의 이치도 있으며 능력이 출중하고 도덕적으로 순결한 사람들만이 교사가 될 수 있는 것은 아니다. 보다 중요한 것은 이러한 교사들이 학교에 존재하는 것은 학교문화가 교사들의 고립에 무심하거나 소극적으로 대응했기 때문에 나타나는 결과라는 점이기에 책임을 함께 자각하자는 것이다.

예로부터 지금까지 교사의 양성과 선발은 특별하였고 사회적으로 우수한 인재들이 교직에 진입했다. 한때는 열정이 넘쳤고, 포부도 크게 가졌을 선생님들이 시나브로 성장은 멈추고 타성에 젖었을 것이다. 그들을 다시 일으켜 세우고 활력을 찾도록 돕는 일에 동료 교사들만큼 적합한 사람은 없으며 이 역할을 하는 교사가 좋은 교사라고 명명할 수 있을 것이다. 앞선 자의 오만도 뒤처진 자의 열등감도 넘어서는 동료 교사들 간의 화합과 이해에 바탕을 둔 공동체 문화가 넘치는 학교의 구성원은 행복할 것이며 누구보다 그 혜택은 학생들이 가장 많이 받고 그러한 학생의 심리적 안녕감은 증진될 것이 분명하다.

고립과 관련해서 이보다 더 중요한 문제가 또 하나 있는데 이유를 불문하고 학생들과의 관계가 악화되어 어려움을 겪는 교사들이 많다. 특정 학급이나 학생 때문에 고통스러운 교사들이 동료교사들의 무관심 속에서 홀로 견디고 있는 경우가 많고 내 일이 아니면 나 몰라라 하는 문화가 교사들을 병들게 하고 있다. 어떻게, 왜, 무엇이 힘들게 하는지, 적극적으로 공감하고 공동으로 문제에 대처해야 맞으며 이런 일이 방치되면 학교는 도미노처럼 어느 순간 무너지게 되어 있다. 이유 없이 수업을 방해하고 통제에 따르지 않는 학생들을 또는 그런 문제를 공동으로 다룰 수 있어야 하며 좋은 교사는 학교 안의 어려움을 함께 공유하고 다룸으로써 교사로서의 삶의 가치를 더하는 것이다.

마르틴 니묄러의 '그들이 처음 왔을 때'라는 시가 있다. 이 시에는 내가 침묵함으로써 더 큰 악이 행해지고 결국엔 그 악의 제물이 내가 되어도 아무도 막아줄 이가 없었다는 내용이 담겨 있다. 동료 교사들의 어려움과 힘듦을 보듬어 나눌 수 있을 때 그들이라고 상징하는 그 어떤 것이 오더라도 교사의 자긍심과 보람을 지켜 낼 수 있을 것이며 이러한 학교문화의 토대가 되는 것이 좋은 교사의 몫이다.

두 번째로 동료 교사 간 피드백이 활성화되어야 하며 피드백은 평가 행위를 의미하지 않는다. 학교라는 공동체에서는 수많은 에피소드가 날마다 일어난다. 교무실이나 학교 밖에서 교사들은 학교 이야기, 학생 이야기로 날을 지새울 정도이다. 교사의 마음에는 학교와 학생에 대한 존재감이 이처럼 크고도 깊다. 공식석상이 아님에도 불구하고 이런 비형식적인 공간에서 매우 유용한 이야기를 서로 주고받는데 이 과정에서 동료 교사들의 작은 목소리에도 반응하고, 의미 있는 행위나 성취가 보였을 때 적절하게 피드백을 제공하면 교사들은 크게 고무받게 된다. 타인이 건네는 칭찬의 말 한 마디가 사람들을 들뜨게 하는데 신경생물학적 용어를 빌자면 각성의 효과를 내는 도파민이 뇌에서 분비된다고 한다. 그 누구도 아닌 동료 교사가 자신을 지지한다는 느낌은 교사에게 활력을 불어넣고 학교 조직을 건강하게 만든다. 이처럼 동료 교사에게 적절하게 공감하고 경청하는 것이 좋은 교사의 모습이다.

하지만 좋은 교사의 모습이 아닌 반대의 경우도 생각하여 보자. 끊임없이 시기하고 질투하는 말과 행동을 하고 심지어 학생들 앞에서 동료 교사들을 험담한다고 가정해 보자. 아마 이런 학교는 누구에게나 끔찍

할 것이다. '가고 싶어하는 학교, 행복한 교육 공동체'가 아닌 다른 학교로 이동하고 싶고 함께 근무하는 것이 고통스러운 학교가 될 것이다. 동료 교사입장에서 보아도 공감하기 곤란한 언행을 보이는 교사가 날마다 자라나고 변화하며 제 눈높이를 키우는 아이들의 모습에 제대로 공감하고 적절하게 반응하기는 어렵다. 이런 교사는 아이들 표현대로 하자면 꽉 막힌 교사, 답답한 교사, 내 마음을 몰라 주는 교사가 되는 것이다. 좋은 교사의 동료성과 관계성은 서로에 대한 무한한 관심이며 작은 것에도 의미를 부여하고 서로를 지지할 때 만들어진다. 학생을 비롯한 인간에 대한 관심이 부족하고, 주변 환경이 지니는 의미를 발견하지 못하고, 그리고 서로의 지지가 지니는 가치와 의미를 모르는 교사는 나쁜 교사이다.

이 동료성을 강화하는 최고의 방법은 전문적인 학습공동체를 구축하는 것이다. 교사도 학생들처럼 날마다 성장해야 하기에 함께 책을 읽고, 함께 체험하고, 함께 토론하는 문화를 만들어 가는 공동체가 필요하다. 학습공동체는 자기연찬의 의미를 훌쩍 뛰어넘으며 연대와 가치의 공유와 나눔, 민주적인 의사소통, 전문적인 학습공동체가 함의하는 것은 광대하다. 행복의 조건과도 사실상 깊은 관련이 있으며 작은 집단 내의 공동체의 회복이 장차 큰 물결을 이루어 하나의 문화로 승화되어야 하는 과제가 우리 앞에 놓여 있으며 이 선두에 많은 교사들이 맞춤형 연수, 교과연구회, 동아리 활동 등의 여러 형식으로 뜻을 합하여 동참하고 있다.

당장 제도와 문화, 시스템이 학교의 변화를 이끌어 내는데 유효한 작동을 하지 못하여 학교와 교사가 어려움을 겪고 있다면, 무기력하게 이를 지켜볼 수도 없는 숙명이 좋은 교사들에게 있다. 그나마 세상에서 가장 손쉽게 풀 수 있는 변화의 방정식은 자신이 먼저 나서는 방법이다. 이는 무한 책임을 떠안자는 뜻이 아니라 그게 좋은 교사의 영혼이나 육체 모두를 덜 피폐하게 하기 때문이다. 그 길을 가다 보면 우리는 뜻밖에 모두가 행복을 꿈꾸는 광장에 이르지 않을까 하는 기대를 해 본다. 먼 길을 가장 빨리 가는 법은 비행기, 기차 등의 여러 수단과 방법이 아니라 '좋은 동반자와 함께 가는 것'이라는 어느 공모 일등 작의 의미를 새겨 본다.

4

이러한 공동체성의 회복과 더불어 마지막으로 좋은 교사는 마음의 중심을 어떻게 바로 세워야 하는지, 학생들을 어떤 관점에서 바라보아야 할 것인지 생각해 본다. 교육은 무엇을 위한 것일까? 무엇보다 학생들의 복지와 안녕과 성장을 위한 것으로 학생들을 연민의 마음으로 보는 사람이 좋은 교사의 덕목일 것이다.

여기에서 연민(Compassion)이란 말의 라틴어 어원은 '괴로움을 함께 한다'(Cumpatior)는 뜻으로 학생의 무지를 따뜻한 마음으로 대한다는 뜻이다. 연민을 가진 교사는 무지와 싸우고 무지를 지식으로 대체하며, 학생의 지적 혼돈이나 의문이 드러날 때마다 질서와 확실성을 부여하려고 노력한다고 한다. 따라서 연민은 교사에게 꼭 필요한 인내의 바탕이 되고 교실에서 좋은 교사는 연민을 잘 구현하는 사람이다.

연민이 부족한 교사는 아이의 눈으로 세상을 보기보다는 자신의 잣대로 울타리를 짓고 길을 내며 그 곳으로 가기를 재촉하기 쉽다. 이처럼 서두르는 교사의 모습에서 아이들은 조급함과 못미더워하는 마음을 볼 것이며 신뢰와 존경의 관계가 되기는 어렵다. 교사를 지탱하는 것은 학생의 이익을 최우선하는 신념으로 연민이 부족한 사람은 남을 가르칠 때의 육체적, 정신적 봉사행위를 견디기 어렵다. 진정한 연민은 상대의 어려움을 인식하고, 그 어려움을 부정하지 않고 인정하는 마음으로 공부에 어려움을 느끼거나 갈증을 느끼는 학생을 도와주고 싶어한다. 이러한 연민을 지닌 교사를 학생들이 만난다면 그 학생의 학창 시절은 그 한 사람으로 인해 풍요롭고 행복할 것이다.

무수한 아이들이 자신의 생을 나름의 무늬로 채워가고 있을 오늘, 동료 교사에게는 동료성을 회복하고 학생에게는 연민의 마음을 갖는 좋은 교사로 행복할 아이들을 기대해 본다.

굿티처 배드티처

초판인쇄 2014년 5월 25일
초판발행 2014년 5월 30일

저 자 고영희 · 김명철 · 김정아 · 류재수 · 박숙영
배은자 · 손충기 · 이영희 · 홍옥표 · 황성진
발행인 김현태
발행처 태영출판사

저자와의
협의하에
인지생략

주 소 (152-705) 서울 구로구 구로동 104-10 동남오피스텔 201호
전 화 02 · 839-3757, 839-3752
팩 스 02 · 837-3754
등 록 2005년 5월 30일 제12-421호
http://www.taeyeongbook.co.kr
E-mail tys2005@hanmail.net
ISBN 978-89-6302-141-6 03370
정 가 12,000원

NAVER 태영출판사

* 잘못 만들어진 책은 교환해 드립니다.